新日本語教育のためのコーパス調査入門

著 李在鎬 ＋ 石川慎一郎 ＋ 砂川有里子
LEE Jae-Ho ISHIKAWA Shin'ichiro SUNAKAWA Yuriko

はしがき

本書は，李在鎬・石川慎一郎・砂川有里子(2012)『日本語教育のためのコーパス調査入門』を大幅に加筆・修正したものです。電子テキストの集合体であるコーパスの出現は，一個人の内省だけでは達成できない科学的な言語研究の道を開きました。今やコーパスを使った言語研究の方法は，言語現象への新しいアプローチとして様々な分野から注目されています。そして，言語教育の分野もその例外ではありません。多くの語学教師は，学習者に対してどういう学習項目を，どういう語彙と一緒に，どの程度の量を与えるべきか，日々の教育活動において試行錯誤を続けているのではないでしょうか。この問題に対して，コーパスは有効かつ強力な解決策の１つになり得ます。これまで，語学教師の経験と勘に頼って判断するしかなかった表現の自然さや汎用性に関する問題に，コーパスにおける出現回数という科学的な指標が与えられることによって，より的確な判断をほどこすことが可能になったのです。

コーパスに対する注目度の高さを示すものとして，この数年，日本語に関してもコーパスを取り扱った優れた入門書が出版されはじめています。たとえば，荻野・田野村(2011)のシリーズや石川(2012)では，コーパス研究の具体的な調査方法やデータ分析の方法を詳細に説明しています。しかし，これらの書籍は，言語研究者を想定した研究の手法や分析のロジックを紹介するものであって，言語教育の現場において学習者を相手に格闘している教師の視点に立つものではありません。こうした状況を踏まえ，本書の初版は，日本語教育での活用を前提に，コーパスとは何なのかをわかりやすく解説した後，具体的なコーパスの調査例，データの分析方法，コーパスの作り方，日本語教育で活用できるコーパス資源まで一通りカバーすることを目指しました。

幸い，初版は多くの読者を得て，日本語教育におけるコーパス調査の普及に一定の貢献を行いましたが，刊行から６年が経過し，この間，日本語コーパスを取り巻く状況にも様々な変化が認められるようになりました。そこで，今回，初版の内容をアップデートし，『新・日本語教育のためのコーパス調査入門』として新たに刊行することとしました。

『新・日本語教育のためのコーパス調査入門』の特徴は以下の５点にまとめられます。最初の３点は初版を継承したもので，後の２点は今回の改訂で新しく加わった点です。

１点目は，日本語研究の専門的背景やコンピュータの知識がなくても読めるように，平易な言葉を使って調査手順を説明していることです。そのため，他の解説書・関連図書を調べる必要なく読み進められるようになっています。そして，コンピュータ操作に関しても，操作ステップを細かく分割し，かつ画面イメージを多数使用していますので，直感的に操作できるようになっています。

２点目は，すぐに実践できることを重視し，フリーソフトウェアもしくは汎用的ソフトウェアを使うことを前提に解説を行っていることです。フリーソフトウェアに関してもインターネットからダウンロードできるものを選択して解説していますので，インターネットに接続可能な環境さえ整っていれば，すぐにでもコーパス調査やデータ分析が体験できるようになります。巻末には，本書で紹介したコーパスやツールのリンクをまとめて掲載しています。その他のソフトウェアに関しても，国内のコンピューターユーザーにとって最も身近なソフトウェアであるMicrosoft 社の Office と Adobe 社の Acrobat を使用して解説を行っています。

３点目は，誰でも使用できるツールやデータを用いて説明を行っていることです。母語話者コーパスについては，国立国語研究所が公開しているオンラインコーパスツールである「少納言」や「中納言」を紹介しています。また，教材コーパスについては，説明に使用したデータをくろしお出版の専用サイト（http://www.9640.jp/cps/）からダウンロードできるようにしています。

また，４点目は，コーパスを利用した日本語教育研究の研究事例を幅広く掲載していることです。BCCWJ に代表される母語話者コーパスを利用した研究事例や日本語学習者コーパスを利用した研究事例を網羅しました。

最後に，５点目は，読者の皆さんが本書を参考にして独自のコーパス調査を立案・実施し，その結果を論文などで報告する際に役立つよう，研究をどのように企画し，論文にはどんな情報を，どう盛り込むべきかをわかりやすく示していることです。

本書の執筆分担は次のとおりです。李は，本書の企画と全体の統括のほか，第５章〜第９章と第11章，第12章，第15章の執筆を主として担当しました。また，石川は第１章〜第４章と第10章，砂川は第13章〜第14章の執筆を主として担当しました。最終的には，それぞれの草稿に対して，相互に意見交換を行い，全体の記述の統一を図りました。

内容と装いを新たにした本書が，日本語教育におけるコーパス調査・コーパス研究の普及に寄与し，日本語教育のさらなる発展に貢献できれば望外の喜びです。

2018年５月

著者一同

目　次

第1章

コーパスを知る

1.0　本章の概要

最近，日本語研究や日本語教育において，コーパスについての関心が飛躍的に高まっています。コーパスとはそもそもどのようなもので，研究や教育にそれをどう活用できるのでしょうか。

本章では，はじめに，コーパスの諸相について基本的な知識を整理し，(1)コーパスの定義，(2)コーパスのタイプ，(3)日本語教育におけるコーパス利用，(4)コーパス調査に必要なもの，(5)コーパス調査の留意点について説明します。その後，本書の構成と概要を示し，本書の読み方について簡単に解説します。

1.1　コーパスの定義

■広義のコーパスと狭義のコーパス

コーパスとは，研究目的で使用される言語資料の集成のことですが，その定義には様々な考え方があります。たとえば，コーパスという語を広義で用いた場合には，いわゆる言語データベースが広く包含されます。一方，狭義で用いた場合には，言語データベースの中で，いくつかの要件を満たしたものが含意されます。

■狭義のコーパスに期待される要件

狭義のコーパスに期待される要件はいくつか存在しますが，ここでは，⑴代表性，⑵大規模性，⑶電子性の３点について考えてみましょう。

まず，⑴代表性とは，コーパスが何らかの言語もしくはその変種を代表していることを言います。たとえば，日本語コーパス，書き言葉コーパス，新聞コーパスは，それぞれ，日本語，書き言葉，新聞を代表しているわけです。こうした代表性を確保するため，多くのコーパスが，元となる言語に含まれる多様なデータを均衡的に収集することを目指しています。こうしたコーパスを特に均衡コーパスと呼びます。

次に，⑵大規模性とは，コーパスが一定量のデータを保持していることを言います。「大規模」の基準は明確なものではありませんが，日本語では，すでに１億語のコーパスが開発され，さらに大型のコーパス開発も進められています。大規模なデータがあれば，低頻度の語や文法項目についても，より信頼性の高い分析が可能になります。

最後に，⑶電子性とは，コーパスデータが電子的に，つまりは，コンピュータ上で処理できる形で保存されていることを言います。前述のように，コーパスは膨大なデータ量を持っていますので，手作業による調査はほぼ不可能です。大規模データを効率的に調査・分析するためには，コーパスがコンピュータ上で処理できることが重要になります。

1.2 コーパスのタイプ

■コーパスの種類

コーパスは，研究の目的に応じて，すでに様々なものが開発されています。多様なコーパスが存在する中で，コーパスの利用者は，何を目的に，どんなデータを，どのように使うのかを常に意識しておく必要があるといえるでしょう。以下では，主要なコーパスのタイプを示した上で，代表的なコーパスを紹介します。

1.2.1 書き言葉コーパス

日本語の書き言葉コーパスの代表格は，国立国語研究所が中心となって構築した「現代日本語書き言葉均衡コーパス」(Balanced Corpus of Contemporary Written Japanese：以下 BCCWJ)です。BCCWJ は1億語のコーパスで，書籍を中心に，ウェブのデータや韻文まで，多様な現代日本語の書き言葉データを包含しています。BCCWJ は，サンプリングによって高い代表性が確保されたデータを含みます。データの著作権処理も済んでいることから，研究や教育に活用しやすいコーパスといえます。本書では，第2章～第4章において，BCCWJ について詳しく紹介します。

このほか，ウェブからコーパスを構築したものとして，「国語研日本語ウェブコーパス」と「筑波ウェブコーパス」があります。「国語研日本語ウェブコーパス」は100億語超のデータ構築を目指して開発されたもので，「梵天」という検索インタフェースを介して利用することができます。「筑波ウェブコーパス」は約11億語のコーパスとして2013年に公開されており，「NINJAL-LWP(ニンジャル) for TWC」という検索インタフェースを介して利用ができます(赤瀬川(他), 2016)。また，代表性を前提としないデータベースとしては，主要な新聞社が提供する「新聞記事データベース」や，各種の文学作品を電子化して公開している「青空文庫」などがあります。

1.2.2 話し言葉コーパス

コーパスが収集するのは書き言葉だけではありません。話し言葉を収集したものを話し言葉コーパスや音声コーパスと呼びます。もっとも，音声データのままでは検索などができませんので，多くの場合，音声データからテキストへの書き起こしが行われ，テキスト単体で，あるいは音声データとあわせて公開されています。

日本語の話し言葉コーパスの代表格は，前出の国立国語研究所などによって構築された「日本語話し言葉コーパス」(Corpus of Spontaneous Japanese：以下 CSJ)です。CSJ には講演など全660時間(語数にして700万語)の自発的な(spontaneous)独話のデータが集められています。CSJ には，テキストデータと音声データの両方が収録されており，主として，音声処理研究において広く利用されています。

また，小規模な話し言葉コーパスとしては，宇佐美まゆみ氏を中心に構築された「BTS(Basic Transcription System)による多言語話し言葉コーパス」，大曽美恵子氏を中心に構築された「名大会話コーパス」があります。「BTS による多言語話し言葉コーパス」は，様々な社会場面で使用される会話データを収集したもので，日本語教育をはじめ，社会言語学の研究で幅広く利用されています。「名大会話コーパス」は129会話，合計約100時間の日本語母語話者同士の雑談を文字化したコーパスで，国立国語研究所が開発したコーパス検索システム「中納言」を使って検索できるようになっています。さらに，200時間の日常会話を収めた『日本語日常会話コーパス』(Corpus of Everyday Japanese Conversation：CEJC)が近く公開予定です。

1.2.3 学習者コーパス

一般に，コーパスといえば，母語話者の産出した言語を集めたものを指しますが，言語学習者の産出言語を集めたものもあり，これらを学習者コーパスと呼びます。

母語話者データの収集に比べると，学習者データの収集ははるかに困難であり，既存の日本語学習者コーパスの多くは小規模なものにとどまっています。

学習者コーパスにも，書き言葉を集めたものと話し言葉を集めたものがあります。前者は作文コーパスとも呼ばれ，金澤(編)(2014)による「YNU 書き言葉コーパス」，李在鎬氏を中心とする研究グループが構築した「日本語学習者作文コーパス」，海野多枝氏を中心とする研究グループが構築した「日本語学習者言語コーパス」，国立国語研究所で構築された「日本語学習者による日本語作文と，その母語訳との対訳データベース」などがあります。一方，話し言葉を集めたコーパスもいくつか作られています。その多くは，日本語のインタビュー試験(Oral Proficiency Interview：OPI)における学習者の発話を収集したもので，古いものとしては山内博之・鎌田修の両氏が中心になって構築した「KY コーパス」や国立国語研究所による「日本語学習者会話データベース」などがあります。そして，ドイツ語母語話者に限定したものではありますが，村田裕美子氏を中心とする研究グループが構築した「ドイツ語話者日本語学習者話し言葉コーパス(Spoken Corpus of German Learners of Japanese)」があります。さらに，話し言葉と書き言葉の両方を収録したものとして，迫田久美子氏を中心とする研究グループが構築した「多言語母語の日本語学習者横断コーパス (International Corpus of Japanese as a Second Language：I-JAS)」などがあります。

1.2.4 そのほかのコーパス

このほか，特殊な研究目的のために作られたコーパスも存在します。たとえば，言語の経年変化を研究するために作られたものは，通時コーパスあるいは歴史コーパスと呼ばれます。日本語では，明治から大正期に刊行された雑誌のデータを集めた「太陽コーパス」や上代から近代までをカバーすることを目標に構築が進められている「日本語歴史コーパス」などが存在します。これらは，いずれも国立国語研究所が中心になって，構築作業が進められてきています。これに対し，BCCWJ のように，特定の時代相のみを対象とするものは共時コーパスと呼ばれます。

また，複数言語の比較研究のために作られたものを多言語コーパスと呼び，特に，日本語と英語など，2言語を対象とするものをパラレルコーパスと呼びます。こうしたコーパスとしては，内山将夫，高橋真弓の両氏が構築した「日英対訳文対応付けデータ」などがあります。これは，「Project Gutenberg」や「青空文庫」や「プロジェクト杉田玄白」など，原則として再配布が可能な作品テキストを選び，日本語と英語を1文単位の対にして収録したデータです。これにより，日本語が英語でどう表現されているかを調べることができます。データは，フリーライセンスで公開されていますので，ウェブサイトからダウンロードできます。ただし，検索用のプログラムなどはありませんので，テキストエディタを使って利用する形になります。

1.3 日本語教育におけるコーパス利用

■日本語研究から日本語教育へ

日本語コーパスは，かつては，日本語学や工学(自然言語処理)分野の専門家が使用する特殊な研究資料として位置づけられてきました。使用できるコーパスの種類は限定され，また，使用者には高度なコンピュータ技術が要求されていました。

しかし，平易な検索インタフェースがオンライン上で無償公開されるようになり，一般利用者もそれぞれの目的に応じて，コーパスを活用できる環境が整ってきました。こうした中，日本語教育の世界でも，コーパスは研究・教育において不可欠なツールとして認識されるようになりました。日本語教師のコーパス活用法としては，たとえば，日本語の使用状況の調査，言語実態を根拠とした既存教材の検証・評価，言語実態を反映させた語彙表・教材・試験などの開発，また，学習者コーパスの分析に基づく習得困難項目の抽出などが考えられます。さらに，具体的な研究成果について知りたい人は，砂川(編)(2016)や中俣(編)(2017)を参照してください。

以下では，日本語教育の現場で簡単に行えるコーパス調査として，(1)表現の一般性，(2)類似表現の違い，(3)表現と場面の関連性を探る事例を紹介します。

1.3.1　表現の一般性を調べる―「歌う」と「唄う」―

コーパスを使う最大の利点として，言語表現としての一般性(どの程度，よく使われているか)を確認できることがあげられます。日本語の母語話者といっても，その言語直観の範囲は限定的なものでしかありません。自分ではよく使う表現のつもりであっても，一般的にはあまり言わないような言い方だったり，反対に自分ではあまり言わない言い方であっても，一般的にはよく使う言い方だったりすることは珍しくありません。

言語教育の場において，表現の一般性は，学習項目の選定はもちろん，導入の優先順位の検討の際にも考慮しなければならない事柄です。コーパスは，こうした判断における客観的かつ科学的な判断材料を私たちに提供してくれます。

たとえば，書物などで「唄う」という表記を目にすることがあります。「歌う」に比べて「唄う」という表記が特殊であることは直観でわかるものの，「歌う」を基準として，「唄う」がどの程度使用されているのかは直観だけではわかりません。ここでBCCWJを調べてみると，前者は1,523件，後者は71件出現しており(文字列検索による)，「唄う」の使用度は「歌う」の約5％に過ぎず，その一般性は非常に限定的であることが確認できます。

1.3.2 類似表現の違いを調べる―「状態」と「状況」―

言語教育の現場において，意味的に似ている単語や表現の扱いは非常に厄介なものです。母語話者であれば何となく使い分けている単語や表現の違いを学習者にわかりやすく伝えることが求められるわけですが，多くの教師はその説明に苦労します。こうしたニーズに関して，コーパスを使ったコロケーション分析は絶大な威力を発揮します。

コロケーションとは，一般に，よく使われる語の組み合わせや，自然な語のつながりを意味します。たとえば，「辞書」という名詞については，「辞書を引く」「辞書で調べる」「分厚い辞書」といった組み合わせのパターンが存在します。これらが自然な表現であることは母語話者であれば直観で理解できますが，学習者にはそうした判断は難しいものです。コーパスを使った調査において，コロケーションは各々の語の生態や振舞いを示すものとして重要視されており，個々の語の前後にどういう語や表現が一緒に出現するかという点から言語現象を分析します。

たとえば，「状態」と「状況」は大変よく似た意味を表し，その使い分けは母語話者にもはっきりしません。しかし，コーパスを使った調査を行うと，「状態」は「状態が続く」「状態を保つ」のように静態を表す動詞と，「状況」は「状況が生まれる」「状況を変える」のように動態を表す動詞と共起することがわかります(新屋，2010)。

このように，共起する語や表現といった生起文脈の違いを手掛かりとすることによって，類似表現間の意味的な違いについて具体的な説明を与えることを可能にします。

1.3.3 表現と場面の対応を調べる―義務表現―

言語表現と現実の生活場面がどう対応しているかを正しく教えることは，コミュニケーション能力を育成するという目標にとってなくてはならない要素です。コーパスは，この点に関しても，母語話者の内省を超えたレベルで客観的な指標を与えてくれます。

たとえば，義務を表す表現には「なければならない」「ないといけない」「なくてはいけない」などがあります。こうした多様な表現は学習者や日本語教師を悩ませるものですが，これらはどのような場面で使い分けられているのでしょうか。

この答えもまた，各種のコーパスを調べることによって得られます。性質を異にする複数の書き言葉・話し言葉コーパスを分析した調査によって，書き言葉では「なければならない」が，自由会話では「ないといけない」が，そして，不特定多数を相手に行う講演などでは「なくてはいけない」がそれぞれ多用されることが明らかにされています(小西，2008)。

このように，性質を異にする複数のコーパスで出現頻度を比較することで，様々な表現がどのような環境でよく使われるか，あるいは使われないかを知ることができ，言語表現の場面対応性を検討することができるのです。

1.4　コーパス調査に必要なもの

■3つの要素

日本語教師や日本語学習者がコーパス調査に取り組もうとする場合，必要となるのは，コーパス・検索ツール・検索に関わる技術の3点です。

まず，調査に使用するコーパスは，オンラインコーパスとオンライン化されていないコーパスに大別されます。このうち，初心者にも使用しやすいのはオンラインコーパスです。前述のBCCWJをはじめ，近年では，検索インタフェースと一体になったオンラインコーパスが主流になってきています。こうした環境の整備により，特段の前提知識がなくても，検索をし，コーパス調査を行うことができます。

一方，オンライン化されていないコーパスを扱う場合は，何らかの検索システムが必要になります。コーパス調査で使用する検索ツールには汎用的なデータ処理ツール（テキストエディタ，Excel 等）や，コーパス検索に特化したツールがあります。後者をコンコーダンサと呼びます。

また，自作コーパスなど，テキストファイルを直接に検索しようとする場合には一定レベルの処理技術が必要になります。初級の技術としては，検索対象となるキーワードの入力，検索結果の保存など，中級のものとしては，Excel による結果の集計，文字コードの操作など，比較的上級のものとしては，Excel の関数を用いたデータ処理，形態素解析，正規表現などがあります。

コーパス調査ではコンピュータ操作の機会が多いため，コンピュータ操作に慣れているほうが有利であるのは否定できません。しかし，コンピュータ技術さえあれば，よい調査ができるというものでもありません。コーパスを使うということは，単にキーワードを入れて，検索結果を呼び出すことではないからです。得られた結果を様々な角度から眺めて，言語の傾向性を考察していくためには，コンピュータの操作技術にとどまらず，幅広い言語知識や言語への関心が重要になってきます。

1.5　コーパス調査の留意点

以上で，コーパスが日本語の研究・教育の両面において大きな価値を持っていることを述べました。実際，日本語教育の分野では，コーパス分析から得られた頻度を根拠に日本語の使用実態を探ったり，あるいは，頻度を活かして教材を作成したりする動きが広がっています。

コーパス調査で得られる頻度情報は確かに有用なものですが，一方で，頻度を絶対視することには危険も伴います。ここでは，コーパス調査で頻度を扱う際の留意点について簡単にまとめておきましょう。

■コーパスの代表性は信頼できるか

多くのコーパスは，何らかの言語もしくは言語変種を代表したものとみなされていますが，無限に近い言語を有限のコーパスで代表する場合，当然ながら，コーパスの代表性には一定の限界があります。つまり，いかに均衡的にコーパスを作ったとしても，コーパスが元の言語そのものと完全に一致するとは言い切れません。

コーパスそのものに内在するこうした限界は，コーパスから得られる頻度の信頼性にも影響します。特に，小規模なコーパスで研究を行う場合は代表性が大きく制約されるため，そこから得られた頻度の扱いには慎重な判断が必要です。

■コーパスの内容は確定しているか

オンラインコーパスの場合，公開後も，データや検索システムに問題点が見つかると，恒常的に修正や補正などが行われます。こうしたコーパスの更新作業は，コーパスの完成度を高めていく上で不可欠なことですが，一方で，内容や仕様が完全に確定するまでは，同じコーパスであっても，調べた時期によって得られる頻度が異なることが起こりえます。時期を変えて結果の再現性を検証したり，更新情報に注意を払ったりする必要があるといえるでしょう。

■探そうとする例はすべて数えられているか

コーパス検索には様々なツールや技術がありますが，それらを駆使しても，調べたい用例を完全に過不足なく取り出すことは容易ではありません。特に，英語と違い，日本語は語が切れ目なくつながって書かれていますので，そうしたデータで検索を行う場合，検索対象用例を取りこぼしたり，あるいは，検索対象外の用例が混入したりすることが避けられません。

多くの場合，コーパス検索で得られる頻度には一定の誤差が含まれると考えておいたほうがよいでしょう。たとえば，２語の頻度を比較するような際，両者の差が小さいのにその差に過剰な意味づけを与えることは危険です。

■コーパスにおける語の頻度をどう捉えるか

たとえば，コーパスにおいて，可能を意味する「食べれる」の出現頻度を調べる場合を考えてみましょう。BCCWJで検索すると，213件が見つかります。しかし，そのうちのいくつかは，日本語の概説書や教科書において問題表現の例としてあげられたものです。

このとき，書き手が意識せずうっかり書いた「食べれる」と，あえて問題表現の例として示した「食べれる」の頻度は分けて考えるべきでしょうか。あるいは，どちらも現代日本語における出現例であるという点から両者を区別せずに考えるべきでしょうか。

いずれの立場にも一定の理があり，最終的にどちらの立場をとるかはコーパスを扱う調査者自身が判断して決定する必要があります。

■高頻度語は重要語なのか

頻度が高ければ，コーパスが代表する言語において当該の語や表現が多く使われていることを意味します。一般に，高頻度であることは語や表現の標準性・典型性・一般性を示す重要な手掛かりとなります。しかし，頻度と，教育的あるいはコミュニケーション的な重要性が常に一致するとは限りません。

たとえば，新聞コーパスを調べれば，多くの場合，身の回りの生活に関わる語彙よりも，政治や経済の専門語彙の頻度のほうが高くなってしまいます。手元の新聞を見れば，「内閣」や「株価」などの用語が繰り返し出てくるのに，「ランドセル」「黒板」「鍋」「台所」などの語はほとんど出てこないはずです。しかし，だからといって，日本語教育の現場において，「黒板」より「内閣」が重要語であると言い切ってよいかどうかは悩ましい問題です。

特定のコーパスで得られた頻度だけを絶対的な基準として教材や試験を作成することには危うさが伴います。語や表現の教育的重要度を決定するにあたっては，頻度の情報を活用しつつも，同時に，経験を積んだ日本語教師の直観や判断と組み合わせていくことがより望ましいといえるでしょう。

1.6　本書の構成

本書は，4部構成を取っています。第1部「日本語均衡コーパスの活用」(第2章～第4章)では，BCCWJの概要と，BCCWJを使った平易な言語調査の例について紹介します。BCCWJには多様な利用形態がありますが，本書では，初級者を念頭に，オンラインで手軽に利用できる「少納言」という検索インタフェースを利用します。

BCCWJのような大規模な一般コーパスを使用することで，日本語の諸相について様々な事実を明らかにすることができますが，一方，研究目的によっては，既存のコーパスだけでは必要なデータが得られないこともあるでしょう。そうした場合，たとえ小規模であっても自作コーパスを構築し，自力で検索していく必要が生じます。そこで，第2部「教材コーパスの構築と活用」(第5章～第9章)では，印刷された日本語教材からコーパスを自作し，それを加工して検索するまでの過程を紹介します。具体的には，(1)コーパス構築(データ収集，データのテキスト化，テキストファイルの保存他)→(2)コーパス加工(形態素解析)→(3)コーパス検索(エディタでの文字列検索，形態素解析済みテキスト検索)→(4)コーパス処理(Excelを用いた単語頻度集計他)について述べます。なお，本書では，汎用的な処理を重視する観点から，エディタやExcelなどの一般的なツールを用いた処理を中心に扱います。

上述の一般コーパスと教材コーパスによって，日本語の諸相や教材の問題点などを分析することができますが，さらに進んで，指導しようとする学習者の実態を把握しようとする場合には，学習者の言語産出を集めたコーパスを分析する必要が生じます。そこで，第3部「学習者コーパスの構築と活用」(第10章〜第12章)では，既存の学習者コーパスについて概観した後，自作の学習者コーパスを構築・分析する方法について紹介します。

以上の各論を踏まえ，本書のまとめとなる第4部「日本語教育とコーパス」(第13章〜第15章)では，日本語教育におけるコーパス活用の現状と，今後の展望，さらには調査結果を論文化する際のポイントについて述べます。

1.7 まとめ

本章では，本書全体の導入として，⑴コーパスの定義，⑵コーパスのタイプ，⑶日本語教育におけるコーパス利用，⑷コーパス調査に必要なもの，⑸コーパス調査の留意点，の各観点について概論的説明を行った後，本書の全体構成を示しました。

1.8 さらに学びたい人のために

まず，日本語コーパス調査の諸相を包括する研究成果として，荻野綱男と田野村忠温の両氏が編集した「講座 ITと日本語研究」(明治書院)と前川喜久雄氏が監修した「講座 日本語コーパス」(朝倉書店)という2つのシリーズがあります。「講座 ITと日本語研究」シリーズは8巻構成となっていますが，大半でコーパスが扱われています。たとえば，第5巻『コーパスの作成と活用』ではコーパス作成法について，第2巻『アプリケーションソフトの基礎』および第3巻『アプリケーションソフトの応用』ではコーパスの基礎的検索方法について，第4巻『Rubyによるテキストデータ処理』ではより高度な検索技術について，第6巻『コーパスとしてのウェブ』ではウェブを活用したコーパス研究法についてそれぞれ実践的な解説を読むことができます。また，「講座日本語コーパス」は，BCCWJの開発メンバーが中心になり，BCCWJの隅々までを紹介しています。とりわけ第5巻の『コーパスと日本語教育』では，日本語教育へのコーパス活用研究の成果を紹介しています。

このほか，伊藤(2002)や李(編)(2017)では，日本語データの収集方法や調査計画の立て方，また，今後の日本語の計量分析の手法について詳細な説明がなされています。そして，英語コーパス研究も含めたコーパス言語学の全体を概観するには，石川(2012)も参考になります。

1.9 練習問題

(1) 日本語教育でコーパスを活用するメリットとデメリットについてそれぞれまとめてみましょう。

(2) 手近な新聞の第1面を例に，3字熟語に限って目視で簡単な頻度調査を行い，政治用語・経済用語・日常用語のうち，いずれが多いか調べてみましょう。

(3) 身近な日本語母語話者にインタビューを行い，「なければならない」「ないといけない」「なくてはいけない」という3種の義務表現にどのような使用環境の違いがあると思うか聞いてみましょう。また，インタビューの結果が本章で紹介したコーパス調査の結果とどの程度一致しているか調べてみましょう。

第1部

日本語均衡コーパスの活用

第2章

「現代日本語書き言葉均衡コーパス」入門

2.0 本章の概要

前章では，コーパスの定義や種類，日本語の研究や教育におけるコーパス利用の可能性について概観しました。そこでも述べたように，小規模なものも含めると，日本語コーパスには様々なものが存在するわけですが，規模や学術的信頼性の点で，日本語コーパスの代表格と呼べるのが「現代日本語書き言葉均衡コーパス」(Balanced Corpus of Contemporary Written Japanese：以下 BCCWJ)です。

第1部(第2章～第4章)では，BCCWJ の内容やその利用法について考えていきます。本章では，はじめに，BCCWJ に先立つコーパスの開発の歴史を概観した上で，BCCWJ の構築理念となる「均衡コーパス」という考え方について解説します。その後，BCCWJ に収録されているデータの内容を紹介します。

2.1 コーパス開発小史

コーパス開発は英語において先行し，その後，主要言語において大規模なコーパスが開発されるようになってきました。ここでは，BCCWJ誕生に至るまでのコーパス開発の歴史を簡単に見ておきましょう。

2.1.1 英語コーパスの歴史

世界の諸言語の中で，英語ははじめて本格的なコーパスが開発された言語であり，英語コーパスを用いた研究も広く実践されています。

■世界初のコーパス

世界初のコーパスは，アメリカのブラウン大学で開発され，1964年に公開されたBrown Corpusです。Brown Corpusには，1961年に刊行されたアメリカ英語の書き言葉100万語が収集されています。

Brown Corpusの開発チームは，2,000語のサンプルを500種集め，新聞，雑誌，パンフレット類，各種の小説など，内容や文体を異にする幅広い書き言葉がコーパスに含まれるように工夫しました。これにより，Brown Corpusは，特定の分野に偏ることなく，「現代アメリカ英語の書き言葉」全体をバランスよく反映する言語資料となったのです。Brown Corpusのデータ収集法は，後の均衡コーパスの構築法の原型といえます。

■大型コーパスの時代

1990年代に入ると，大型コーパスの開発機運が高まります。中でも，最も重要なコーパスは，1994年に完成した1億語のBritish National Corpus(BNC)です。BNCは，イギリス政府の資金援助の下，イギリスの大学や出版社などが協力して構築したもので，各種の英語コーパスの中で最も信頼性が高いものの1つとされています。BNCには，書き言葉だけでなく，話し言葉も収録されており，英語の諸相を1つのコーパスで概観できるようになっています。

その後もコーパスサイズの拡張は続き，2000年代に入ると，ウェブ上のテキストを収集した超大型コーパスも構築されています。これまでに，10億語を超えるCorpus of Contemporary American English（COCA），15億語のukWaC，32億語のenTenTenなどが公開されています。

2.1.2　日本語コーパスの歴史

1960年代からコーパスが作られていた英語とは異なり，日本語では，2011年のBCCWJ公開まで，一般に使用できるコーパスは存在していませんでした。しかし，コーパスに準ずるデータベースの開発や研究は日本語においても古くから活発に行われてきました。ここでは，BCCWJ誕生に至る日本語コーパス開発の歴史を振り返っておくことにしましょう。

■初期の語彙調査

日本語においては，語彙調査の長い歴史があります。BCCWJの開発母体でもある国立国語研究所は，1950年代ごろから，大規模で精緻な語彙調査を次々に手掛けており，1953年には『婦人雑誌の用語』，1957～1958年には『総合雑誌の用語』，1962～1964年には『現代雑誌九十種の用語用字』などの報告書が公刊されています。

このうち，『婦人雑誌の用語』は，「現代の用語を，書き言葉における基本語彙の線に絞って，実態を明らかにしよう」としたもので，下記の目的を持っていました。

> われわれは日常どのような言葉を用いているか。その一々の言葉は，どのような性格―履歴・意味・文法上の性質・音韻上の性質・文字に表される時の習慣など―を持って，どのような場合に用いられるか。また，われわれは，どれほどの数にのぼる言葉を知ってお

> り，そのうちどれほどを日常の用にあてているか。更に，どのような言葉が新たに用いられはじめ，あるいは棄たれていったか。そこには，どのような事情があり，どのような条件が働いたのであるか。等々の問に答えなければならないのが語彙調査である…（p. 1）

上記の視点は，現代におけるコーパス研究の基本的な目的と完全に重なるもので，国立国語研究所による一連の語彙調査の先見性を示すものといえます。

■コンピュータ語彙調査

1960年代に入ると，大型コンピュータが使用できる環境が徐々に整ってきました。そうした状況の変化を受けて，1960年代後半以降，国立国語研究所の語彙調査もコンピュータ化され，現代のコーパス調査により近接してきます。

こうして，1970～1973年には『電子計算機による新聞の語彙調査』，1983～1987年には『高校教科書の語彙調査』『中学教科書の語彙調査』などの報告書が刊行されることとなりました。

コンピュータを使用するようになって最も大きく変化したことは，分析の根拠となるデータの量や，分析対象の範囲が飛躍的に拡張したことです。従来の調査が「十万の単位」の資料から頻度最上位の用語用字の解明を目指したのに対し，『電子計算機による新聞の語彙調査』では，「百万の単位」の資料に基づき，「その次に位置する用語用字のグループの実態」を明らかにすることが目指されました。

■ KOTONOHA

その後，国立国語研究所は，これまでの語彙調査の伝統を踏まえ，KOTONOHAという大規模なコーパス開発プロジェクトを展開することになります。KOTONOHAは，奈良・平安時代から現代までの日本語を体系的に収集しようとする壮大な計画です。

図１はKOTONOHAの主要コーパスの関係を示したものです。上段は書き言葉，下段は話し言葉です。録音技術が開発される前の話し言葉はデータとして現存していませんのでこの部分は空欄になっています。

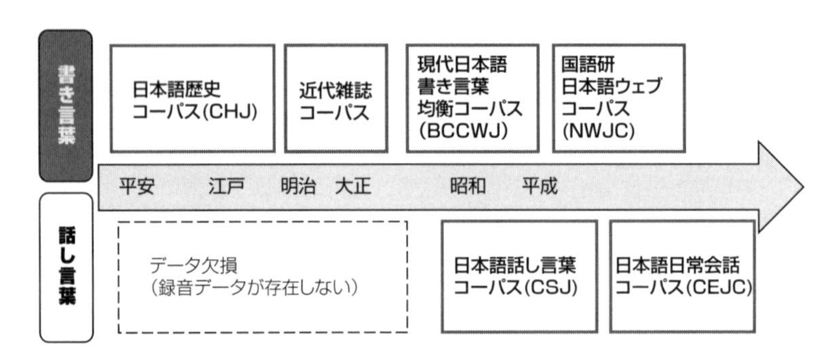

【図１】 KOTONOHAにおける主要コーパス関係図（2019年末現在）

以下，国立国語研究所コーパス開発センターのウェブサイトの記述に基づき，順に各コーパスの概要を見ておきましょう。まず，日本語歴史コーパスは，奈良時代～大正時代までの日本語資料を収集し，読み・品詞等の情報を付与したもので，「デジタル時代における日本語史研究の基礎資料」となるものです。全体は現在も構築作業中ですが，一部のデータがすでに公開されています。

近代雑誌コーパスは，「現代日本語の書き言葉が整備されていく過程」を示す明治・大正期の雑誌を収集したもので，近代女性雑誌コーパス(210万字)，太陽コーパス(1450万字)，明六雑誌コーパス(18万語)，国民之友コーパス(101万語)等が公開されています。なおこれらは前述の日本語歴史コーパスの一部としても位置づけられています。

BCCWJは「現代日本語書き言葉の全体像を把握する」ことを目的として編纂された１億430万語のコーパスで，これについては以下で詳述します。

国語研日本語ウェブコーパスは，クローリング技術(ウェブの自動巡回・データ保存)を活用し，ウェブ上の1億個のアドレスから100億語超のテキストを収取して形態素解析情報や係り受け情報を付与したもので，「稀言語現象の言語学的，心理学的および情報処理的視点からの究明」の可能性を拓くものです。

日本語話し言葉コーパスは，学会講演や模擬講演など，およそ660時間分，語数にして750万語相当の現代日本語の自発的モノローグを集めたコーパスです。コーパスには，音声データと文字データが含まれており，世界最大級の音声言語データベースとなっています。本コーパスは，狭義のコーパス研究に限らず，広く音声学や工学的な音声認識の研究などに活用されています。

このほかにも，国立国語研究所では，「中国語・韓国語母語の日本語学習者縦断発話コーパス」(C-JAS)，「多言語母語の日本語学習者横断コーパス」(I-JAS)，「アイヌ語口承文芸コーパス」，「日本語学習者による，日本語・母語対照データベース」，「統語・意味解析情報付き現代日本語コーパス」，「名大会話コーパス」等のユニークなコーパスを公開しており，また，200時間分の日常会話を音声・動画で記録する「日本語日常会話コーパス」(CEJC)の開発も進められています。

以下では，これらのコーパスの核となるBCCWJについて詳しく見ていくことにしましょう。

2.2 均衡コーパスとは何か

2.2.1 均衡コーパスの意義

BCCWJの最大の特徴は，その名称に示されるように，データを均衡的に収集していることです。では，各種のコーパスの中で，「均衡コーパス」とはどのようなコーパスを言うのでしょうか。

■手近なデータを集めることの問題

前章で概観したように，コーパスは，広義では「言語資料の集成」(1.1節参照)として定義されます。たとえば，自宅にある一定量の本を集めれば，それも広義のコーパスとなりえます。

しかし，手近なデータを無計画的に集めた場合，その内容はしばしば偏りを見せ，一般的な言語研究資料としての信頼性はきわめて限定的になるでしょう。上例で言うと，推理小説の愛好家の蔵書から作られたコーパスは推理小説に大きく偏っているはずです。

このように，偏ったデータから作られたコーパスを調べて何らかの傾向が見つかったとしても，それは資料の偏りに起因する可能性が高く，一般的な日本語において同じ傾向が見られるとは必ずしも言い切れません。

■均衡コーパスとは何か

前章で述べたように，狭義のコーパスは，電子化され，一定の規模と代表性(representativeness)を持つものを指します。このうち，最も重要となるのが代表性という考え方です。単にコーパスといった場合，通例，日本語の全体ないしその一部(書き言葉／話し言葉，小説／新聞／雑誌など)を代表するよう，多様な言語資料をバランスよく収集したものが含意されます。

こうした設計指針で構築されたコーパスを，他と区別して，特に均衡コーパス(balanced corpus)と呼びます。統計学の言葉を使えば，均衡コーパスは，日本語，日本語の書き言葉，日本語の小説など，あらかじめ定義された何らかの母集団(population)に対する統計的な標本(sample)であるといえます。

標本としてのコーパスは母集団としての言語に連動しているため，コーパス内で見られた傾向は，母集団でも同様に見られるであろうと考えることができます。

2.2.2 均衡コーパスの構築方法

統計学において，信頼できる標本を作るためにはいくつかの考え方がありますが，コーパス構築に関連して重要になるのは，層化抽出と無作為抽出という2つの基本理念です。本節では一般的な均衡コーパスの構築法の例を示します。

■層化抽出とは何か

均衡的にデータを集めるには，その前提として，母集団のデータの構造を正確に知る必要があります。しかし，日本語や英語といった個別言語を母集団として想定する場合，あまりに巨大すぎて，その全貌を正確に把握することはほとんど不可能です。

そこで，目標とする母集団からいきなりコーパスを作るのではなく，目標母集団を常識的な判断によっていくつかの構成要素に分け，その各々について，作業のための現実的な枠母集団を定めて実際の資料収集を行っていきます。

たとえば，「日本語の書き言葉」のコーパスを作ろうとするのであれば，「日本語の書き言葉」というかたまりを，あらかじめ，新聞・雑誌・書籍・教科書などに区分(層化)しておくわけです。これにより，以後のデータ収集の作業イメージはかなりクリアになります。

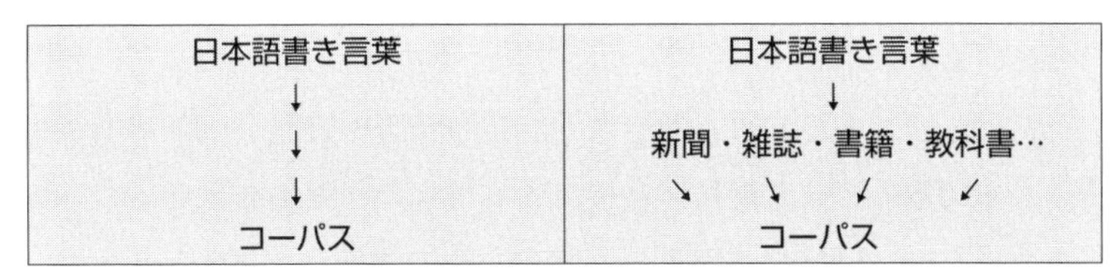

【図2】 非層化抽出(左)と層化抽出(右)のイメージ

その後，区分された層ごとに，たとえば新聞であれば「ウェブ上で閲覧可能となっている過去10年分のA紙」というように，資料の入手可能性も考慮しながら具体的な枠母集団を定め，そこからデータを抽出して集めていきます。

なお，複数の段階に分けて層化を行うこともあります。新聞であれば，まず，全国紙と地方紙に区分することができます。また，それぞれについて複数の新聞の区分があり，その各々に朝夕刊の区分があります。さらに，新聞には，政治記事，経済記事，社会記事など，様々な内容的区分もあります。このように段階的に層化を行うことで，収集対象は徐々に小さく具体的になっていきます。

ある母集団を複数の層に区分した場合，通例，層ごとに実際のデータ量を調べて，その比率に準じてコーパスデータを集めていきます。あるいは，より簡易な方法として，各層のデータ量の比率を同等とみなして均等にデータを取っていくこともあります。

■無作為抽出とは何か

上記の手続きにより，どのような資料からどれだけのデータを取るかという枠組みが決まるわけですが，最終的に作業者が資料から好き勝手にデータを集めてしまっては，やはり偏りが生じ，母集団に対する代表性が確保されません。

そこで，コーパス構築では，作業者の恣意が混入しないような形でもとの資料からコーパスに含めるデータを選び出します。これを無作為抽出といいます。

一例として，ある年に出版された特定の分野の書籍が1,000冊あり，そこから20個のデータを無作為抽出する場合の作業手順を考えてみましょう。まず，1,000冊すべてに整理のための連番コードを振ります。次に，コンピュータなどで規則性のない乱数を20個発生させます。そして，機械的に得られた数字に対応する20冊の書籍を実際に入手します。その後，同様に乱数を発生させ，本ごとにデータを取る最初のページを決めます。場合によっては，さらに，１ページを格子で区切って交点に連番を打ち，乱数によって，ページ内のどの位置からデータを取り始めるかを決めます。こうした厳密な無作為抽出を行うことで，作業者の恣意や作為が完全に排除され，抽出したデータが信頼性の高い統計的標本となるのです。

前述のBCCWJの書籍データの多くは，基本的に上記に類似した手続きを経て収集されており，そのことが，現代日本語の研究資料としてのBCCWJの信頼性の根拠となっています。

2.3 BCCWJ の内容

BCCWJには，全体で約1億語分(※記号等を除いた上で，「六甲」+「山」のように，1語を短く定義する短単位で数えると1億491万語分，「六甲山」のように，複合語をまとめて扱う長単位で数えると8,358万語分)のテキストデータが収録されています。英語と日本語では語数の数え方が異なるので単純な比較はできませんが，1億語というのは，英語の大型コーパスであるBNCと等しい分量です。では，BCCWJにはどのような言語資料が含まれているのでしょうか。

2.3.1 データの概要

はじめに，BCCWJのデータの概要を見ておきましょう。

■13種のデータ

BCCWJには，13種のメディア／ジャンルから取られた約17万件のテキストサンプルが含まれています。表1はサンプル数と語数に基づく種別ごとの占有比を示したものです。なお，語数は短単位で数えています。

【表１】 BCCWJ データ構成

サブコーパス	種別	資料概要	語数比率	サンプル数比率
出版	書籍	2001～2005年発行の国立国会図書館蔵書目録内の31.7万冊	5.9	27.2
	雑誌	2001～2005年に日本雑誌協会加盟社が発行した全雑誌（漫画・要覧等を除く）	1.2	4.2
	新聞	2001～2005年発行の全国紙，ブロック紙，地方紙の合計16タイトル	0.9	1.3
図書館	書籍	1986～2005年発行で，都内13自治体以上で共通に収蔵されている33.5万冊	6.1	29.0
特定目的	ベストセラー	1976～2005年の各年のベストセラー書上位20位内の計951冊	0.8	3.6
	白書	1976～2005年発行の白書全1,006冊	0.9	4.7
	広報紙	2008年度発行の全国100自治体の広報紙	0.2	3.6
	法律	1976～2005年に公布され，2009年時点で施行されている718の法律	0.2	1.0
	国会会議録	1976～2005年の第77～163国会の会議録	0.1	4.9
	教科書	2005～2007年に小中高各教科で使用された144冊	0.2	0.9
	韻文	筑摩書房『現代短歌全集』（４巻分），角川書店『現代俳句大系　増補』（８巻分），思潮社「現代文庫」（118冊）	0.1	0.2
	Yahoo!知恵袋	2004年10月～2005年１月投稿の質問300万件とその回答	53.0	9.8
	Yahoo!ブログ	2008年４月～2009年４月投稿の記事340万件	30.5	9.7

（山崎（2014）および「DVD 版公開データ総語数」より再構成）

現代日本語の書き言葉といえば，ふつう，書籍・新聞・雑誌などが思い浮かびますが，書き言葉はそれだけに限りません。上記の表１に示されているように，BCCWJ には，教科書・韻文・法律・ウェブ文書など，全体で13種（書籍類をまとめれば11種）に及ぶきわめて多様な書き言葉のデータが集められています。これらのデータをうまく組み合わせることで，現代日本語の書き言葉の幅広い諸相を研究することが可能になります。

2.3.2 独自のデータ収集方法

表1を見ると，13種のデータが，出版・図書館・特定目的という3種類のサブコーパスに区分されていることに気がつきます。これは，書き言葉の収集にあたり，生産された言語(出版サブコーパス)，流通した言語(図書館サブコーパス)，その他の言語(特定目的サブコーパス)を区別する方針が採用されているためです。

■3種類のサブコーパス

3種類のサブコーパスは下記のように整理できます。

⑴ 「出版(生産実態)サブコーパス」
　出版・刊行されたすべての文献を母集団とする
⑵ 「図書館(流通実態)サブコーパス」
　図書館に実際に蔵書された文献を母集団とする
⑶ 「特定目的(非母集団)サブコーパス」
　上記でカバーできない特殊データを集める

前述の13種のデータのうち，⑴には雑誌・新聞・書籍が，⑵には書籍が，⑶には白書・教科書・広報紙・ベストセラー(書籍)・Yahoo! 知恵袋・Yahoo! ブログ・韻文・法律・国会会議録が含まれます。サブコーパスごとの合計語数は，⑴が約3,400万語，⑵が約3,000万語，⑶が約4,000万語となり，およそ3等分になっています(山崎，2014)。

■生産と流通を区分する必然性

表1を見ると，書籍(ベストセラー含む)が3種類のサブコーパスすべ

てに含まれていることに気がつきます。同じ書籍をどうして区別して収集する必要があったのでしょうか。

総務省統計局がまとめた『第6回日本統計年鑑』によれば，1年間に刊行される書籍の総タイトル数は約7～8万種です。10年単位で考えると70～80万種の本が刊行されていることになります。しかし，ここで留意すべきは，そのすべてが市中に出回って読者に読まれているわけではないということです。統計によれば，刊行された本のうち，自費出版物や各種機関の内部報告書など，相当数が実際には流通していません。

この点を踏まえると，「現代日本語の書き言葉」に与える影響の大きさという点で，出版されただけでほとんど誰にも読まれない（かもしれない）本と，図書館などに蔵書されて一定範囲の読者に読まれている本と，ベストセラーとなって圧倒的多数の国民に受容されている本は，それぞれ別個に扱うほうが適当であるといえます。

BCCWJは，このように，社会におけるデータの実際的位置づけを加味してデータ収集を行うことにより，資料としての信頼性を高めています。

■サブコーパスの性質の違い

このようにサブコーパスを分けることで，本当に書き言葉の異なる相が捉えられているのでしょうか。丸山・柏野（2011）の調査では，同じ書籍であっても，出版母集団と図書館母集団では，内容別の分量比率が大きく異なることが明らかにされています。

表2は上記の論文に記載された，NDC（日本十進分類法）による10分野別の推計文字数から比率を再計算したものです。

【表2】 母集団別の書籍内容別分量比(%)

内容分野	出版母集団	図書館母集団
0 総記	3.4	2.1
1 哲学	5.4	4.9
2 歴史	8.9	10.5
3 社会科学	25.5	18.7
4 自然科学	10.3	6.3
5 技術工学	9.5	6.6
6 産業	4.6	3.5
7 芸術	6.7	8.5
8 言語	1.9	2.0
9 文学	19.2	32.3
n 記録なし	4.6	4.6

たとえば，出版母集団においては文学よりも社会科学の占有比が高くなっていますが，図書館母集団においては両者の比率は逆転し，圧倒的に文学のほうが高くなっています。このことは，社会科学系の書籍に比べ，小説のような文学系の書籍が図書館の蔵書として多く購入され，結果的に，より多くの読者に読まれていることを示します。このほか，一般に人気のある歴史や芸術系の書籍も図書館母集団において占有比が上昇しています。

この結果は，サブコーパスを区分して資料を集めることで，同じ書籍であっても，生産と流通という異なる側面がコーパスの中にうまく取り込まれていることを示すものです。

2.3.3 BCCWJ 使用の留意点

BCCWJ は現代日本語の研究資料としてきわめて有用性の高いものですが，使用する際には留意すべき点もあります。

1点目は，BCCWJ の1億語が全体として「現代日本語の書き言葉」

に対する均衡的標本になっているというわけではないことです。BCCWJ全体を1つのデータベースとして使用した場合は，全体の約6割を占める書籍と，全体の2割を占めるウェブの言語的特性が際立つことになるので，結果を解釈する際には注意が必要です。

2点目は，言語種別により，層化抽出・無作為抽出によって均衡的に集められたデータと，非均衡的に集められたデータとが併存しているということです。すべてのメディア／ジャンルのデータがそれぞれ独立した「均衡コーパス」になっているわけではありません。

3点目は，Brown Corpusのように，すべてのサンプルの長さが揃えられているわけではないことです。長さを揃えた「固定長」のサンプルは全体の14％程度で，残りは，意味のまとまりを優先して長さを決めた「可変長」のサンプルとなっています。このため，厳密に言えば，長いサンプルの言語的特徴が全体の結果に影響している可能性があります。

以上の点をわきまえておけば，研究の目的に応じて，使用するデータを選んだり，検索方法を工夫したり，慎重な解釈を行ったりすることができ，研究の妥当性を高めていくことができるでしょう。

2.4　まとめ

本章では，はじめに，BCCWJ開発に先立つ英語コーパスと日本語コーパスの歴史について概観しました。BCCWJは決して一夜にしてできたものではなく，先行する内外のコーパス開発および日本語語彙調査の経験を踏まえて誕生したものであるといえます。

次に，BCCWJの特徴となっている均衡コーパスの考え方，および，均衡コーパスを構築する上で重要になる，層化抽出や無作為抽出といったデータ収集法について紹介しました。また，BCCWJのデータ構造を示し，BCCWJが書き言葉を生産・流通・特定目的という3つの側面に分けて捉える独自の理念を持っていることを指摘しました。最後に，

BCCWJの使用上の留意点を示しました。

2.5　さらに学びたい人のために

日本語コーパスに先立つ英語コーパスの歴史や，主要な英語コーパスの構築方法については，齋藤(他)(2005)，石川(2008)，石川(2012)などに詳細な紹介があります。また，BNCのウェブサイトでは，構築理念や構築方法について，図解もまじえて平易な解説がなされています。

日本語の語彙調査の歴史については，国立国語研究所の刊行する報告書に詳しく述べられています。かつては，こうした報告書の入手は困難でしたが，現在では，主要な語彙調査の報告書は国立国語研究所のウェブサイト上にPDF形式で全文が掲載されています。それぞれの報告書は百ページを超える大部なものですが，まえがきに相当する部分を読むだけでも，個々の調査理念について知ることができます。また，これらを読むことで，妥当性の高い言語資料の無作為抽出法の開発をめぐって様々な試みが古くからなされていたことにも気づくはずです。

BCCWJの構築について詳細な情報を知りたい場合は，『「現代日本語書き言葉均衡コーパス」完成記念講演会予稿集』(2011)に収録されている巻頭の2論文(前川，2011；山崎，2011)や，『講座：日本語コーパス　第2巻　書き言葉コーパス―設計と構築―』(山崎，2014)を読むことから始めるのがよいでしょう。

2.6　練習問題

(1)　GoogleやBingといった日本語検索エンジンを用い，任意の日本語の単語(例：「月曜日」「火曜日」…「日曜日」)について，それらを含むウェブページの数を検索・比較し，異なる検索エンジン間で結果に差があるかどうかを調べてウェブをコーパスとして利用する際の問題点について考えてみましょう。

⑵ 国立国語研究所のウェブサイトで公開されている過去の語彙調査の報告書を読み，膨大な対象資料の中からどのようにしてデータ収集を行ったのか調べてみましょう。

⑶ 過去10年間に出版された雑誌を母集団としてコーパスを作るとした場合，どのような観点で層化できるか考えてみましょう。

第3章

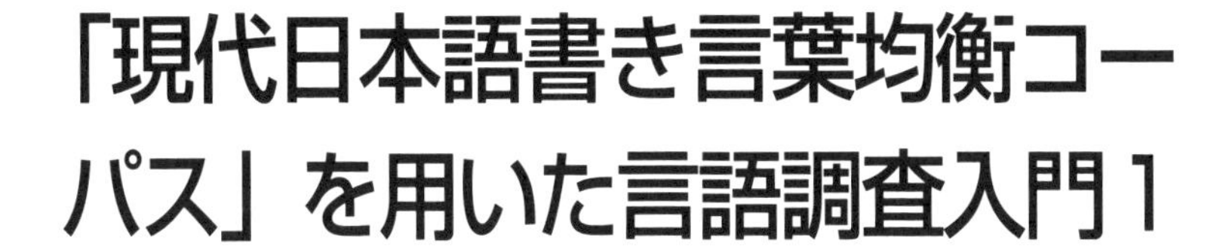

「現代日本語書き言葉均衡コーパス」を用いた言語調査入門1

3.0 本章の概要

前章では，これからの日本語研究や日本語教育の基礎資料となる「現代日本語書き言葉均衡コーパス」(Balanced Corpus of Contemporary Written Japanese：以下 BCCWJ)の内容を概観しました。

BCCWJ は多くのユニークな特徴を持つコーパスですが，コーパスの特性について理解を深めるには，実際に使ってみることが一番です。そこで，第3章と第4章では，BCCWJ を用いた言語調査の方法について考えていきます。以下，本章では，はじめに BCCWJ の利用方法について紹介し，その後，簡易な言語調査として，コーパス全体を用いた類義語調査の例を紹介します。

3.1 BCCWJ の利用

BCCWJ は，幅広いユーザーを念頭に開発されており，ユーザーのタイプによって異なる利用方法が提供されています。

■様々なアクセス方法

BCCWJを利用するには，(1)データをDVDで入手して，自分のコンピュータ上で直接検索する方法と，(2)オンラインの検索インタフェースを介してサーバ上のデータを検索する方法があります。このうち，(2)については，(a)初級者用の「少納言」，(b)中上級者用の「中納言」，(c)BCCWJの一部データに対して多様な検索手段を提供する「NINJAL-Lago Word Profiler(LWP)」等のインタフェースが開発されています。

(1)の方法は，BCCWJの多様な情報を最大限活用することが可能ですが，コーパス言語学や言語処理についての知識と経験が必要で，コーパスを検索するためのプログラム(「コンコーダンサ」と呼びます)も自分で用意しなければなりません。中上級者～研究者用のBCCWJ利用法と言えるでしょう。

これに対し，(2)の方法を使えば，言語処理の高度な知識がなくても，より簡単にBCCWJを使用することができます。ただし，3種類のインタフェースをうまく使い分けることが重要です。

【表1】BCCWJを利用するためのオンライン検索インタフェース

種別	特　徴
少納言	文字列検索のみ。検索結果表示は500例まで。
中納言	文字列検索＋短単位・長単位での語彙素検索(語彙素，語彙素読み，品詞)が可能。検索結果表示は500例までだが，10万例までの用例ダウンロードが可能。
NINJAL-LWP	「レキシカルプロファイリング」という考え方に基づき，語の共起関係などが調査可能。新聞(94万語)は検索不可。

NINJAL-LWPは便利で使いやすいインタフェースですが(本章末のコラムおよび13.2.3節参照)，BCCWJの全データを検索することができな

いので，以下では，初級者向けの「少納言」と，中上級者向けの「中納言」という2種類の検索インタフェースの特徴についてまとめておきます。

■「少納言」

「少納言」は，一般ユーザーが気軽に BCCWJ を使用するためのインタフェースです。一般向けとは言え，BCCWJ に含まれる言語データのすべてを利用することができます。

「少納言」のインタフェースはごくシンプルで，前提知識がなくても，直観的に検索を行うことができます。また，大規模コーパスのオンライン検索では，処理速度がしばしば問題になりますが，「少納言」はきわめて高速に検索結果を表示してくれます。

ただし，「少納言」にはいくつかの制約があります。1点目は，テキストデータが形態素解析（連なった文字列を形態素［≒語］に切り分ける作業）されていないので，語を対象とした検索ができないということです。たとえば，名詞の「車」を検索しようとしても，目的とする「車」だけでなく，「車両」「乗車」「自動車」などの語や，人名の「車田」なども検索結果に含まれてしまいます。「少納言」で行えるのは，入力された文字列に機械的に一致するものを抽出する文字列検索だけです。

2点目は，表記形や活用形の揺らぎを踏まえた検索ができないということです。「車」を検索した場合，異表記である「くるま」や「クルマ」などは検索結果に含まれません。また，「乗る」を検索した場合，「乗った」「乗れば」などの活用形は検索結果に含まれません。

3点目は，品詞などを組み込んだ複雑な検索ができないということです。たとえば，《車（名詞）＋「助詞」＋「動詞」》という条件に合うすべての表現を一度に検索する（例：「車に乗る」「車を買った」「車で行く」など）といったことはできません。

■「中納言」

「中納言」は，中上級のユーザーが本格的にBCCWJを活用するためのインタフェースです。「中納言」も「少納言」も検索対象となるデータの中身は同一ですが，「少納言」が語の区切りのない文字列データを使うのに対し，「中納言」では形態素解析(第7章参照)に基づき，テキストを語の単位に分割したデータが使用できます。これにより，「中納言」では，「少納言」に比べてはるかに柔軟な検索を行うことができます。

形態素解析済みのデータでは，テキストは，個々の語(より正確には，意味を持った最小単位である形態素)の単位で区分されており，それぞれに品詞，読み，活用などの情報が付与されています。これにより，「中納言」では，名詞の「やま」と，他の語の一部になっている「やま」を区別したり，名詞の「しか」(鹿)と副助詞の「しか」を区別したりすることが可能です。また，「行く」と同時にその活用形(「行か(ない)」「行き(ます)」「行っ(た)」など)を検索することもできます。

さらに，品詞検索を行うこともできます。下記は，「中納言」を用いて，形容詞＋名詞＋助詞が連続するものを検索した例です。

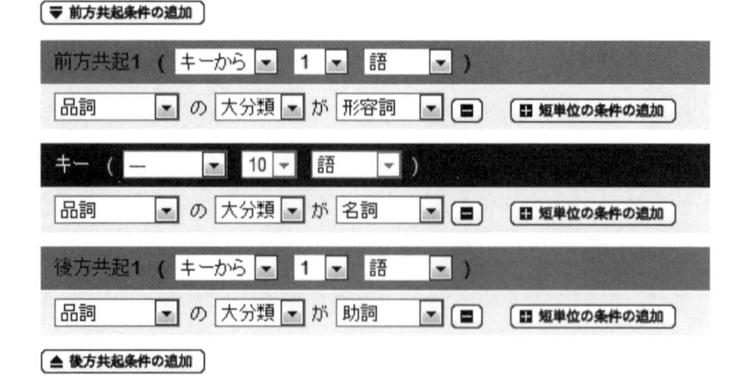

【図1】「中納言」における検索条件設定画面

<table>
<tr><td>自信|が|あった|。| |店|の|倉庫|に|は|、|{夥しい}|</td><td>数</td><td>{の}|在庫|が|残っ|て|おり|、|順調|に|買い付け|の|話|が|</td></tr>
<tr><td>さん|も|、|お|気|に|入り|の|ホスト|に|{もの凄い}|</td><td>金額</td><td>{を}|突っ込ん|で|ます|けど|、|それ|で|も|やはり|同じ|</td></tr>
<tr><td>漱石|も|引|き合い|に|出さ|れ|て|い|ます|。|奥|の|{深い}|</td><td>読みごたえ</td><td>{の}|ある|一|冊|です|。|馬野|周二|著|(|PHP|</td></tr>
</table>

【図2】「中納言」の検索結果画面(一部)

図2を見ると,「夥しい＋数＋の」,「もの凄い＋金額＋を」,「深い＋読みごたえ＋の」など,検索条件に適するものが抽出されていることがわかります。なお,上記の検索結果では,縦線で文が区切られていますが,個々の区切りが1個の形態素(「中納言」では短単位と呼ばれます)を表しています。

なお,「少納言」の場合と同様,「中納言」においても,最大表示用例数が500例に制限されていますが,未表示のものも含め,検索結果の全体をダウンロードすることができるので,より詳細な分析を行うことが可能になります。

このように,高度で柔軟な検索を可能にする「中納言」は,本格的な日本語研究を行う上で非常に有用性の高いものです。ただし,使用にあたっては事前の申請と登録が必要になるため,本書では,教師や学習者がより手軽に使用できる「少納言」を使った分析例を示すこととします。

3.2　検索実習―「ハッピー」「幸福」「幸せ」の頻度―

3.2.1　問題の概要

日本語の語彙には和語・漢語・外来語といった異なる語種が存在します。語種の多様性は日本語の豊かさを支えている一方,外国人学習者から見れば,日本語の難しさの一因となっています。

特に問題となるのは,類似した意味を持つ和語・漢語・外来語が並行的に存在している場合です。辞書や参考書を見ても,それらのうち,どれが現代日本語としてよく使用されており，どのようなニュアンス差があるかといった情報はなかなか得られないからです。

■母語話者の意識は「幸せ」＞「ハッピー」＞「幸福」

国立国語研究所は，大規模アンケートの結果を踏まえて公刊した「外来語に関する意識調査」(2004) の中で，同様の意味を持つ和語・漢語・外来語に対する国民の意識を調べています。たとえば，「ハッピー」「幸福」「幸せ」という一連の語について，「使いたい」「新しい」「わかりやすい」という３つの観点から意識を問うたところ，下記の結果が得られました。

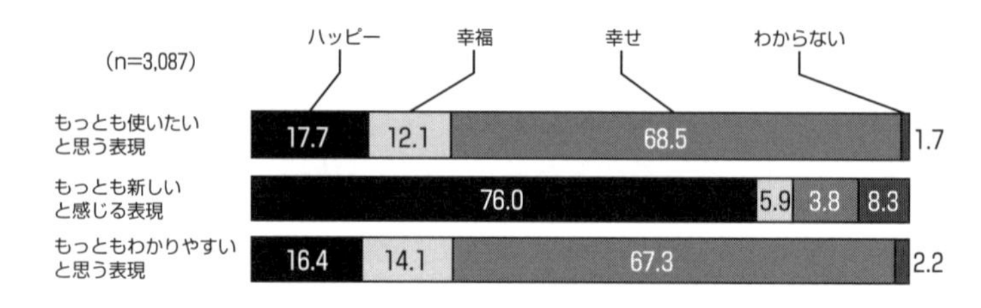

【図３】「ハッピー」「幸福」「幸せ」に対する意識

調査によれば，なじみの薄さや新奇性を示す「新しい」という項目において，「ハッピー」が１位になっています。逆に，実際の使用意向を示す「使いたい」の項目と，理解容易性を示す「わかりやすい」の項目では，和語である「幸せ」が１位となり，「ハッピー」，「幸福」がそれに続いています。

外来語の「ハッピー」が目新しく，和語の「幸せ」が理解・使用しやすいというのは大方の母語話者の直観どおりの結果ですが，一方で，理解容易性と使用意向の両面において外来語の「ハッピー」が漢語の「幸福」を上回っているのは意外な感じがします。

では，現代日本語において，３語の頻度の関係ははたしてどうなっているのでしょうか。また，３語はそれぞれどのようなニュアンスを持っているのでしょうか。こうした点に関して，内省だけで結論を出すのは困難であり，コーパス調査のニーズが残されています。

3.2.2　調査の手順

はじめに，(1)検索範囲(コーパス・対象語)を決定した後，(2)コーパス検索を実施し，その結果に基づき，(3)頻度調査，および，(4)用例調査を行います。なお，用例調査においては，「～な＋名詞」の形に限定し，３語の後続名詞を比較します。

3.2.2.1　検索範囲の決定

コーパスを使った調査を行おうとする場合，コーパスのどの部分を検索するのか，また，どのような対象を検索するのかについて事前にはっきり決めておく必要があります。

■検索するコーパス範囲の決定

ここでは，最もシンプルな調査として，BCCWJ の全データを検索範囲とします。前章で述べたように，メディア／ジャンルを区別せずにBCCWJ 全体を１個のデータセットとして扱った場合は，書籍(約６割)とウェブ(約２割)の特性が強く出ることになります。メディア／ジャンルごとの詳細な比較は今後の課題とし，以下では，書籍とウェブを中心とする現代日本語の書き言葉における３語の使用状況を探っていきます。

■検索する対象語の範囲の決定

調査しようとする語は「ハッピー」「幸福」「幸せ」の３語ですが，それぞれの語には一定の変種が存在します。ここでは，複合語と表記に関して対象範囲を決定します。

複合語については，調査目的により，対象に含める場合と含めない場合とがありますが，ここでは区別せずに含めることとします。これにより，「幸福感」「幸福度」「幸福寺」「幸福駅」といった複合語はすべて「幸福」の出現例とみなされます。同様に，「幸せ」の用例中に「不幸せ」が，「ハッピー」の用例中に「アンハッピー」が含まれることになりますが，これらについても区別しません。

次に，表記については，「ハッピー」「幸福」「幸せ」と厳密に一致する表記のみを対象とし，異表記(「happy」／「コウフク」／「しあわせ」「仕合わせ」「倖せ」等)は調査範囲に含めないこととします。

3.2.2.2　コーパス検索

以上の準備ができたら，実際にコーパスを使って検索を行います。まず，BCCWJの「少納言」のサイトにアクセスし，「利用条件を読んで少納言を使う」というボタンをクリックします。利用条件を読んで「OK」を押すと検索画面が出てきますので，「検索条件」にある「検索文字列：」の後の空欄に当該文字列を入力して「検索」というボタンを押します。

これにより，コーパス内の頻度と用例(個々の用例をコンコーダンスラインと呼びます)が表示されます。前述のように，用例は500件以内の場合は全例が，500例以上の場合は無作為に選ばれた500例が表示されます。下記は，検索語に「幸福」を入力し，検索結果を表示させた例です。

【図4】 検索語入力画面

検索結果
2326 件の結果が見つかりました。そのうち 500 件を表示しています。

【図5】 検索結果件数表示画面

表示番号	前文脈	検索文字列	後文脈
1	が下から涌いて来た。冴子は雲に乗った。洋介の笑顔が間近にある。 冴子はかつてない	幸福	に満たされた。「冴子！」 津田が戻って来たのは、その一瞬だった。津田は慌てて手
2	お前たちは私の足跡から探し出す事ができるだろう。 小さき者よ。不幸なそして同時に	幸福	なお前たちの父と母との祝福を胸にしめて人の世の旅に登れ。前途は遠い。そして暗い。

【図6】 実例表示画面(コンコーダンスライン)の一部

上に示すように,「幸福」の場合は2,326件のヒットが得られました。後で他の語の頻度と比較するために,この数字を記録しておきます。

なお,サンプルとして出力される500件の用例の中身は,1回の検索セッションの中では保存されていますが,新規に検索をやりなおすと,出力される中身も変化します。後になって,データの事後検証を行う可能性があるため,出力された500例をコピーしてExcelなどに貼り付けて保存しておくとよいでしょう。

3.2.2.3 頻度調査

すでに述べたように,「少納言」では,形態素解析済みのデータは使用できないので,語ではなく文字列として検索することになります。ゆえに,コーパス検索で得られた頻度の扱いには慎重さが必要です。「やま」を検索すると「やましい」が結果に含まれるように,文字列検索で得られる結果には,本来対象としていないデータ(「ノイズ」や「ゴミ」と呼ぶこともあります)の混入の可能性があるからです。

■並べ替えを利用した用例検証

対象外用例をより分けるには,表示された用例を目視で検証することが重要です。しかし,ランダムに並ぶ用例の中から,対象以外の文字列が出現している例を見つけ出すのは予想以上に骨の折れる作業となります。

このとき,検索対象文字列の前後で並べ替えを行うことが効果的です。「少納言」では，検索文字列の前(左側)に来る文字を基準にした「前文脈」，および，後(右側)に来る文字を基準にした「後文脈」でそれぞれ並べ替え(ソーティング)を行うことが可能です。これにより，効率的に用例検証を進めることができます。

並べ替えを行うためには，まず，結果表示画面上部の「前文脈」ないし「後文脈」とあるセル上でクリックします。すると，セルに▼のマークが表示され，検索対象語の前もしくは後の文字の降順に全体のデータが並べ替えられます。また，▼マークをクリックすると，マークが▲にかわり，昇順で並べ替えられます。降順とは，ん→あ，Z→Aの方向のことで，昇順とは，あ→ん，A→Zの方向のことです。一般には昇順のほうが見やすいでしょう。文字には様々な種類がありますが，昇順の場合，空白・数値・記号などが通常の文字より先に並びます。

対象外用例の多くは前出語の末尾文字や後出語の冒頭文字が組み合わさったものと考えられます。ゆえに，前文脈と後文脈についてそれぞれ並べ替えを行い，用例を順に検証していきます。

表示番号	前文脈 ▲	検索文字列	後文脈
143	つかしく、第二番のような速いテンポの曲の軽やかなリズム感、第三番のフーガの明るい	幸福	、第六番フーガの心の告白、第七番プレリュードの神秘な美しさ、同フーガの虹のような
114	このとき、正真正銘の、完璧に成し遂げられた行為のさ中にスティリターノを見るという	幸福	に恵まれたのだった。というのは、このオートバイの売却は、値段の駆引きといい、代金
167	高い歴史上の人物だが、彼は常に、人々の生活を気にかけて、夜、街に出かけて、人々が	幸福	に暮らしているかどうか、そっと歩いて見て回った。古今東西にかかわらず、このような

【図7】 前文脈で並べ替えた結果の一部

上記は，「幸福」を前文脈の昇順で並べ替えたデータの一部です。「幸福」の直前の文字が「明るい」→「という」→「人々が」のように50音順に並んでいることに気づきます。

前文脈の末尾語と，後文脈の冒頭語に注目しつつ，並べ替えたデータを上から見ていけば，仮に対象外用例が混入していたとしても，比較的容易に検出できます。

今回は，500例のサンプル用例を検証した範囲では，3語のいずれについても対象外用例が見つかりませんでしたので，全体においても同様であろうと判断し，コーパスで得られた頻度をそのまま3語の頻度とみなすことにします。

■対象外用例があった場合の処理

検索語によっては，用例中に検索対象外のものが見つかるかもしれません。そうした場合は，表示された用例内での対象用例の構成比率を求め，そこから，全体における対象用例の頻度を推定します。

たとえば，検索した文字列の頻度が1,000件で，500件の用例中に対象外用例が50件あったとします。このとき，検索対象用例の比率は90％(=450/500)となりますので，コーパス全体における検索対象用例の頻度は900件(=1,000×90％)と推定されます。

■コーパスにおける頻度を扱う際の注意

コーパスにおける頻度は，語や表現の実際の使用状況を探る上できわめて重要な手掛かりとなるものですが，その扱いには一定の注意が必要です。というのも，対象外用例の混入など，調査の過程で誤差が生じる可能性が否定できないからです。また，コーパスが母集団と完全に一致するものでない以上，そこにも誤差の可能性が存在します(1.5節参照)。

コーパスにおける頻度は，多くの場合，若干の誤差の可能性を含んだデータとして捉えるべきで，ごくわずかな頻度の差に過剰な意味づけを与えることは適切ではありません。逆に，頻度の上で圧倒的に大きな差が出ている場合は，誤差の可能性を超えて，意味のある差が示されていると判断してよいでしょう。本書では扱いませんが，こうした判断の基準として統計学を使用することもあります。

3.2.2.4 用例調査

続いて，3語のニュアンスを調べるために，新たに，「～な」の形に絞った検索を行って用例を取得します。その後，3語の各々につき，用例を目視で検証し，「～な」の直後の位置に出現している名詞の頻度を調査します。これにより，同等の生起環境において，3語の修飾対象にどのような違いがあるかを比較できます。このように，ある語と別の語が同時に共起して生じた語の組み合わせのことをコロケーション(1.3.2節参照)と呼びます。

出現頻度が500件を超えるものについては，表示される500件の用例の中で頻度の高い共起名詞を特定した後，当該コロケーションをコーパス全体で再検索して傾向を確認することとします。

3.2.3 結果のまとめ

以下，頻度検索，用例検索の結果について，簡単にまとめておきます。

3.2.3.1 頻度調査の結果

検索の結果，「ハッピー」の頻度は703件，「幸福」の頻度は2,326件，「幸せ」の頻度は5,384件となりました。

3語の頻度は「幸せ」＞「幸福」＞「ハッピー」のようになっています。個々の語の頻度間には十分な差があり，得られた頻度順は一定の信用がおけるものといえるでしょう。

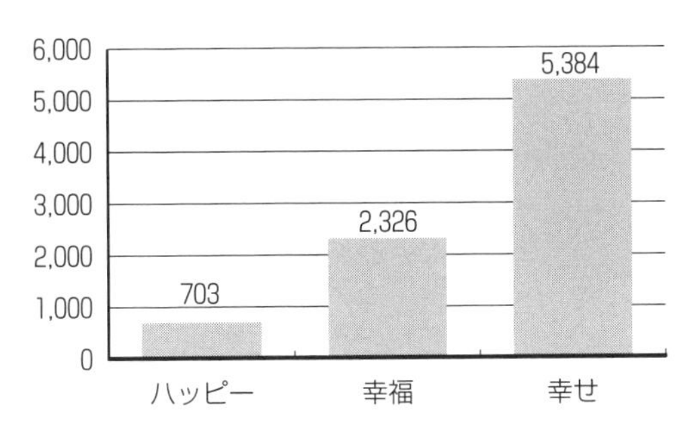

【図8】　コーパスにおける各語の頻度

前述のように，母語話者の意識調査によれば，使用意向においても理解の容易性においても，3語の類語の位置づけは「幸せ」＞「ハッピー」＞「幸福」という順でした。しかし，BCCWJを用いた頻度調査では，「幸せ」＞「幸福」＞「ハッピー」の順となり，少なくとも書き言葉については，「幸福」と「ハッピー」について，母語話者の使用意向と使用実態が食い違うという興味深い結果が示されました。「ハッピー」の頻度は「幸福」の頻度の3分の1程度しかなく，使いたいという気持ちがあっても，実際に日本語の文章中で「ハッピー」と書く機会は非常に限られるようです。

「中納言」での頻度検証

下記は「少納言」で得られる頻度と，「中納言」(短単位検索)で得られる書字形出現形(表記レベルで一致するもの)と語彙素(異表記等を含む)の頻度です。

検索語	「少納言」	「中納言」	
	文字列	書字形出現形	語彙素
ハッピー	703	695	914
幸福	2,326	2,325	2,329
幸せ	5,384	5,296	5,953

「少納言」で得られた文字列頻度と「中納言」で得られた書字形出現形頻度は，若干の差はあるものの，ほぼ一致しており，「少納言」で行った簡易的な頻度検索の結果はある程度信頼できるものであったと言えそうです。なお，「中納言」で語彙素の頻度を計量すると，異表記形が含まれるため，値は全般に増加しますが，３語の頻度順自体は不変であり，今回の分析結果に一定の妥当性があることが改めて確認できます。

3.2.3.2 用例調査の結果

用例調査の結果，３語に後続する主な名詞としては，頻度順に下記のようなものがあることがわかりました。

ハッピーな…気分，状況，人・気持(ち)，こと
幸福な　…人生，結婚，気分・生活，家庭，こと，死
幸せな　…こと，気分，気持(ち)，生活，時間，家庭

３語の共起語には重複も少なくありませんが，一方で，３語はそれぞれ特有の傾向も持っているように思われます。たとえば，「ハッピーな」の場合は，「気分」や「気持ち」など，個人の感情を修飾する例が大半を占めています。また，用例を確認したところ，くだけた文脈での使用が主となっています。

「幸福な」については，「人生」「結婚」「生活」「家庭」など，個人の

社会生活を表す2字熟語を修飾する例が目立ちます。用例を見ると，比較的かたい文脈が主となっています。

これに対し，「幸せな」の場合は，具体的な名詞ではなく，形式名詞である「こと」との結合が最上位となっています。「幸せな」は，他の2語とは異なり，具体的な事物や状況を修飾するよりも，それ自身で概念そのものを指す場合が多いようです。ここで，「～な」の直後に「の」が結合する例を調べてみると，「ハッピーなの」や「幸福なの」が数例～10例前後であるのに対し，「幸せなの」は100例を超えており，この傾向が改めて確認できます。

下記はそれぞれの典型的用例の一部です。

(1)　…ウンウン，最高にハッピーな気分にさせていただきました！

(2)　「幸福な人生にしてくれるのは，富でも名誉でもなく，周囲に対するかかわりの深さだ」…

(3)　だが，幸せなことには，それを聞いたのは，この島に住んでいる年寄りの番人だけだった。／…父母にとって何よりもうれしいのは，子供たちの幸せなのだから。

以上の検証により，3語は，くだけた文脈で個人の気分を表す「ハッピー」，比較的かたい文脈で個人の社会生活における満足度を表す「幸福」，主として抽象的な概念自体を表す「幸せ」というように，それぞれ，いくぶん異なる意味で使用されている可能性が示されました。こうした類義語の微妙なニュアンス差を内省だけで正確に言い当てることは容易ではなく，コーパス研究の重要性が改めて確認されたといえるでしょう。

3.3 まとめ

本章では，まず，BCCWJの具体的な利用法として，DVD版を直接検索する方法と，オンラインの検索インタフェースを利用する方法があることを紹介しました。その後，「少納言」を用いて，「ハッピー」「幸福」「幸せ」という3種の類義語の使用状況の調査を行いました。その結果，母語話者の使用意向とは異なり，実際のデータでは，3語の頻度が，「幸せ」＞「幸福」＞「ハッピー」の順になること，また，3語はそれぞれ異なるニュアンスで使用されていることを例証しました。

「少納言」を用いた文字列検索の場合，調査したい対象のすべてを過不足なく取り出すことには一定の難しさがありますが，出てきた頻度のみに頼らず，その都度，用例を検証するようにすれば，日本語教育や日本語研究の基礎資料としても十分に活用可能なものといえます。

「NINJAL-LWP」を用いた共起語調査

前述の「NINJAL-Lago Word Profiler」を使えば，共起語の調査はさらに簡単に行えます。次ページの図は，「幸せ」という語を検索した後，システムが表示する主要なコロケーションパターンの中から「形容動詞語幹＋「な」＋名詞」(幸せな＋名詞)を選んだところです。

いくつかの検索エラー(「幸せなの」「幸せなん」)はあるものの，簡単な操作で高頻度な共起語が一気に表示されます。また，2語の共起頻度だけでなく，頻度よりも2語の結びつきの強さを重視する相互情報量(Mutual Information Score: MI)や，個々の語の出現頻度を加味した上での共起の強さを示すログダイス(LD)といった基準を選び，全体を並べ替えることもできます。さらに，それぞれの見出しをクリックすることで，個々の実例を確認することも可能です。なお，これらの統計値の詳細については，石川(2012)の解説などが参考になります(pp. 124–134)。

幸せな＋名詞 179種類			
コロケーション	コーパス全体		
	頻度	MI	LD
幸せなこと	106	4.02	2.31
幸せなの	89	3.80	2.09
幸せな気分	85	10.16	8.27
幸せなん	75	5.30	3.57
幸せな気持ち	71	8.52	6.73
幸せな生活	42	6.96	5.21
幸せな時間	35	5.88	4.14

「NINJAL-LWP」による「幸せな＋名詞」の共起パターン表示

BCCWJ のデータの全体が含まれていないという制約はありますが，教材研究や授業準備などの目的であれば，「NINJAL-LWP」はきわめて手軽で便利な検索インタフェースと言えます。使用法の詳細は本書13.2.3節を参照ください。

3.4 さらに学びたい人のために

BCCWJ の概要について知りたい場合は，すでに2.5節で述べたように，『「現代日本語書き言葉均衡コーパス」完成記念講演会予稿集』(2011)に収録されている論文などを読むことを勧めます。

BCCWJ を用いた簡易な日本語調査の実例については，石川(2012)などに紹介があります。また，BCCWJ に限らず，日本語の用例研究の例は多数存在し，ウェブで公開されている論文なども多いので，適宜，ダウンロードして読んでみるとよいでしょう。

3.5　練習問題

⑴　本章でも紹介した，国立国語研究所の「外来語に関する意識調査」によれば，「キャンセル」「解約」「取り消し」について，母語話者は下記のような意識動向を持っていることが示されています。

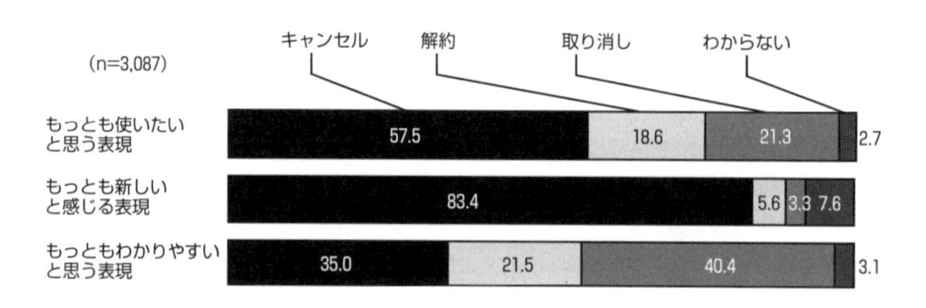

【図9】「キャンセル」「解約」「取り消し」に対する意識

BCCWJを用いて，これらの3語について頻度調査と用例を行い，使用意向と実際の使用実態が一致するか，3語はどのようなニュアンスで用いられているか検証してみましょう。

⑵「話す」と「喋る」は，同等の内容を指す類義語とされます。BCCWJを用いて，2語の頻度やニュアンスについて調べてみましょう。

第4章

「現代日本語書き言葉均衡コーパス」を用いた言語調査入門2

4.0 本章の概要

前章では「現代日本語書き言葉均衡コーパス」(Balanced Corpus of Contemporary Written Japanese：以下 BCCWJ) 全体を対象として類義語の検索を試みましたが，BCCWJ の真価は様々な言語種別を幅広く収集している点にあり，メディア／ジャンルや期間を区別して言語種別ごとに検索を行うことにより，日本語の諸相をより詳細に観察することが可能になります。

本章では，はじめに，日本語を複数の言語種別に分けて観察することの意義と重要性について解説します。その後，BCCWJ を用い，メディア／ジャンル別検索と期間別検索を組み合わせた日本語の単語表記の調査例を紹介します。

4.1　言語種別分析の意義

はじめに，日本語を様々な言語種別に区分して調査することの意義について考えてみましょう。

■日本語の多様性

日本語について論じる場合，私たちは，「日本語」という一枚岩的なかたまりがあるように考えがちです。言語学の諸派も，伝統的に，言語というものをそのように捉え，「日本語」の文法や語彙を論じてきました。

一方，コーパス言語学では，多くの場合，個別言語の中に多様な内部構造を認めます。そして，個別言語を構成する多様な言語種別ごとに，その特性を丁寧に観察し，記述することが目指されます。

日本語を内部的に区分する観点としては，たとえば，地域・時代・産出モード・メディア・ジャンル・内容分野・産出者(想定読者)などが考えられます。下記は，観点ごとの区分例です。

【表1】言語種別の区分例

区分観点	区分例
地　域	関東，関西，九州など
時　代	明治，大正，昭和，平成など／ 1980年代，1990年代，2000年代など
産出モード	書き言葉，話し言葉など
メディア	新聞，雑誌，テレビ，ウェブなど
ジャンル	小説，詩，漫画など
内容分野	工学，医学，法学，歴史，経済など
産出者／想定読者	男性，女性／10代，20代，30代，40代…など ／専門家，一般人など

このような枠組みで考えてみると，たとえば，「関東地方の日本語」

「明治期の日本語」「書き言葉の日本語」「新聞の日本語」「小説の日本語」「工学分野の日本語」「男性の日本語」など，一枚岩に思われていた日本語が実際には多様な言語種別の総体であることがわかるでしょう。

なお，上記の区分は必ずしも絶対的なものではありません。分析者の視点により，様々な観点の立て方，また，観点ごとの区分のしかたが考えられます。

■言語種別と語彙・文法

たとえば，「工学分野の日本語」と「法学分野の日本語」を比べると，多くの点で違いがありそうです。実際，言語種別が異なると，語彙・文法・スピーチレベルなど，様々な面で変化が生じます。

まず，語彙については，分野ごとに専門用語があり，言語種別が異なれば使用される語彙も変化します。次に，文法については，たとえば，話し言葉では書き言葉に比べてより平易な構造が好まれるといった変化が生じます。また，スピーチレベルについても，産出モードやメディア・ジャンル，また，書き手の年齢により，かたくフォーマルな文体から，くだけたインフォーマルな文体まで連続的に変化します。

言語種別ごとにどのような言語変化が生じているかを詳細に観察することは長らく困難でした。しかし，多様な言語種別を包含するコーパスの開発により，言語種別ごとの言語特性が次第に解明されつつあります。

特に，各種のコーパスが早くから開発されてきた英語の場合，たとえば，イギリス英語とアメリカ英語の差異，1960年代の英語と1990年代の英語の差異，書き言葉の英語と話し言葉の英語の差異などについてすでに多くの研究が行われています。Biber et al.(1999)の文法書では，大規模コーパスの詳細な分析の結果，書き言葉と話し言葉によって，語彙や表現はもちろん，基本的な文法についても一定の違いが存在することが明らかにされました。

■ BCCWJを用いた言語種別分析の重要性

日本語についても，言語種別によって様々な差異の存在が想定されます。この意味において，BCCWJの包含する言語種別データをそれぞれ区別して比較することは，日本語の内部的多様性を探る有効な手段となります。

「少納言」では，検索に際して，メディア／ジャンルと期間を指定することが可能です。また，表示される用例には，書籍の内容区分，書き手の性別・生年などの情報も含まれていますので，検索結果をコピーしてExcelなどに貼り付けて手作業で再分類すれば，さらに詳細な言語種別分析も可能になります。

4.2 検索実習―「私たち」と「私達」の表記―

4.2.1 問題の概要

第1章では「歌う」と「唄う」の頻度の違いについてふれましたが，日本語の語彙の中には，複数の表記を許容するものが少なくありません。特に，漢字・平仮名・カタカナの使い分けは厄介です。

たとえば，コーパスを少し見れば，「ゆえに／故に」，「したがって／従って」，「もっとも／最も」，「いちばん／一番」，「わたし／私」など，平仮名と漢字の表記が併存している例が数多く見つかります。また，「つらい／辛い／ツライ」のように，平仮名・漢字・カタカナの3種の表記が併存している例すらあります。こうした文字種による表記の多様性をどう指導していくかは，日本語教育においても1つの論点となりえます。

日本語の表記については，官公庁や出版社などが一定のルールを定めている場合もありますが，すべての母語話者がそうしたルールを熟知・順守しているわけではありません。また，個々の表記の使用状況や許容度は，時代やメディア／ジャンルによって変化する可能性も否定できません。

こうした点を踏まえれば，異表記の使い分けに関して真に信頼できる指針を得るためには，多様な言語種別を含むコーパスでの検証がきわめて重要になってくるといえるでしょう。

■「私たち」と「私達」

ここでは，身近な異表記の例として「私たち」と「私達」を取り上げます。「私たち」と「私達」はともに日常的によく目にする表記で，はたしていずれが標準的であるのかは定かでありません。調査に先立ち，一般的な母語話者の意識を探るため，大学生約100人にいずれの表記が現代日本語としてより標準的・公的であると感じるか尋ねたところ，およそ65％の学生が「私達」と回答しました。

では，日本語の語彙研究では，両者の表記の問題はどのように位置づけられているのでしょうか。手元の辞書を調べましたが，「たち」の項目には2種類の表記が併記されており，両者の差についての言及はありませんでした。

> たち【達】(接尾)：名詞・代名詞に接続して複数形を作り，または多くをまとめていうのに用いる。古くは主に神または貴人だけに用いた。「私―」「子供―」
>
> (『広辞苑』6版より。古典からの用例は省略)

公的な表記ルールではどうなっているのでしょうか。一例として，文化庁の『言葉に関する問答集』を見たところ，複数接尾語として「たち」を使うときは，慣用化によって本来の意味が希薄化している「友達」の場合を除き，「『達』は使わず，『私たち，君たち，学生たち』などのように，仮名書きにするほうが穏当」であるという記述が見つかりました。

しかし，母語話者である大学生の回答と，文化庁のルールはむしろ逆の結果を示しているようにも思われます。以下，コーパス検証によって，両表記の実際の使用状況を調査していくことにします。

4.2.2 調査の手順

4.2.2.1 検索範囲の決定

前章でも述べたように，コーパス調査では，コーパスのどの部分を検索するか，対象をどの範囲まで検索するかを事前に決めておく必要があります。

■検索するコーパス範囲の決定

BCCWJには幅広い期間，および，メディア／ジャンルのデータが収録されており，「少納言」ではそれらを区分した検索が可能です。

期間については，1971年から2008年まで約40年間のデータが収録されています。これらは１年や10年などの単位で指定することができます。

メディア／ジャンルについては，2.3.1節で述べたように，全部で13種からなるデータが収録されています。このうち，２種の書籍(出版・図書館)とベストセラー(特定目的)を１つにまとめて考えると，メディア／ジャンルは11種類となります。その各々は表２に示すようにさらに細かく層化分類されています。

このように見てくると，コーパスの全データを対象に期間別の比較を行ったり，あるいは，期間とメディア／ジャンルを自由に組み合わせて比較したりすることができそうですが，ここで注意すべきは，メディア／ジャンルによって，収録期間が異なるということです。

期間別に収録されているジャンルを整理すると，表３のようになります。

【表2】 BCCWJ のメディア／ジャンル区分

大分類	中分類・小分類
書　籍	日本十進分類法(NDC)に基づく内容別の10分類(総記，哲学，歴史，社会科学，自然科学，技術・工学，産業，芸術・美術，言語，文学)。
雑　誌	総合，教育・学芸，政治・経済・商業，産業，工業，厚生・医療の6分類。分類ごとにさらに内容別区分。
新　聞	全国紙，ブロック紙，地方紙の3分類。分類ごとにさらにタイトル別区分。
白　書	国土交通，外交，安全，教育，環境，福祉，科学技術，経済，農林水産の9分類。分類ごとにさらにタイトル別区分。
教科書	国語，数学・算数，理科，社会，外国語，技術家庭，芸術，保健体育，情報，生活の科目別10分類。分類ごとにさらに小中高の校種別区分。
広報紙	北海道，東北，関東，中部，近畿，中国，四国，九州・沖縄の地域別8分類。分類ごとにさらに県別区分。
Yahoo!知恵袋	「エンターテインメントと趣味」「インターネット，PCと家電」「ビジネス，経済とお金」など，Yahoo!の設定する内容別の14分類。分類ごとにさらに内容別区分。
Yahoo!ブログ	「ビジネスと経済」「コンピュータとインターネット」など，Yahoo!の設定する内容別15分類。分類ごとにさらに内容別区分。
韻　文	短歌，俳句，詩からなる形態別3分類。
法　律	憲法，国会，行政組織など，事項別43分類。
国　会会議録	衆議院と参議院の2分類。分類別に，本会議，常任委員会など，会議種類別の4分類。

【表3】 期間別収録言語種別

期　間	種　別
1970年代	書籍・白書・国会・法律
1980年代	書籍・白書・国会・法律・韻文
1990年代	書籍・白書・国会・法律・韻文
2000年代	書籍・白書・国会・法律・韻文・雑誌・新聞・教科書・広報紙・知恵袋・ブログ

このため，検索するコーパス範囲をうまく設定しないと，言語種別間の比較によって何らかの結果が出ても，その意味合いが解釈できなくなってしまいます。たとえば，書籍とブログを比較した場合，メディア／ジャンル種別を比較しているようで，実際には年代を比較してしまっている可能性があります。同様に，コーパス全体を対象に1970年代と2000年代を比較した場合，期間を比較しているようで，実際にはメディア／ジャンルを比較してしまっている可能性もあります。

この点を踏まえ，以下では，まず，メディア／ジャンルを書籍に限定した上で，1970年代，1980年代，1990年代，2000年代という４つの期間別検索を行うこととします。ついで，期間を2000年代に限定して，データ量の多い書籍・白書・国会会議録・雑誌・新聞・教科書・広報紙・知恵袋・ブログの９種のメディア／ジャンル別検索を行います。

■検索する対象語の範囲の決定

ここでは，「私たち」および「私達」の２種の語を検索します。BCCWJ を観察すると，「わたしたち」や「わたし達」などの実例も若干見つかりますが，これらについては前項部の平仮名表記が後項部の漢字・平仮名の選択に影響を及ぼしている可能性があるため，調査対象に含めません。

4.2.2.2　コーパス検索

以上の準備ができたら，実際にコーパスを使って検索を行います。前章で述べた手順で，まず，BCCWJ の「少納言」のサイトにアクセスします。次に，２種類の検索の目的に合うように，それぞれ期間およびメディア／ジャンルを指定して検索を実行します。

■期間別検索

はじめに，1970年代，1980年代，1990年代，2000年代の４種の期間別検索を行います。すでに述べたように，すべてのメディア／ジャンルを対象にすると，期間以外の要因が介在してしまうため，以下では，(1)あらかじめメディア／ジャンルを書籍に限定した上で，(2)期間を指定し，(3)2種の語を検索するという手順で進めます。

(1)　メディア／ジャンルの指定

メディア／ジャンルは，「検索条件」の下部にある「メディア／ジャンル」の一覧から検索対象を指定します。初期状態では，すべてにチェックが入っていますので，まず，「全てのチェックを外す」のボタンを押します。その後，「書籍」のみにチェックを入れます。それぞれの種別名の横にある⊞のボタンを押すと，区分ごとにさらに詳細な区分が表示されますが，今回は扱いません。

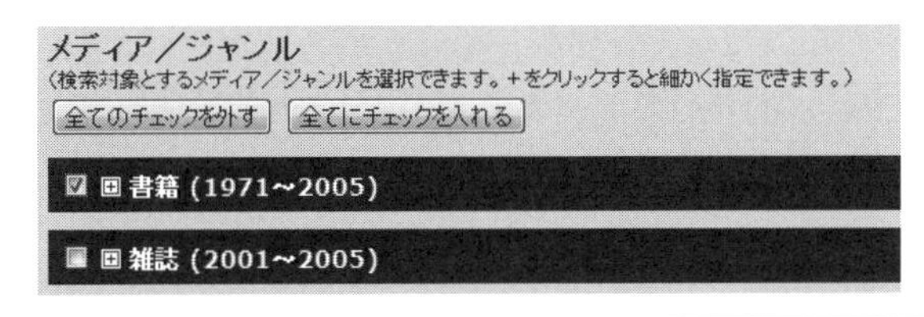

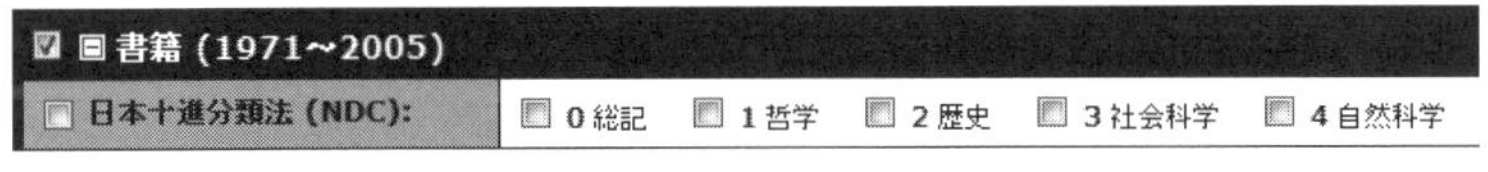

【図1】【図2】「メディア／ジャンル」設定画面

(2)　期間の指定

次に，メディア／ジャンルの指定画面のすぐ下にある「期間」に注目します。初期状態では「全期間」が選択されていますので，チェックを外し，⊞のボタンを押します。これにより，年代の選択画面が出現しますので，まず，1970年代のボックスにチェックを入れます。

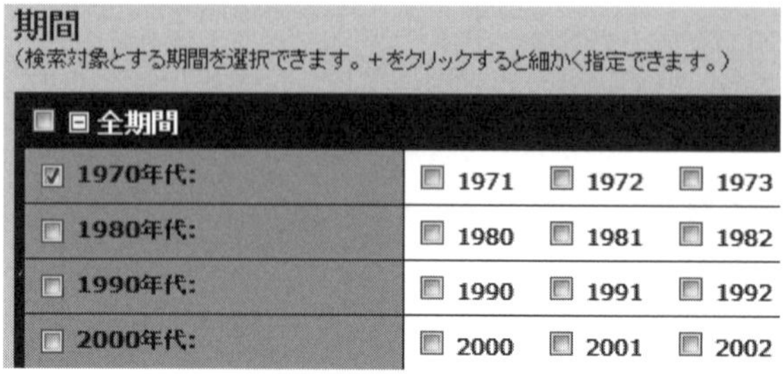

【図３】 期間別検索画面

以上の手順により，1970年代の書籍だけを検索対象の言語種別として指定することができました。

⑶　検索の実行

検索画面において，「検索条件」にある「検索文字列：」の後の空欄に当該文字列を入力して「検索」というボタンを押します。これにより，頻度と最大500件の用例が表示されますので，数字を記録し，あわせて用例をコピーしてExcelなどに貼り付けて保存しておきます。

以後，⑵に戻り，期間を1980年代，1990年代，2000年代に切り替えて，それぞれ同様の作業を行います。以上で期間別検索は終了です。

■メディア／ジャンル別検索

続いて，９種のメディア／ジャンル別検索を行います。すでに述べたように，すべての期間を対象にすると，メディア／ジャンル以外の要因が介在してしまうため，以下では，⑴あらかじめ期間を2000年代に限定した上で，⑵メディア／ジャンルを指定し，⑶２種の語を検索するという手順で進めます。それぞれの手順は前述のとおりです。

4.2.2.3 頻度調査

頻度調査を進めていく上で2つの点に留意する必要があります。1点目は，前章と同様，検索対象以外の語の混入をチェックすることです。今回は，サンプル用例を検証した範囲では対象外用例が見つかりませんでしたので，コーパスで得られた頻度を各言語種別における「私たち」および「私達」の出現頻度とみなすことにします。

2点目は，相互比較ができるよう，頻度を調整することです。BCCWJでは，言語種別ごとのデータ量が揃えられていないため，得られた頻度のままでは比較することはできません。そこで，「私たち」と「私達」の両表記(便宜的に「私タチ」とします)の総頻度に占める「私たち」の頻度，すなわち，「私タチ」の表記における平仮名選好率を計算によって求め，その値によって，2語の使用状況を比べていきます。

たとえば，ある言語種別において，「私たち」の頻度が70回，「私達」の頻度が30回であったとすると，この場合の平仮名選好率は70％(70／100)となります。また，別の言語種別において，前者の頻度が200回，後者の頻度が200回だったとすると，平仮名選好率は50％(200／400)となります。これにより，言語種別ごとのデータ量が異なっていても，言語種別間で2語の使用状況の差が比較できます。

4.2.3 結果のまとめ

4.2.3.1 期間別調査の結果

書籍に限定した上で，約40年間の平仮名選好率(％)の変化を調べたところ，下記の結果を得ました。

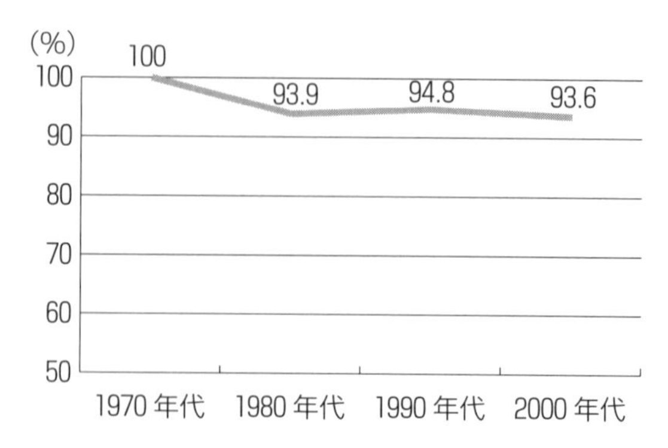

【図4】 期間別平仮名選好率の変化

はじめに注目すべきは，40年間を通して，平仮名選好率が常に90％以上を維持していることです。このことは，少なくとも書籍については，「私たち」の表記が一貫して「私達」に優先してきたことを示しています。これは，文化庁の表記指針に合致する結果であり，一方，大学生アンケートとは異なる結果といえます。

次に，期間別の変化について考察します。1970年代の平仮名選好率は100％となっていますが，当該期間の用例は全例で55件しかありませんので，用例数の多い 1980年代以降に注目します。すると，1980年代から1990年代にかけて平仮名選好率が微増し，その後，微減しているように見えます。しかし，30年間の変化の幅は最大でも1.2ポイント程度であり，調査対象期間において，平仮名選好率はほぼ不変であったと見るのが妥当でしょう。書籍においては，30年間，「私たち」が事実上の絶対的な標準表記であり，その位置づけがほとんど変化していないというのは興味深い発見です。

4.2.3.2 メディア／ジャンル別調査の結果

続けて，2000年代に限定した上で，９種の言語種別およびその平均について，平仮名選好率(％)を調べたところ，下記の結果を得ました。

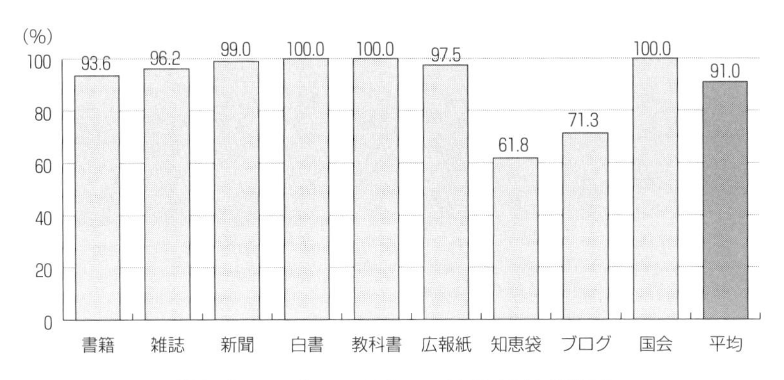

【図5】 メディア／ジャンル別平仮名選好率

はじめに，平仮名選好率の平均値を見ると，91.0%となり，現代日本語においては，メディア／ジャンルの差を問わず，「私たち」の表記が圧倒的に優先していることが再確認されました。

しかし，種別ごとに見ていくと，興味深い差異が発見されます。まず，書籍・雑誌・新聞・白書・教科書・広報紙・国会会議録については，平仮名選好率はすべて93%以上です。中でも，国が直接に刊行ないし検定している白書・教科書・国会会議録においては，平仮名選好率が100%に達しており，「私達」は全く出現していません。このほか，公共性が高い新聞や広報紙においても平仮名選好率は100%に近接しています。書籍・雑誌を含め，これらにおいては，たとえ元の原稿に「私達」があったとしても，校閲の段階で，表記ルールに基づき，「私たち」への書き換えがなされているものと推定されます。

一方，個人が自分の書いたものをそのまま投稿するウェブの場合，平仮名選好率は6～7割まで顕著に低下します。「私たち」と「私達」の優先性が逆転するには至りませんが，校閲のない状況下では，「私達」も一定の割合で使用されることが新たに確認されました。

では，「私たち」と「私達」がともに使用されるウェブの場合，両者の使用環境に何らかの差はあるのでしょうか。この点に関しては2つの仮説が立てられます。１点目は，公式表記に近い「私たち」はよりかたい文脈で，「私達」はくだけた文脈で出現するというものです。２点目は，「私達」は「私達夫婦」や「私達兄弟」のように漢字表記の名詞の直前位置に出現しやすいというものです。

そこで，平仮名選好率が最も低いYahoo!知恵袋で用例を目視で検証し，これらの点を確かめました。その結果，１点目については，下記に示すように，「私たち」をくだけた文脈で使う例や，逆に，「私達」をかたい文脈で使う例も相当数あり，安定的な差は確認できませんでした。

(1) だって～だったらそこで拒否レバ良いじゃん。。。って感じだよね？笑）でも男の人は私たちの先輩だったので断われ切れなかったんだって～

(2) せめて，現代に生きる私達が，先人に感謝する気持ちは尊重していただきたいものです。

また，２点目については，後続する漢字表記名詞の中で特に数が多い「夫婦」との結合例を調べたところ，「私たち」の出現件数に占める「私たち夫婦」の比率は8.5%，「私達」の出現件数に占める「私達夫婦」の比率は7.5%で仮説を支持する結果は得られませんでした。

このほかにも，書き手の性別や年齢など，両表記の使い分けの要因として考えられる点は残されていますが，今回の調査に限って言えば，ウェブに文章を書き込む場合の表記の選択は，コンピュータの日本語変換プログラムに任せてしまうことが多く，いずれかの表記を選ぶ明確な意図や根拠はそれほど強くないように思われます。

以上より，現代日本語においては，期間，メディア／ジャンルの差を問わず，「私たち」の表記が「私達」に対して圧倒的に優先し，特に，校閲を経た公的な日本語の場合，「私達」の表記は事実上許容されないことが明らかになりました。

この結果は，冒頭で紹介した一般の大学生の意識とは異なるものです。大学生はおそらく表記ルールの存在を知らず，平仮名よりも漢字のほうが難しいことから，漢字表記がより公的で，それゆえ標準的であると判断したものと思われます。一般に，平仮名を多く使う文章は幼稚でくだけたものとみなされますので，学生の判断はある意味で自然なものです。教育的観点から見ると，「私たち」と「私達」の表記の問題の難しさは，一般的な印象とは逆に，平仮名表記のほうが公的とされている点にあるといえそうです。

4.3 まとめ

本章では，はじめに，日本語を1つのかたまりとして見るのではなく，言語種別ごとに区分して観察することの重要性を指摘しました。その後，BCCWJを用いて，「私たち」と「私達」の表記の差について概観し，期間，メディア／ジャンルを問わず，現代日本語では「私たち」の表記が圧倒的に優先することを確認しました。

コーパスを用いた言語調査の醍醐味は，従来の日本語研究であまり扱われてこなかった現象や，必ずしも十分に説明されていなかった現象について，客観的証拠に基づく新たな知見をもたらす点にあります。その際，日本語の様々な言語種別を丁寧に観察・比較することで，従来になかった精度で日本語の実際の姿を明らかにすることができます。

4.4 さらに学びたい人のために

近年のコーパスの普及に伴い，言語種別ごとの文法・表現・語彙の差に関する研究も増えています。まず，書き言葉と話し言葉の差を扱ったものとしては，佐野(2009)があります。この研究では，語彙密度(テキストの中に出現する語彙の延べ語数と異なり語数の比率)を手掛かりに，話し言葉らしさや書き言葉らしさを計量化する試みがなされています。また，山本・大西(2003)では，ニュースを伝達する媒体としての新聞およびラジオ・テレビを比較した結果，書き言葉と話し言葉の差が，「だ・である」と「です・ます」などの文末表現に影響していることが述べられています。秋本(2016)では，「ちょっと／すこし」「よ／ね」の出現を切り口に書き言葉と話し言葉の違いが分析されています。

一方，ジャンル差を扱ったものとしては，田中(他)(2011)があります。この研究では，BCCWJのメディア／ジャンル別に高頻度語彙を抽出し，その性質を比較する試みがなされています。

また，前坊(2014)は，確信の強さを伝える「必ず」「絶対」「きっと」の3語をBCCWJのメディア／ジャンル別に検索し，「必ず」は事実性・客観性が高いテキストや公の場で考えを述べるテキストで，「絶対」は書き手の主張が強く表れるテキストで，「きっと」は推量などを含む主観的・情緒的なテキストで出現しやすいことを報告しています。

4.5 練習問題

(1) 一般に，語が原義を有する場合は漢字で，意味が比喩化・派生化した場合は仮名で書くということが，日本語の表記の目安としてしばしば指摘されます。BCCWJのメディア／ジャンルごとに，「従って」と「したがって」の用例を抽出し，原義的用法と，接続詞用法の比率を比較してみましょう。

(2) BCCWJにおいて期間別に書籍の検索を行い，形容詞「大きい」に後続する名詞がどのように変化するか概観してみましょう。

第 2 部

教材コーパスの構築と活用

第5章

教材コーパスの構築

5.0　本章の概要

第一部では，「現代日本語書き言葉均衡コーパス」(Balanced Corpus of Contemporary Written Japanese：以下 BCCWJ) を取り上げ，コーパスの構築方法，データの構成，オンラインコーパスツールを使った具体的な調査方法について一通り説明しました。しかし，コーパス調査は必ずしも作ってあるもの，公開されているものを使うだけとは限りません。調査の目的によっては自らが作るという作業も必要になります。

本章では，自作コーパスとして日本語の教材コーパスを作る方法について説明します。特に，OCR ソフトウェアを使って紙媒体の日本語教材を電子テキスト化する方法について説明します。

5.1　なぜ自作コーパスか

近年は，日本語に関してもインターネットで使えるオンラインコーパスツールが公開されるなど，一昔前に比べ，コーパスの利用環境は非常に充実してきたといえます。このような状況において，自らコーパスを作ることの積極的な理由はないと思われるかもしれません。それでもなお，自らコーパスを作ることの意義として言えるのは，「必要なテキストを」，「必要なだけ作る」ことができるということではないでしょうか。研究調査というのは，本質的に創造的な作業です。既存のデータでは，実現できないような創造的研究調査を実現するためには，調査者が主体的にデータを作る作業も必要なのです。

日本語教育分野の身近な例として，教材を改訂したり，新しい教材を作ったりする場合を考えてみましょう。教材開発の参考資料としてコーパスを使う場合，2種類のコーパスを活用する方法が考えられます。1つ目は日本語のリアルな姿を捉えるためのコーパス，2つ目は既存の教材の姿を捉えるためのコーパスが必要になります。1つ目のコーパスは，日本語の使用実態が捉えられるものである必要があります。このニーズに対しては，BCCWJを使うことでほぼ十分といえます。しかし，2つ目のコーパスについては，そう簡単ではありません。一般に教材開発では，学習項目の提示順序や導入文脈を検討する際，既存の日本語教材を参考にしたり，問題点を分析したりします。この分析プロセスを通じて，新しい教材のあるべき姿を描いていくわけですが，作業効率の観点から既存の教材についても何らかの方法で電子テキスト化するのがよいと考えられます。既存の日本語教材を電子テキスト化し，コーパスとして構築する場合，基本デザインは作成者側が考えなければなりません。とりわけ，どういう教材をどれだけ，どういう形式で入れるかという観点からコーパスデザインを行い，紙媒体から電子テキストを作る作業が必要になります。

ところで，日本語教材をコーパス化するメリットは何でしょうか。なぜ紙媒体で参照する方法ではなく，電子テキスト化する必要があるのでしょうか。電子テキスト化する利点としては，(1)語彙や文法項目の出現状況が網羅的に分析できること，(2)手分析に比べ，確認・抽出作業に漏れが少ないことがあげられます。たとえば，文字列をベースに検索をして，どういう語がどういう文脈で使用されているのか確認することができます。また，全データに形態素解析を行い，教材全体の語彙リストや文法リストを作ることができます。しかも，こうした作業が手作業とは比べ物にならないほど，短時間で完了します。

以下では，自作コーパスの方法を使い，日本語の教材コーパスを構築する方法について説明します。サンプルタスクとして，コーベニ澤子(他)が作成した『リビングジャパニーズ Book 1』(以下 LJ)のメインダイアログをテキストデータにするという設定で，作業手順などを説明します。なお，日本語の教科書を集めたものをコーパスと呼ぶかどうかという問題については，議論が必要なところではありますが，広義のコーパス，すなわち研究目的で使用される言語資料として位置づけることが可能と考えます。そして，その一部として LJ を取り上げますが，本来であれば，LJ 以外にも複数の教材を電子テキスト化し，相互比較しながら内容を検討するのが望ましいといえます。

5.2　構築の流れ

自ら教材コーパスを作る場合，最終的な利用レベルにたどり着くまでいろいろな作業が発生します。そのため，作業を開始するにあたり，作業の流れや留意すべき点などについてあらかじめ押さえておくとよいでしょう。作業の流れとして，(1)コーパスをデザインする作業，(2)紙から画像データを作る作業，(3) OCR ソフトウェアを利用し，テキストを抽出する作業，(4)抽出したテキストを画像データと照合しながら間違いなどを修正する作業になります。(2)以降の作業は，コンピュータを使って行います。以下では，(1)は概略のみに留め，(2)以降の作業について具体的に説明します。

5.2.1 コーパスデザインの決定

教材コーパスを自作する場合，綿密な計画のもとで，作業を行う必要があります。その第一ステップとして，最も大事なのは，コーパスとしての設計図を作ること，すなわちコーパスデザインに関する作業です。デザインのポイントとして，(1)どのレベルの教材を入れるのか，(2)どの分野の教材を入れるのか，(3)どれだけの数を入れるのか，(4)どの部分を入れるのか，(5)どういう形式で入れるのかについて，方針を明確にする必要があります。(1)では，初級から上級の全レベルなのか，特定のレベルだけに限定するのかを決めます。(2)では，総合日本語の教材だけにするのか，聴解や読解といった特定の分野も含めるのかを決めます。(3)では，コーパスサイズの目安として，何冊くらいを入れるのかを決めます。(4)では，モデル会話・メインダイアログだけを入れるのか，練習問題も一緒に入れるのかなどを決めます。さらに対訳形式のものについては，日本語の部分のみを入れるのか，外国語も一緒に入れるのかについてあらかじめ決めておいたほうがよいでしょう。(5)では，ファイル形式を何にするのか，どの単位を１つのファイルとしてコーパス化するのかを決めます。ファイル形式については，テキストファイルのような汎用的ファイル形式にするのか，Word や Excel などの特定のソフトウェアに依存したファイル形式にするのか，選択することになりますが，汎用性を重視するなら，前者がおすすめできます。ファイル単位については，紙の１ページを１つのファイルにするのか，教材全体を１つのファイルにするのか，教材の各セクション(モデル会話か練習問題か説明か)を１つのファイルにするのかについて方針を決める必要があります。

5.2.2 OCR ソフトウェアを使ったデータ作成

紙媒体のものをコーパス化する場合，もともとの状態にもよりますが，機械的に文字を認識させ，大量のデータを作る方法があります。そこで登場するのがOCR ソフトウェアというものです。本節では，OCR

とは何かについて説明した後，どのようなソフトウェアが入手可能かを紹介します。そして，次節では，Acrobatを使った具体的な作業例を示します。

■ OCRソフトウェア

OCRとは，光学的文字認識器を意味するOptical Character Readerの頭文字をとったものです。これは，紙媒体に含まれる文字に光を当て，画像として取り込んだ後，その形状に基づいて文字を識別させ，テキストデータに変換する仕組みのことです。こうした仕組みを実装したソフトウェアをOCRソフトウェアといいます。一昔前までは，OCRソフトウェアは非常に高額な上，OCRソフトウェアが動く環境を作るためには，相当の費用がかかりました。しかし，近年では安価でOCRソフトが買えるようになったこと，コンピュータの性能が飛躍的に向上したことから，一般ユーザーでも手軽に利用できるようになってきました。また，一昔前に比べ，文字の認識精度も飛躍的に向上しており，利用範囲も広がったといえます。

■ OCRソフトウェアの利用

OCRソフトウェアの利用の流れと用意すべきものについて説明します。まず，利用の流れとしては，図1のようになります。

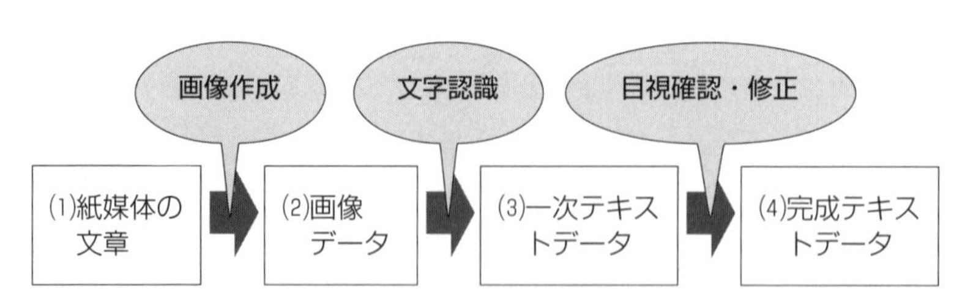

【図1】 OCRソフトウェア利用の流れ

OCR ソフトウェア利用の最初の工程は，紙媒体を画像として作成する作業です。この「画像作成」の作業を行うには，「スキャナ」が必要です。スキャナを使って，紙媒体のものを画像として(PDF ファイルなどにして)取り込みます。次に，「文字認識」の作業を行います。文字認識は，OCR ソフトウェアを使って行い，図 1 の(3)の「一次テキストデータ」を作ります。ここで，「一次」という言い方を使ったのには，次のような理由があります。OCR ソフトウェアを使って抽出したテキストデータは，機械的に認識させたものなので，必然的に誤りを含んでいます。そのため，OCR ソフトウェアで認識させたものは，通常の場合，そのままの形では使いません。必ず，原文と対照しながら目視による確認と誤認識箇所の修正作業が必要です。OCR ソフトウェアを使ってコーパスを作る場合，一番時間と労力を使う作業はこの部分です。多くの OCR ソフトウェアには，この確認作業を利用者が行うものと想定しており，それを支援する機能が用意されています。たとえば，OCR ソフトウェアが認識したテキストデータと，元の画像データを照合し，修正するためのメニューや画面が用意されています。こうした画面を使って，テキストデータと画像データを照合しながら，誤認識されたものをキーボード入力で修正していきます。

■ OCR ソフトウェアの例

図 1 で示した一連の作業は，OCR ソフトウェアを使うことで，すべての作業を制御できます。OCR ソフトウェアの導入に関しては，専用の OCR ソフトウェアを使う方法と汎用的ソフトウェアに付属する文字認識機能を利用する方法があります。専用の OCR ソフトウェアとしては，「読取革命」(パナソニック)のようなプログラムを単体で購入し，使う方法もありますが，近年では，PDF ファイルの編集用プログラムを使う方法が主流となっています。代表的な例として Adobe 社の Acrobat があげられます。なお，以下でとりあげる Acrobat は，いわゆるフリー

ソフトウェアの「Adobe Acrobat Reader」とは違います。購入して使うソフトウェアです。Acrobat は，PDF ファイルを作成したり，編集したりするためのソフトウェアです。Acrobat に文字認識の機能が含まれていることは必ずしも知られていませんが，Acrobat のバージョン 8 以降は上述の OCR ソフトウェアと同等の高精度な文字認識機能が実装されています。バージョンによって名称は違いますが，Acrobat DC バージョンを使った具体的な手順について5.3節で紹介します。

OCR ソフトウェアの仕組み

OCR ソフトウェアは，基本的タスクとして紙が持つ「白」と印字が持つ「黒」の違いを識別します。そして，黒の画像部分を解析して，パーツに分解した後，字形固有の変化点をもとに文字データとして変換処理する仕組みです。つまり，白と黒の 2 つの情報から文字を一定のかたまりとして切り出すわけですが，個々のシステムは処理用の辞書を持っています。辞書と照合し，最も一致度が高いものを正解として表示するのですが，すでに述べたとおり，誤認識の問題がどうしても発生します。誤認識がよく起こる例として数字の「8」と英字の「B」やカタカナの長音「ー」と漢数字の「一」などがあげられますが，これらはパーツとして分解した場合，変化点が少ないため，誤認識の確率も高くなります。この誤認識のタイプは，人間であれば，まず間違わないようなものが多いといえます。

誤認識を軽減する一番の方法は，変化点が取り出しやすいようにすることです。具体的には，画像化の際，解像度を上げることで，良くなることがあります。あるいは，紙に付着したゴミを取り除いたり，罫線などのように文字情報とは無関係な情報を取り除いたりすると誤認識の問題は改善されることがあります。

■ OCRソフトウェアの留意点

OCRソフトウェアはもともと画像であったものを文字として認識する機能を持っています。ただ，その利用にはいくつかの制約があります。まず，もともとの媒体が歪みのない文字であることが求められます。歪みのない文字というのは，一般的には印刷されたものという意味です。手書きの文字などはOCRソフトウェアにかけても，認識率が低いため，確認作業に膨大な労力を使います。また，ポスター類のように，縦書きと横書きが混ざった印刷物，デザイン上の理由から文字を傾けた印刷物などもOCRソフトウェアにとっては苦手とされています。次に，行がシンプルに定義できる印刷物であることが望ましいとされています。たとえば，図表の一部にテキストが含まれている場合や漢字にルビが付いている印刷物の場合，行の解釈がおかしくなるなどの問題が起きます。なお，ソフトウェアによっては，ルビを括弧書きで自動変換してくれる機能を持っているものもあります。

OCRソフトウェアが一番得意とする印刷物は，書籍に代表されるように，印字状態が良く，1つの流れで行が定義された印刷物ということになります。こうした状態のよい印刷物であれば，ほぼ100%に近い認識率で，紙媒体からテキストデータを作ることができます。

5.3 Acrobatを使った自作コーパスの方法

Acrobatを使った具体的な作業手順について説明します。本書でAcrobatを選んだのには，2つの理由があります。1つ目の理由は，スキャナの機種によっては，Acrobatが付属ソフトとして最初からついている場合もあり，スキャナと同時に入手できるメリットがあるからです。2つ目の理由は，Acrobatは，持っている人が多い割には，PDFを作るソフトウェアとしか認識されておらず，必ずしも有効に活用されていないように思うからです。たとえば，PDFファイルに注釈をつけたり，文字の書き込みや削除をしたり，ヘッダーをつけたりすることができるなど，PDF ファイルに対する編集作業を支援する多くの機能が用意されています。本節では，その1つの機能として，テキスト認識機能を紹介しますが，ソフトウェアの有効活用を促すという意味合いもこめて Acrobat を取り上げることにします。

それでは，具体的な作業について説明します。作業の前に，まず，スキャナを使って，コーパス化する画像を作っておきましょう。Acrobat を使って画像を作成する場合は，トップメニューの「作成⇒スキャナから PDF」オプションを使います。白黒の文章として画像化するかカラーの文章として画像化するかなどを選択します。どちらを選択するか迷う場合は，「カラーモードを自動検出」オプションを使います。なお，この操作は，スキャナとコンピュータが正しく接続され，設定が済んだ段階でしか行えないので，あらかじめ設定を済ませておく必要があります。

文章のスキャンが終了すれば，画像が得られます。得られた画像に対して図2のように「ツール⇒ PDF を編集」を選択します。

【図2】 Acrobat で画像 PDF ファイルを開く

図2のように，「PDFを編集」を選択するだけで，ソフトウェアは自動的に文字認識作業を開始します。そして，PDFファイル内のすべての文字情報は，テキストデータ化されます。

テキストデータ化された後は，Acrobat上で，検索を行うことも可能ですが，コーパス化のためには，別のファイルに出力しておく必要があります。具体的には，「ファイル⇒書き出し形式」オプションで，何らかのファイル形式にして保存します。ファイル形式に関する選択肢としては，Microsoft社のWordファイルに出力したり，Excelファイルに出力したり，テキストファイルに出力することができます。運用の利便性を考えた場合，テキストファイルとして保存することをすすめます(→6.2.1節)。ファイルとして保存する場合は，一冊まとめて保存することもできますが，課単位などで区切り，整理するとよいでしょう。

最後に，出力したファイルをもとの画像と照合しながら，確認または修正をします。修正作業は，自動化できませんので，目視で確認しながら手入力で直していきます。Acrobatを使った作業の場合，もとのPDFファイルとテキストデータを別々のウィンドウで開いて確認し，修正をすることになります。その意味では作業効率としては必ずしもよいとは言えません。こうした問題を解消したい場合，5.2.2節で紹介した専用のOCRソフトウェアを使うとよいでしょう。また，本書では詳述しませんが，Googleドライブの機能としても，OCR機能が含まれており，画像やPDFからテキストを抽出することができます。画像やPDFをGoogleドキュメントエディター形式に変換するために用意された機能です。詳細は，Googleでキーワード検索してみてください。

5.4 著作権について

自作コーパスの方法を実践する上で，忘れてはならない項目として著作権の問題があります。これまで日本語教育を含む人文科学の分野では，著作権の問題に関してあまり議論されることがなかったように思います。しかし，近年，コーパスの公開などに伴って，著作権の問題が時折議論されるようになってきました。その背景には，インターネットの普及に伴い，誰もが簡単に他人のデータにアクセスでき，編集や加工ができる時代になったことがあげられます。こうした環境の変化により，人文科学の分野でも「文章の権利に関する問題」が浮上するようになりました。

さて，本章で説明した紙媒体のものをテキストデータ化する作業においては，著作権の問題に配慮しなければなりません。これは，要するに「無断で他人のもののコピーを作り，それを著作権者の許可なく，第三者に渡してはいけない」というルールです。コーパス構築の観点から荻野・田野村(編)(2011b: 39–40)が指摘するポイントとしては，次の2つがあります。1つ目は電子化しようとする対象に著作権が認められているか否か，2つ目は著作権が認められている場合でも，著作権の制限事由に該当する場合には著作権侵害は成立しないので，この「著作権の制限事由」の範囲内か否かです。この著作権の制限事由の1つに，「私的使用のための複製」があります。私的使用とは「個人的に又は家庭内その他これに準ずる限られた範囲内において使用する」ことを指しています。OCR ソフトウェアを使って，コーパスを自作する方法は，私的使用の範囲に限られるということを十分認識しておく必要があります。

最後に，著作権に関するより詳しい情報は，文化庁の「著作権に関するホームページ」において初学者向けのテキストなども用意されているので，一読することを薦めます。

5.5　まとめ

本章では，自作コーパスの方法について説明しました。作業を開始する前に行うべきこととして，調査目的や作業方針を明確化する必要があることを述べました。そして，作業方法として，OCR ソフトウェアの活用方法について説明しました。具体的な作業例として「LJ」を画像化し，Acrobat のテキスト認識機能でテキスト化する方法について説明しました。最後に，印刷物をコーパス化する場合，著作権処理を行わない限りは，私的利用の範囲に留めるべきであることについて説明しました。

5.6 さらに学びたい人のために

OCR を使ったさらに効率的なデータ作成のために，専用のソフトウェアを使ってみましょう。たとえば，「読取革命」は試用版を無償で公開しており，インターネットから入手できます。試用期間内であれば無償で利用可能ですので，どういうソフトウェアなのか実際に使ってみてください。また，同じデータで Acrobat DC 版とテキストの認識精度を比べてみてください。また，また，荻野・田野村(2011b) の「コーパスデータの作成―OCR ソフトウェアを利用して」の章で手順などを説明していますので，参考にしてみてください。

5.7 練習問題

(1) 普段の授業で使用している教材を改訂するという前提で，参照用データベースとしてどのような教材コーパスがあればよいか，教材コーパスのデザインを考えてみましょう。

(2) 普段の授業で使用する日本語教科書をスキャンし，Acrobat でテキスト認識してみましょう。どういうところで誤認識が起こるのか確認してみましょう。

第6章

教材コーパスの活用1
－テキストエディタの活用－

6.0　本章の概要

前章の方法で紙媒体から電子テキストを作ることができました。次の作業として，自作した教材コーパスの中身を検討する必要があります。具体的にはどのような語彙や表現が，どのように使われているかを調査することです。電子テキスト化されたことの利点を生かし，文字列検索などの方法を使うとよいでしょう。

本章では，文字列検索のための環境構築からテキストエディタを使った具体的な検索の方法について説明します。文字列検索のためのソフトウェアを紹介した後，テキストエディタとして「秀丸エディタ」を例にインストール方法や検索方法について紹介します。

6.1　文字列検索

紙媒体のものを電子テキスト化する最大の利点は，文字列検索で瞬時に情報を取り出せるということです。文字列検索とは，何らかの検索ソフトウェアを使い，特定のキーワードを入力し，キーワードとマッチした文を集める方法のことです。こうした方法を使うために，まずは検索環境を構築する必要があります。

検索環境の構築については，どこまでのコストと労力をかけるかによって，いろいろな形が考えられます。既存のソフトウェアを活用し，ごく簡単な文字列のマッチングで検索をする方法から，形態素解析を施し，品詞などの言語情報を含めたデータ抽出を行う方法，さらには何らかのプログラム処理を行い，独自の検索環境を構築する方法があります。ここでは，比較的実践しやすい方法として，既存のソフトウェアを使う方法について説明します。この場合，大きく2つの方法が考えられます。1つ目は専用の検索ソフトウェアを導入する方法，2つ目はテキストエディタのGrep（グレップ）機能を活用する方法です。次節で，具体的なソフトウェアを紹介した後，6.2節ではテキストエディタの導入から具体的な使い方について説明します。

6.1.1 専用ソフトウェアによる文字列検索

文字列を検索するソフトウェアとしては様々なものが公開されており，その多くがインターネットでダウンロードできるようになっています。たとえば，国内最大級のソフトウェアダウンロードサイト「Vector」の「Windows> ユーティリティ > テキストファイル用 > テキスト検索」のカテゴリには，2017年10月の時点で41本のソフトウェアが登録されています。これらのソフトウェアを使えば，コーパス化したファイルを検索することができます。どのソフトウェアを導入するかに関しては，(1)検索対象のファイル形式，(2)ライセンス条件の2点に注意する必要があります。(1)に関しては，テキストファイルのみを対象にするものと，テキストファイルに限らずMicrosoft社Office系のファイルやPDFファイルまで同時に検索できるソフトウェアがあります。なお，古いソフトウェアの場合，Microsoft 社 Office の2007版以降は対応しないものがありますので，注意が必要です。(2)に関しては３種類のものがあります。１つ目は，フリーライセンスとして無償で利用できるタイプ，２つ目は，シェアウェアとして有償で利用できるタイプ，３つ目は，有償利用が基本であるが，条件付きで無償利用できるタイプです。以上の点を考慮した場合，推薦できるものとしては以下の３つがあげられます。

【表１】 文字列検索ソフトウェア

ソフトウェア名	ライセンス条件	検索対応ファイル
KWIC Finder*	シェアウェア	テキストファイル，Office 系ファイル
WideGrep Express	シェアウェア	テキストファイル，Office 系ファイル
JGrepper	フリーライセンス	テキストファイル，Office 系ファイル

* テキストファイルのみ検索する場合は，無償で利用できます。

いずれのソフトウェアも操作性については，大きな差はなく，基本的な流れとしては，(1)検索するフォルダないしはファイルを指定し，(2)キーワードを入力する，(3)検索を実行し，(4)検索結果を出力させるということになります。ただし，キーワードの与え方に関して条件の指定方法および検索結果の表示方法については，若干の違いがあるため，実際に操作してみていずれかを導入するとよいでしょう。シェアウェアの場合でも10日から30日程度の(無償の)試用期間が設けられていますので，初期導入において費用が発生することはありません。

これらのソフトウェアはコーパスデータを検索する目的で作られたものではありませんので，大きなデータを検索する用途には向いていませんが，小規模の自作コーパスを検索する用途としては十分な機能を持っています。ソフトウェアに付属するマニュアルを参考にしながら操作を覚えましょう。

6.1.2 テキストエディタによる文字列検索

テキストファイルを開き，編集し，保存するためのソフトウェアのことを「テキストエディタ」といいますが，テキストエディタには何らかの検索機能が実装されています。この機能を使うことで，前節で紹介した検索専用のソフトウェアと同等の結果を得ることができます。

■テキストエディタについて

テキストエディタは，OSと同時にインストールされています。たとえば，Windowsの場合は，「メモ帳」というソフトウェアがOSの導入と同時にインストールされます。

しかし，テキストエディタには，OSと同時にインストールされるものだけでなく，高機能テキストエディタと呼ばれるソフトウェアがあります。それらは，単体のソフトウェアとしてインストールして使用するもので，多くはフリーライセンスあるいは条件付きフリーライセンスで提供されています。高機能テキストエディタを使うことで，高度な編集ができたり，大量の文章を瞬時に検索したりすることができます。コーパスデータを柔軟に扱っていくためには，テキストエディタの基本操作だけでも覚えておくとよいでしょう。

■テキストエディタの例

代表的なWindows向けの高機能テキストエディタとしては，表2のものがあげられます。

表2のいずれのソフトウェアも操作性や処理速度，処理オプションなどで，大きな違いはありません。はじめて使う人は，フリーライセンスのものから使ってみるとよいでしょう。なお，「秀丸エディタ」は基本的には有料のソフトウェアですが，「秀丸エディタフリー制度」というものがあります。詳細は「秀丸」の公式ウェブサイトをご参考ください。

【表2】 高機能テキストエディタ

テキストエディタ名	ライセンス条件
秀丸(ひでまる)エディタ	シェアウェア
EmEditor	シェアウェア
TeraPad	フリーライセンス
サクラエディタ	フリーライセンス

6.2 テキストエディタを使う

本節では，テキストエディタを使う前に，テキストエディタが検索の対象にするテキストファイルについて説明します。そして，テキストエディタのインストール方法，テキストエディタを使った文字列検索の方法について説明します。

6.2.1 テキストファイルに親しむ

■テキストファイルとは

コンピュータの上で文字データを運用する形式として，テキストファイルというものがあります。Windowsユーザーの間では，「メモ帳ファイル」とも呼ばれています。具体的には図1のようなアイコンで表示され，ファイル名のところに「.txt」という拡張子がついています(拡張子はパソコンの設定によっては表示されない場合もあります)。

【図1】 テキストファイルのアイコン

テキストファイルは，Microsoft社のWordなどのワープロソフトに比べ，ファイルを開いた時の見た目は非常に地味ですが，コンピュータ上で文字データを扱う上で，最も基本的かつ汎用的な形式です。このような理由から，多くのコーパスデータはテキストファイル形式で作られています。そして，コーパスを分析するためのソフトウェアの多くにおいても，入力データとしてテキストファイルを使う設計になっています。

■テキストファイルを使う利点

コーパスのファイル形式として，テキストファイルが支持される背景には，以下の4つの理由があります。

(1) どのOS環境でも使える。
(2) ソフトウェアが充実している。
(3) バージョンの違いを意識する必要がない。
(4) コンパクトな運用環境が作れる。

(1)として， テキストファイルには，Mac OSやWindowsなどのOS(Operating System)に依存しない汎用性があります。たとえば，Windows環境で作ったものでもMac OS上で開いたり編集したりすることができます。反対に，Mac OSで作ったものでもWindows上で編集することができます。

(2)として，テキストファイルを編集するためのソフトウェアは，どのOSにも標準でインストールされているので，ソフトウェアの面でも苦労することがありません。そして，OSに標準インストールされているもの以外にも，様々なソフトウェアが利用できますし，しかもそのほとんどがフリーソフトウェアとして提供されています。

(3)として，ワープロソフトの多くには複数のバージョンが存在しますが，テキストファイルにはそのようなことがありません。たとえば，Microsoft社のOfficeであれば，Office 95を起点とし，様々なバージョンが存在します。これらのバージョンの違いによって便利になること以上にファイルの互換性の面で厄介な問題が発生します。

(4)として，テキストファイルは，ファイル内部の情報として改行と文字情報しか持っていないため，動作が非常に軽いという利点があります。そのため，大規模な文字情報を持つデータベースであっても，テキストファイルにすることで，大幅なサイズダウンができます。たとえば，1年間の新聞記事であってもテキストファイルにすると数十メガバイトで収まるため，コンパクトに運用することができます。そして，ファイルを開いたり，編集したり，保存したりする作業すべてにおいて操作性がよいといえます。

テキストファイルの文字コード

コンピュータ内部で各文字に割り当てられた符号のことを文字コードといいますが，すべてのテキストファイルには文字コードが指定されています。

文字コードは，言語によって割り当ての方法が異なっていたり，1つの言語においても複数の異なる規格が使われたりします。日本語の場合，Shift-JISやEUC-JPなどが広く利用されていますが，近年では，多言語対応の文字コードとしてユニコード(Unicode)のUTF-8やUTF-16なども使われています(UTF-8は8ビットの可変長マルチバイトで文字を表現し，UTF-16は16ビットの可変長マルチバイトで文字を表現します)。Shift-JISは，WindowsやMac OSなどで広く使われている文字コードです。

一方，EUC-JPは，Extended Unix Codeの略で，日本語UNIXで使われている文字コードですが，言語処理の分野で幅広く使われています。そしてユニコードはユニコード・コンソーシアムによって制定された文字コードで，一定のバイト表現を使って世界中の文字を表現することができる規格で，近年急速に普及しているといえます。BCCWJのテキストファイルもユニコードを使用しています。

6.2.2 テキストエディタのインストール

6.1.2節の表1の中から「秀丸(ひでまる)エディタ」を例にインストール方法および実際の使用例を紹介します。

「秀丸エディタ」(以下「秀丸」)は「㈲サイトー企画」が開発・配布をしているシェアウェアのテキストエディタです。Windowsのすべての OSに対応しています。ソフトウェア本体はインターネットからダウンロードできるようになっています。ダウンロードの際には，コンピュータのOSをチェックしてください。特に32ビット版のOSと64ビット版のOSでは，ダウンロードするファイルが違うので，注意が必要です。なおダウンロードサイト上には，「秀丸」の複数のバージョンが公開されていますが，基本機能としての差はありませんので，どれでもかまいません。ここでは，32ビットの「通常の最新版」として，「hm875_signed.exe」(2017月10月公開版)をダウンロードし，インストールすることにします。

(1) ダウンロード後，hm875_signed.exeをクリックします。インストールを開始すると，図2の画面が表示されます。

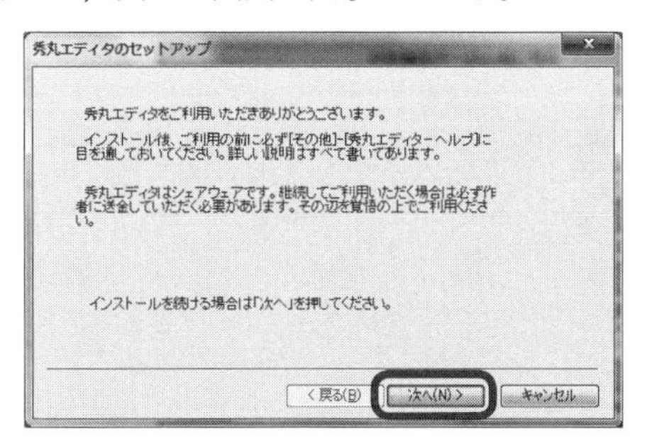

【図2】 インストール開始画面

(2) インストールのオプションを選択します。インストール方法は，「簡単インストール」を選択し，次に進みます。そして，ファイルの関連づけ(どのソフトウェアを使ってテキストファイルを開くか)の確認画面が表示されますが，「はい」を選択し，次に進みます。その他にも確認画面が表示されますが，特に変更の必要はありませんので，「次へ」を選択しましょう。

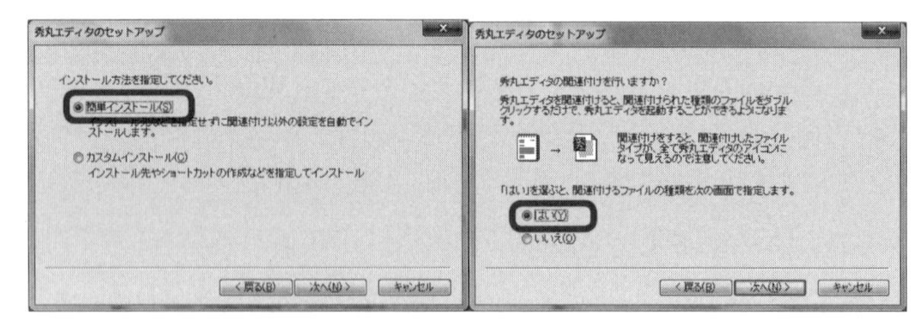

【図3】 インストールオプション

(3)　インストール完了画面が表示されれば，作業は完了となり，完了と同時にデスクトップ上に図4のアイコンが表示されます。図4のアイコンをダブルクリックし，「秀丸」を起動します。すると図5の画面が表示されます。

【図4】「秀丸」のアイコン

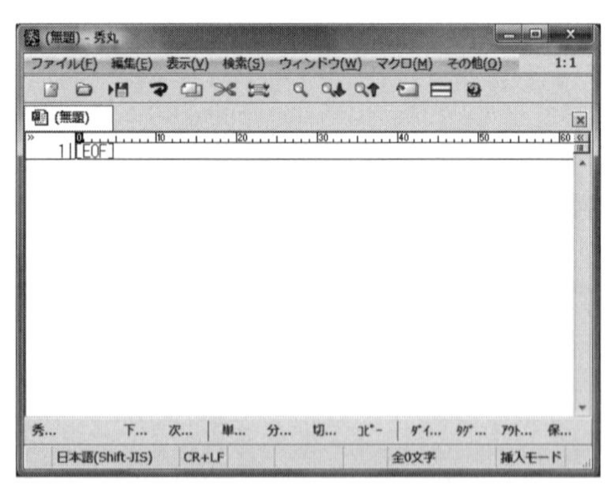

【図5】「秀丸」の初期画面

図5の初期画面が問題なく表示されていれば，インストールは完了です。以上がインストールおよび起動方法になります。

6.2.3 テキストエディタによる検索

テキストエディタには，優れた検索機能・置換機能が実装されています。特に検索条件を細かく指定できる点，複数のファイルを対象に検索できる点で，一般のワープロソフトに比べ，優れているといえます。以下では，第5章で取り上げた『リビングジャパニーズ Book 1』(以下LJ)を使用し，具体的な検索方法について説明します。検索タスクとして会話の自然さにとって重要な要素である「終助詞」の用法を取り上げます。特に「ね」「よ」がどの課でどのように導入されているのかについて調べてみましょう。

「秀丸」で検索をする方法は2つあります。1つ目は，検索したいと思うファイルを直接開き，検索する方法，2つ目は，ファイルの場所を指定して，検索する方法です。1つ目の方法は，単一のファイル内を検索する場合，2つ目の方法は，複数のファイルを検索する場合に使います。

■単一ファイル内で検索する

単一のファイル内で検索する方法は，実質的には Microsoft 社の Word などの「検索」機能とかわりません。以下の手順で操作してみてください。

(1) 検索したいファイルをダブルクリックし，「秀丸」で開きます。
(2) メニューの「検索⇒検索」をクリックし，図6の検索ダイアログを呼び出します。
(3) 検索テキストボックスに「ね」と入力し，「下検索(N) F3」をクリックします(図6)。

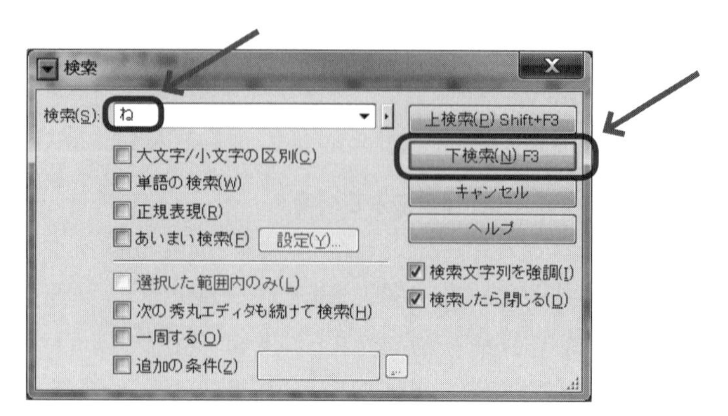

【図6】 検索用の画面

図7のように検索結果が(黄色で)ハイライトされます。

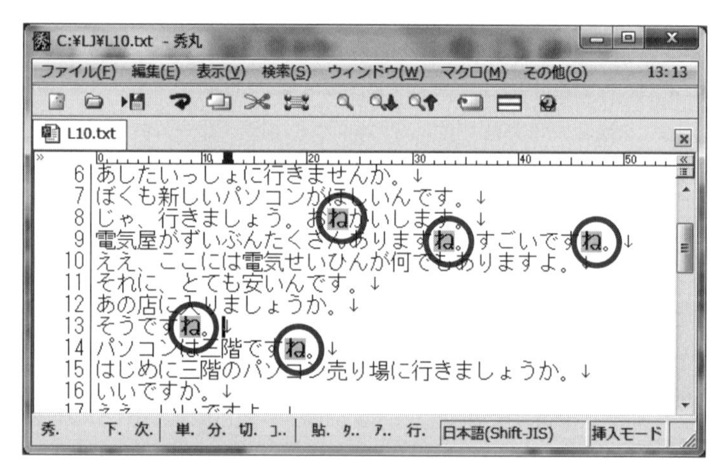

【図7】 検索結果

■複数のファイル内で検索する

図7のように1つのキーワードを入れ，文章内を検索する程度であれば，一般的なワープロソフトと大差はありません。というのは，Microsoft 社の Word にしろ，ジャストシステム社の「一太郎」にしろ，

同様の機能を持っているからです。

高機能テキストエディタが持つもう1つの検索機能として，複数の文章に対して一括検索および一括置換ができるということがあります。ここから，複数の文章に対して終助詞「ね」と「よ」の用例を検索してみましょう。

(1) 「秀丸」のアイコンをダブルクリックし，ソフトウェアを立ち上げます。
(2) 「秀丸」の上段メニューから「検索⇒grep の実行」をクリックし，図8の検索ダイアログを呼び出します。

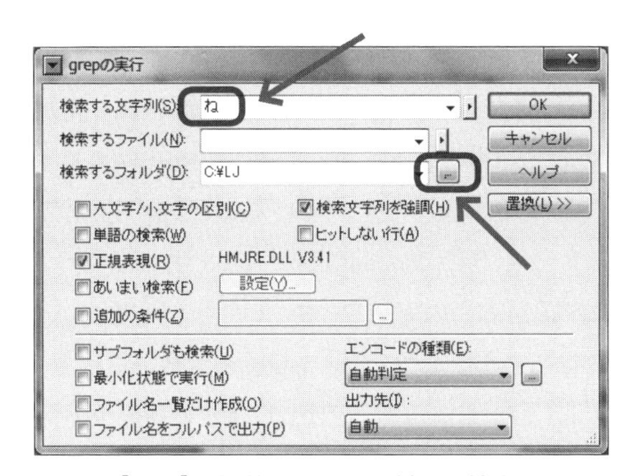

【図8】 複数ファイルに対する検索

(3) 「検索する文字列」に「ね」と入力します。「検索するファイル」は空白にして，「検索するフォルダ」に「LJ」が入っているフォルダを指定します。フォルダを指定するには，入力欄の隣の四角いボタンをクリックし，場所を選択します。
(4) 「OK」をクリックすると，図9のとおり，検索結果が表示されます。各項目の先頭にファイル名と行番号が表示されます。

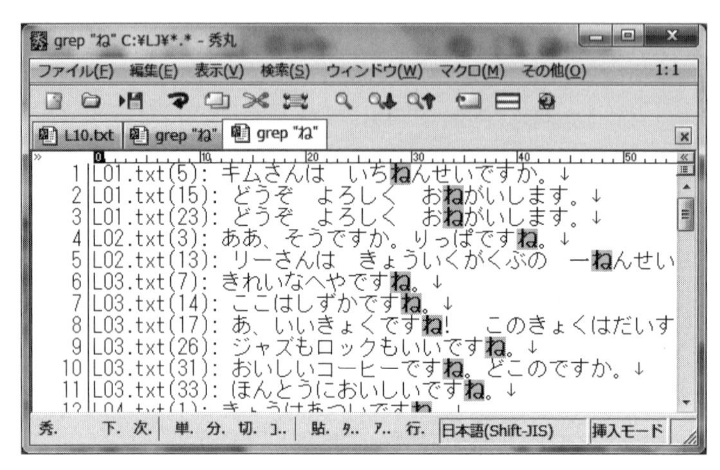

【図9】「ね」の複数ファイルに対する検索結果

検索の結果，⑴LJのメインダイアログで63回，「ね」が出現していること，⑵「ね」の初出は2課であること，⑶初出時の使用文脈としては，「です＋ね」の形式で，使われていることが明らかになりました。ただ，この検索結果には，次の問題点があります。「いちねん」や「おねがい」などの例も「ね」の用例としてヒットしていますが，これは終助詞の「ね」ではありません。テキスト検索の場合，量の大小の問題はありますが，ユーザーが意図しない例がヒットする問題が必ず発生します。

同じ手順で「よ」を調べてみても，図10の結果が確認されます。

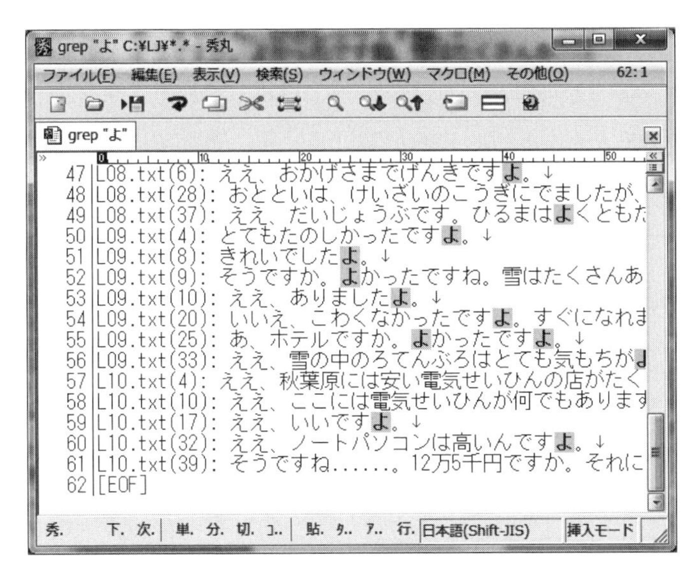

【図10】　「よ」の複数ファイルに対する検索結果

検索の結果，61例がヒットしており，「ね」のほぼ同数の使用例が確認できました。提示課に関しても「ね」同様に，２課ではじめて導入しています。図10の結果に関しても図９の「ね」と同様に，「どうぞよろしく」や「おはよう」など，終助詞とは無関係なものが多数入っています。これは，3.2節でも問題になったことで，文字列をベースに検索を行うため，このようなノイズが必然的に入ります。こうした問題については，ケース・バイ・ケースで対応を考えることになりますが，ヒットした用例数が100件前後であれば，目視でノイズを取り除く作業を行うことで問題ないでしょう。しかし，1,000件以上の用例がヒットし，目視による確認が大変であると判断した場合は，キーワードをかえてみるなどの対策をとります。終助詞の「よ」に限って言えば，文末に現れるという特徴を考慮し，「よ。」で検索するとよいでしょう。

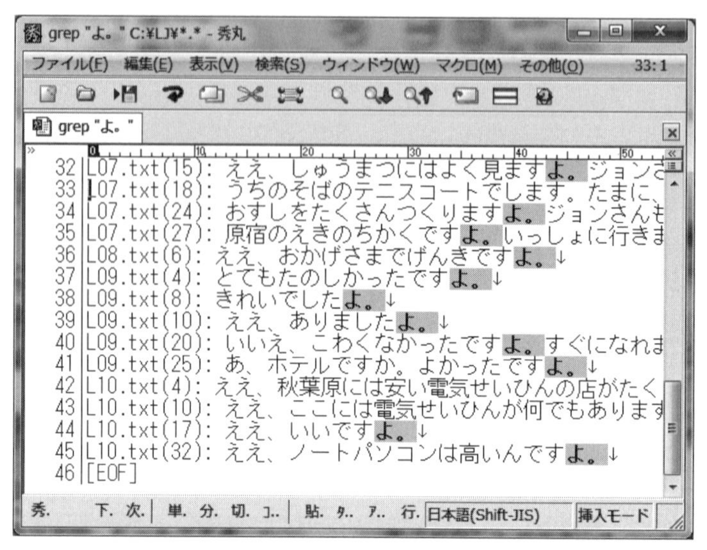

【図11】「よ。」の複数ファイルに対する検索結果

図11は「よ。」で検索を行った結果です。この場合，「どうぞよろしく」や「おはよう」のような用例は排除できましたが，一方の問題として，「よね」のような用例(例：それにノートパソコンですよね。(LJ 10課))はヒットしていません。文字列で検索を行った場合，このような一長一短がありますので，最適なキーワードを選ぶ作業と目視によるチェックを併用しながら調査を行う必要があります。

こうした「grepの実行」機能を使うことの利点は，検索対象のファイルが10であっても100であっても，複数のファイルに対して同時かつ瞬時に検索できることです。

6.3 まとめ

本章では，自作した教材コーパスを検索するということを目的に，検索ソフトウェアの構築方法と使い方について説明しました。検索に特化したソフトウェアを紹介した後，「秀丸エディタ」を例に，インストールや実際の検索方法について紹介しました。

6.4 さらに学びたい人のために

テキストファイルを検索する場合，知っておくべき知識の1つとして「正規表現」(regular expression)というものがあります。正規表現は文字の配列をパターンで表現する手法で，たとえば文の先頭が数字で始まる文集合だけを検索したり，カタカナだけを抽出したりすることができます。その詳細な解説は，本書の射程を超えるもののため，ここでは言及していませんが，正規表現を知っていると知らないとでは，文字列検索の作業範囲が全く違います。高機能テキストエディタの実力を実感する上で，正規表現の学習は不可欠といえます。正規表現は，データ検索だけでなく，いろいろなプログラミングでも活用できますので，コーパスを使った調査研究を続けていこうと思っているなら，覚えておいて損はないと思います。

言語研究に特化した正規表現の参考書としては，大名(2012)があります。「秀丸エディタ」で使える正規表現については「秀丸エディタを使いこなす」が参考になります。

6.5 練習問題

(1) http://www.9640.jp/cps/ から日本語教材LJのテキストファイルをダウンロードし，「秀丸エディタ」で「ですか。」を検索してみましょう。L1からL10に進むにつれ，直前に出てくる語に関してどのような変化が見られるか調べてみましょう。

(2) 日本語の教科書を電子化し，「秀丸エディタ」で「を」と「に」を検索してみましょう。ノイズの度合いを確認した上，ノイズを減らすにはどのようなキーワードを与えるべきか考えてみましょう。

第7章

教材コーパスの活用2
―形態素解析―

7.0　本章の概要

文字列検索に基づく自作コーパスの活用は，キーワードと一致する語があることを前提にしています。そのため，この方法はあくまでテキストの一部分に対する調査に過ぎません。また，検索したい文字列(キーワード)があらかじめ決まっているのであれば，この方法は有効ですが，キーワードが決まっておらず，全体を網羅的に調べてみたいと思った場合，別の方法を使う必要があります。たとえば，教材全体を対象に，助詞や副詞などの出現語彙表を作る場合や動詞や形容詞について活用形の使用状況を調べる場合，どういう方法を使えばよいでしょうか。こうしたタスクを行う際，便利なデータ解析の方法として，形態素解析というものがあります。

本章では，形態素解析について説明します。具体的には形態素解析とは何か，形態素解析を実行するプログラムはどのようにインストールし，どのように使用するかについて説明します。サンプルタスクとして，第５章で取り上げた『リビングジャパニーズ Book 1』(以下 LJ) のメインダイアログを全文解析し，語彙項目，文法項目を取り出す方法について説明します。

7.1 形態素解析プログラムを知る

形態素解析プログラムの説明の前に，基本的な事項として「形態素」とは何かについて確認しておきましょう。形態素とは，言語学の用語であり，意味を持つ最小の単位であると定義されています。文という単位は，語の単位によって構成されていますし，語はより小さい単位である形態素によって構成されています。具体例として「太郎が花子にお金をもらった。」を形態素として分割すると，「太郎 / が / 花子 / に / お / 金 / を / もらう / た / 。」になります。このように文を形態素に分けることで，その構成要素が明確になり，形式と意味の対応を分析的に捉えることができます。

さて，文を形態素に分けていく作業を，コンピュータプログラムによって実現しているのが「形態素解析プログラム」です。その役割は大雑把に言うと２つあります。１つ目は文を形態素に切ること，２つ目は切った形態素に対して品詞などの言語的情報を付与することです。たとえば，「太郎が花子にお金をもらった。」を形態素解析プログラムにかけることにします。すると，形態素解析プログラムによって多少の違いはありますが，表 1 (次ページ) のような結果が出力されます。

一番左端は，書字形といい，実際に入力した文章が表示されます。その隣に，発音形や基本形に関する情報，さらには品詞情報が表示されます。そして，活用する形態素に関しては活用に関する詳細が表示されます。こうした技術は，自然言語処理と呼ばれる分野において研究され，開発されました。形態素解析は自然言語処理の最も基本的な要素技術であるとされていて，コンピュータで言葉を扱う上では欠かせない技術であると認識されています。

【表1】 形態素解析の実例

書字形	発音形	基本形	品　詞	活用型	活用形
太郎	タロー	太郎	名詞 - 固有名詞 - 人名 - 名		
が	ガ	が	助詞 - 格助詞		
花子	ハナコ	花子	名詞 - 固有名詞 - 人名 - 名		
に	ニ	に	助詞 - 格助詞		
お	オ	お	接頭辞		
金	カネ	金	名詞 - 普通名詞 - 一般		
を	オ	を	助詞 - 格助詞		
もらっ	モラッ	貰う	動詞 - 非自立可能	五段 - ワア行 - 一般	連用形 - 促音便
た	タ	た	助動詞	助動詞 - タ	終止形 - 一般
。		。	補助記号 - 句点		

■形態素解析の仕組み

形態素解析は，語に関するあらゆる情報が書かれた「辞書」の部分と，辞書を使って実際の解析を行う「解析器」の部分で構成されています。本書でとりあげている MeCab や ChaSen などは解析器に相当するものです。MeCab や ChaSen などは，無料のソフトウェアとして利用できますが，企業が商用として販売しているものもあり，様々なものがあります。辞書は，最も広く使われているものとして IPADic というものがあります。これは ChaSen とセットで配布されています。また，BCCWJ のために開発された UniDic という辞書もあります。

形態素解析は，入力されたテキストを様々な長さで区切りますが，区切る際の基準として使っているのが「辞書」です。「辞書」を参照しながら，テキストを切っていきますが，切り方のパターンは無数に存在します。その中で最も良いものを選ぶため，「生起コスト」(その語がどのくらいよく出現するか）と「連接コスト」（その語がどのような品詞の語とよく使われるか）という計算アルゴリズムを使います。この数値情報を利用して，最も良い結果を出力するという仕組みです。技術的説明は，山崎（編）（2014）を参照してください。

最後に，形態素解析は，辞書と解析器を組み合わせて使うわけですが，これらは工学的な処理のために開発されたものということもあり，マウス操作を前提にしたユーザーインタフェースが用意されていない場合があります。こうしたことから，「WinCha」や「茶まめ」のようなユーザーインタフェースが開発されています（→コラム４）。

■なぜ形態素解析プログラムか

ところで，なぜ形態素解析プログラムなるものが必要なのでしょうか。「太郎が花子にお金をもらった」程度の文章を解析するだけなら，何もコンピュータの力を借りて，ソフトウェアを使う必要はありません。形態素解析プログラムが必要になる理由は次の２つに要約できます。１つ目は「処理の一貫性」，２つ目は「処理の高速性」です。１つ目の「処理の一貫性」とは，形態素解析は処理データおよび処理環境に依存することなく同じ結果を出力してくれるという意味です。つまり，入力テキストが話し言葉であろうと書き言葉であろうと結果がかわることはありません。さらに，新聞１年分のデータを処理しても，10年分のデータを処理しても結果が途中でかわることはありません。同じ基準で，すべてのデータを処理することができます。２つ目の「処理の高速性」とは，人が同じ作業を行う場合とは比べ物にならないほど高速にデータを処理してくれるという意味です。実際の処理速度としては，パソコン環境や形態素解析プログラムによって多少の差はあるものの，小説一冊の全文テキストでも，１分未満で解析できます。

以上で示した処理の一貫性と高速性は，コーパス言語学のように様々な種類のテキストデータを，しかも大量に扱わなければならない分野においては必要不可欠なものになります。

■形態素解析プログラムに関する注意

形態素解析プログラムはよいことばかりではないことも知っておきましょう。それは，形態素解析プログラムが出力する結果は100％正しいとは限らないということです。つまり，第5章で取り上げたOCRソフトウェアと同様，機械処理に基づく結果であるため，誤認識または誤解析が必ず含まれているということです。ただ，機械的なミスといっても通常はそれほど頻繁に起こるものではありません。入力データにもよりますが，新聞記事のように標準化された漢字仮名交じり文であれば，98％以上正しい分析結果を返してくれるといわれています。なお，形態素解析が苦手とする文章としては次のようなものがあります。(1)平仮名・カタカナだけが続く文章，(2)省略形を含む文章などがあげられます。このようなタイプの文章においては間違った結果を出力する可能性が相対的に高くなります。

全体のデータ量によって判断が必要になりますが，理想的にはOCRの認識結果を目視で確認するのと同様に，形態素解析の結果についても目視で確認する作業が必要といえます。

7.2　形態素解析プログラムを使う

形態素解析プログラムは，2つの環境で提供されています。1つ目はオンラインで解析するタイプ，2つ目は自身のコンピュータにインストールして使うタイプです。1つ目のオンラインで利用するタイプは，ウェブサイト上に用意されているテキストボックスに解析したいテキストデータを貼り付け，ウェブサーバで解析を行うタイプです。「Web茶まめ」がオンラインで解析するツールの1つです。

【図１】 Web 茶まめ

図１の「Web 茶まめ」では，テキストボックスにテキストを貼り付けたり，ファイルを指定したりしてから，「実行する」ボタンをクリックします。「出力形式」を選ぶことで，解析結果は画面に表示させることもできますし，エクセルファイルとしてダウンロードすることもできます。小規模のデータを素早く形態素解析したい場合は，オンラインタイプがおすすめです。

しかし，オンラインタイプの場合，解析できるデータ量に制限があったり，利用者の数が多い時は，解析に時間がかかるなどのデメリットもあります。いろいろ試してみたい人は，自身のコンピュータにインストールして使うことをおすすめします。以下では，２つ目のタイプでの利用を想定して，手順を説明します。

形態素解析プログラムのインストールから実際の使い方まで説明します。形態素解析プログラムはいろいろな用途で使用できますが，日本語教師にとって最も身近な使い方としては，語彙リストを作成する作業において活用できます。形態素解析プログラムを使えば，生のテキストから，どんな語彙がどれだけ出現しているのかについて一覧を作ることができます。以下では，第6章と同様に，LJを使って使用語彙の一覧を作る方法について説明します。第7章では形態素解析プログラムの導入と使い方を，第8章ではExcelを使ったリスト作成の方法について説明します。

7.2.1 形態素解析プログラムを導入する

形態素解析プログラムをインストールする方法について説明します。形態素解析プログラムは通常，解析エンジン(解析器とも言われます)と解析辞書によって構成されています。この2つがセットになって，ソフトウェアとしての機能を実現します。

形態素解析エンジンにはフリーライセンスのものから商用のものまでいろいろなものがあります。インターネットから入手でき，かつフリーライセンスとして利用できるものとしては，ChaSen(チャセン)があります。そして，ChaSenの機能を継承しつつもより高い解析精度を持つものとしてMeCab(メカブ)があります。

次に解析辞書について説明します。一般に辞書というと，見出し語に対し，語釈があり，用例があるものとして理解されていますが，形態素解析プログラムの解析辞書はそういうものではありません。ひとことで言えば語彙の一覧表のようなもので，語釈もなければ，用例もありません。広く流通しているものとしては，IPADicというものがあります。IPADicに次いで，よく使われている辞書として，国立国語研究所が定義する短単位を実装したUniDicがあります。

以下では，MeCabを解析エンジンに，UniDicを解析辞書にして形態素解析システムを構築する方法について説明します。そして，形態素解析を手助けしてくれる「茶まめ」を使った形態素解析プログラムの実行方法について説明します。なお，ソフトウェアの公開サイトのアドレスは巻末付録を参照してください。

(1) 形態素解析プログラムとしてMeCabをダウンロードします。MeCabには複数のバージョンがありますが，「Binary package for MS-Windows」の「mecab-0.996.exe」を使用します(2017年10月時点の最新版)。

【図2】 MeCabのダウンロード

(2) 解析辞書としてUniDic，形態素解析を手助けしてくれるプログラム「茶まめ」をダウンロードします。なお，UniDicと「茶まめ」は1つのパッケージになっていますので，同時にダウンロードおよびインストールされます。UniDicにも複数のバージョンが存在しますが，ダウンロードパッケージ一覧からwindows用のパッケージを選択します。ここでは，unidic-mecab-2.1.2_windows.exeを使用します。

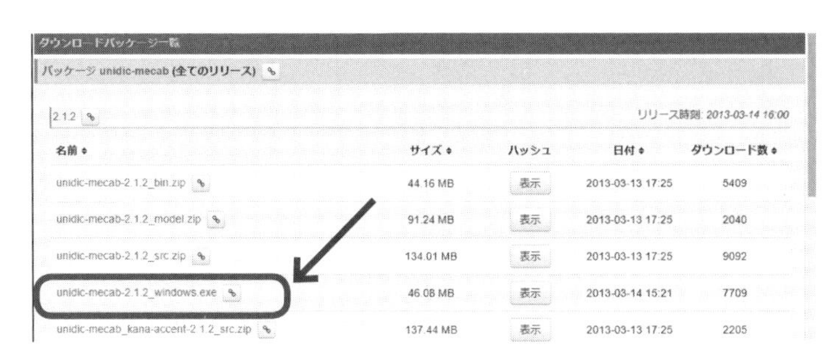

【図3】 UniDicと茶まめのダウンロード

(3) ダウンロードしたソフトウェアをインストールします。まずはMeCabからインストールします。MeCabのインストーラ「mecab-0.996.exe」をダブルクリックします。図4の使用言語を選択する画面が出ますが,「Japanese」を選択します。

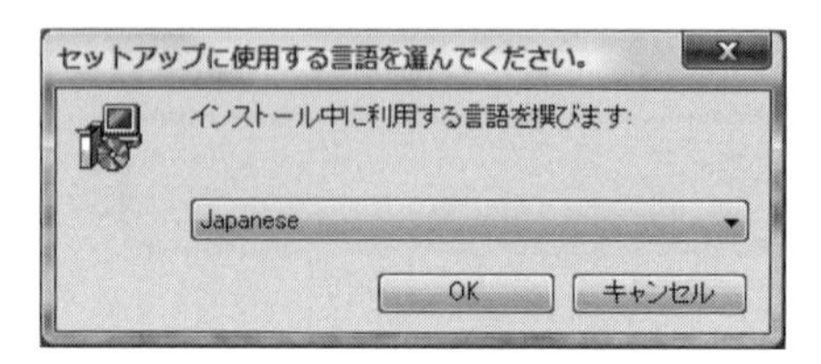

【図4】 MeCabの言語選択

(4) 形態素解析エンジンが参照する辞書の文字コードを指定します。UTF-8を選択して「次へ」をクリックします。

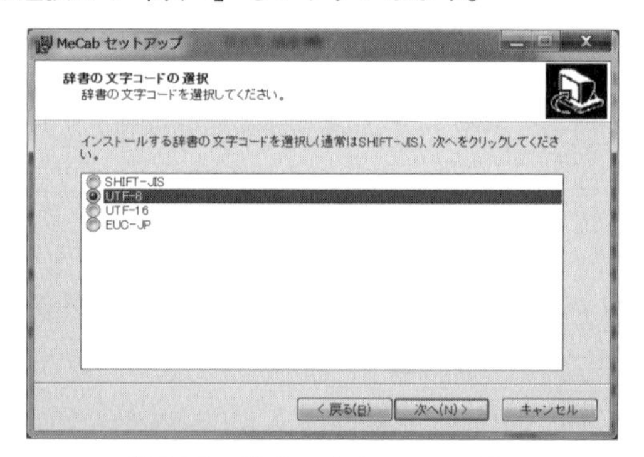

【図5】 辞書の文字コード選択

(5) 図5以降もいろいろな確認画面が出ますが,特別な理由がない限り,変更せず「次へ」および「はい」をクリックします。最後に図5の解析辞書構築の画面が表示された後,インストール完了画面が表示されます。

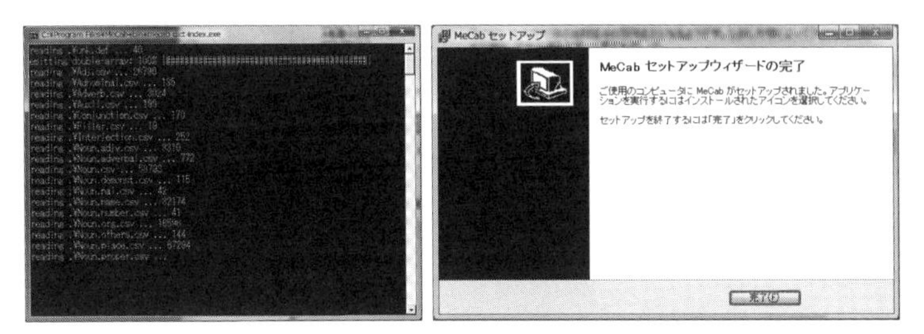

【図 6】 解析辞書の構築画面およびインストール完了画面

(6) MeCab のインストールが正常に終了したら UniDic をインストールします。UniDic のインストーラをダブルクリックします。図 7 の開始画面およびライセンスの確認画面が表示されます。

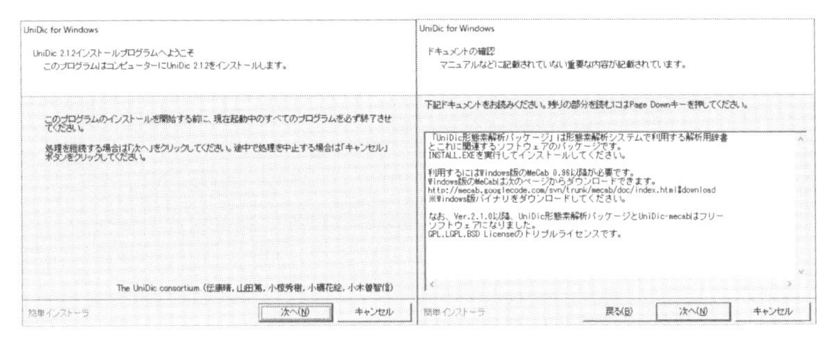

【図 7】 UniDic のインストール画面

(7) 「次へ」をクリックします。図 8 が出たら，インストールは完了です。デスクトップ上に図 9 のアイコンが表示されます。図 9 をダブルクリックすると，図10の「茶まめ」が起動します。

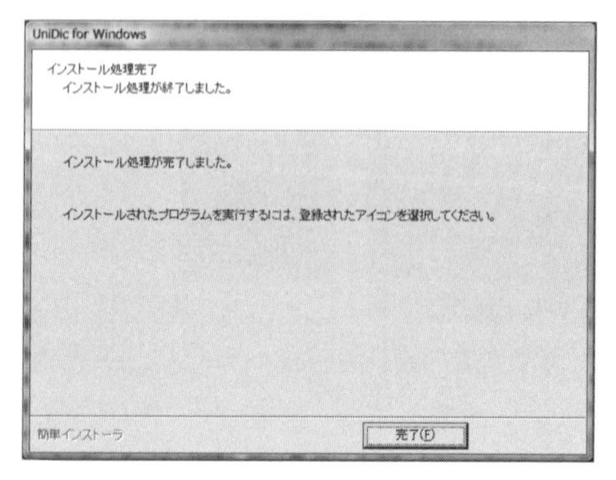

【図8】 UniDicのインストール完了画面

【図9】 茶まめのアイコン

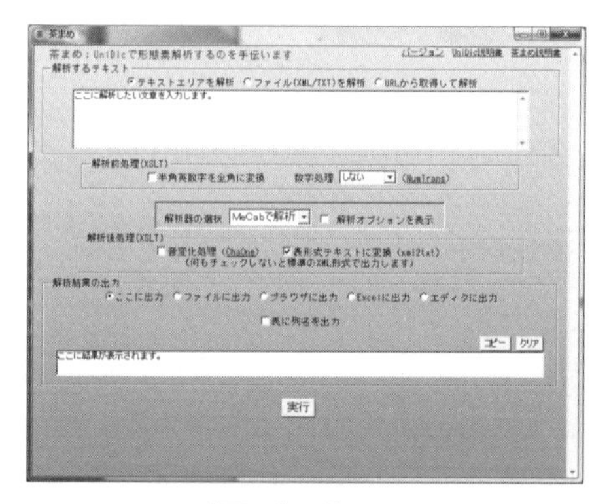

【図10】 茶まめ

図10の画面が正常に表示されれば，インストール作業は終了となります。これにより，MeCabを解析エンジン，UniDicを解析辞書，「茶まめ」をユーザーインタフェースにした解析環境が構築されました。次節以降で，こちらに実際のデータを入力し，解析を行ってみましょう。

「茶まめ」について

「茶まめ」は形態素解析プログラムのためのユーザーインタフェースです。なぜこのようなものが必要なのでしょうか。形態素解析プログラムのもともとの姿は，図 a のようなものです。

図 a　mecab.exe

MeCab が正常にインストールされていれば，C:¥Program Files¥MeCab¥bin の中の「mecab.exe」というファイルがありますが，これをクリックすると図 a の画面が出てきます。これに対して図 b のように文章をいれると，解析結果を返してくれます。

```
C:¥Program Files¥MeCab¥bin¥mecab.exe
太郎が花子にお金をもらった。
太郎	名詞,固有名詞,人名,名,*,*,太郎,タロウ,タロー
が	助詞,格助詞,一般,*,*,*,が,ガ,ガ
花子	名詞,固有名詞,人名,名,*,*,花子,ハナコ,ハナコ
に	助詞,格助詞,一般,*,*,*,に,ニ,ニ
お金	名詞,一般,*,*,*,*,お金,オカネ,オカネ
を	助詞,格助詞,一般,*,*,*,を,ヲ,ヲ
もらっ	動詞,自立,*,*,五段・ワ行促音便,連用タ接続,もらう,モラッ,モラッ
た	助動詞,*,*,*,特殊・タ,基本形,た,タ,タ
。	記号,句点,*,*,*,*,。,。,。
EOS
全あ連ローマ
```

図 b　「太郎が花子にお金をもらった。」の解析

言語処理などの工学分野の研究者の場合，図aの実行プログラムに，コマンドプロンプトなどを使って解析するテキストを送信し，結果を受け取る形で，言語解析をします。しかし，コマンドを入力する利用スタイルは慣れていない人にとっては，簡単ではありません。そこで，「茶まめ」を使うと，この問題が解消されます。「茶まめ」を使うことで，マウス操作でデータの受け渡しができますので，面倒なコマンド入力はせず，形態素解析が実行できます。

7.2.2 形態素解析プログラムでテキストファイルを解析する

「茶まめ」を使って形態素解析をしてみましょう。大まかには3つの工程になります。第1工程として入力データを指定する，第2工程として解析オプションを指定する，第3工程として出力方法を指定する，ということになります。

■第1工程：入力データを指定する

この工程では，どのデータを解析にかけるか指定します。入力データを指定する方法としては，3つあります。

(1) テキストエリアに文字データを貼り付ける方法：解析するデータが比較的小規模のものである場合に使います。
(2) ファイルの位置を指定して，ファイル単位で入力する方法：入力データがテキストファイル化されていることが前提になり，複数のファイルを一度に解析する場合に使います。なお，解析にかけられるファイルはテキストファイル(.txt)のほかXMLファイルも可能です。WordファイルやExcelファイルは解析にかけることができません。
(3) インターネットのアドレスを指定して，入力する方法：インターネット上の文章をそのまま解析する場合に使います。

いずれか1つの方法を選択します(図11)。

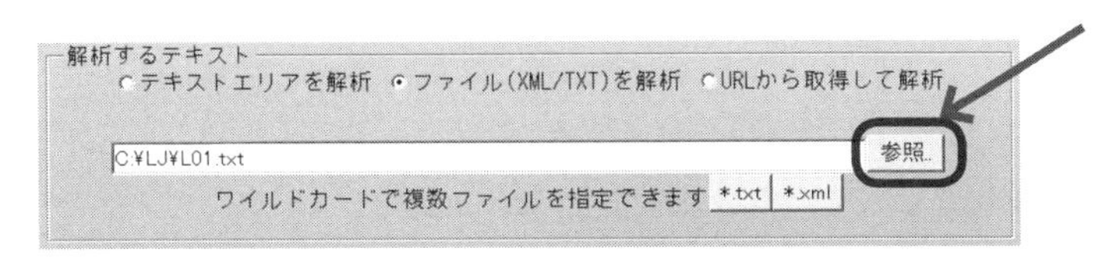

【図11】 ファイルの指定

ここでは方法(2)をもとに説明します。(2)はテキストファイルの位置を指定し，解析データを与えるものです。ファイルの位置を指定する方法は2つあります。1つ目は，テキストフィールド内に直接打ち込む方法です。たとえばCドライブの「LJ」フォルダの「L01.txt」というファイルを解析する場合は，「C:¥LJ¥L01.txt」と入力します。2つ目は，「参照」ボタンをクリックして「開く」ウィンドウからファイルを指定する方法があります。いずれかの方法でファイルを指定し，図10の状態にします。

図11のテキストフィールドの下に「ワイルドカードで複数ファイルを指定できます」と書いてありますが，これは形態素解析プログラムにかけるファイルが1つ以上ある場合に使います。ワイルドカードとは，データ検索においてどんなパターンとも一致する特殊文字「*」のことです。.txt 前のファイル名の部分に，「*」をつけることで，フォルダ内のすべてのファイルを一度に解析することができます。ワイルドカードを使う場合は，*.txt のボタンをクリックします。そうすると，図11のように「C:¥LJ¥ *.txt」と入力されます。

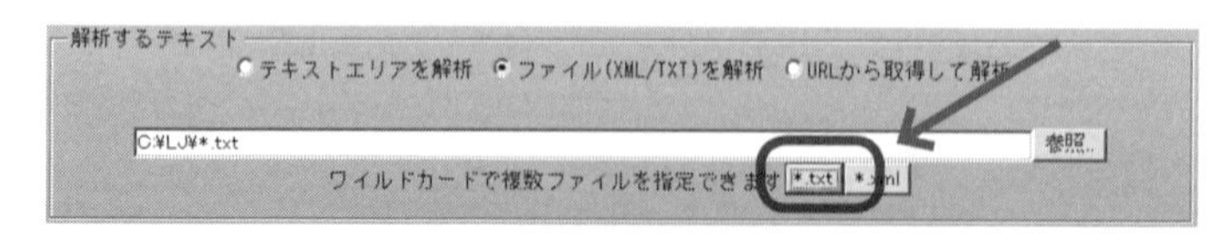

【図12】　ワイルドカードの使用

図12の指定で「C:¥LJ」フォルダが持つすべてのテキストファイルが入力データとして指定されることになります。

■第２工程：解析オプションを指定する

この工程では形態素解析を行う際の条件を指定することができます。

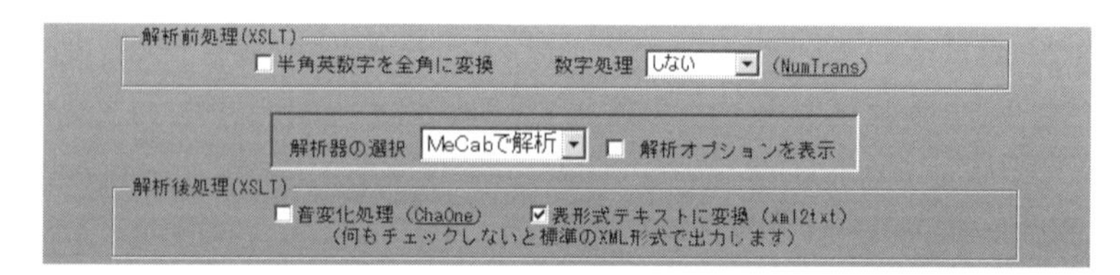

【図13】　形態素解析オプション

図13の画面を操作することで，(複数の解析エンジンがインストールされている場合のみ可能になりますが)形態素解析エンジンを選択したり，半角の英数字を全角に変換したり，数字に関わる言語表現(日時や数や金額など)を決まったフォーマットに変換したりすることができます。解析オプションに関しては特別な理由がない限りは，変更する必要はありません。

■第３工程：出力方法を指定する

この工程では解析結果を出力する際の条件を指定することができます。具体的には，以下の５つからいずれかを指定することができます。

(1)　ここに出力：「茶まめ」の画面上に解析結果を出力します。
(2)　ファイルに出力：別のテキストファイルとして解析結果を出力します。
(3)　ブラウザに出力：インターネットブラウザ上に解析結果を出力します。
(4)　Excel に出力：Microsoft 社の Excel 上に解析結果を出力します。
(5)　エディタに出力：テキストエディタ上に解析結果を出力します。

これらは，ラジオボタンになっていますので，必ず１つの出力方法のみが選択されるようになっています。

どの方法を選ぶかについては，比較的短いデータであれば，(4)の「Excel に出力」を使うと便利です。この方法を使うと，解析終了と同時に，自動的に Excel が立ち上がり，解析結果を表示してくれます。ただし，ワイルドカードを使って複数のファイルを解析する場合は，(2)の「ファイルに出力」しか選択できません。複数のファイルを解析する場合は，解析結果を出力する際「単一ファイルに出力」にチェックを入れることで，１つのファイルにまとめて出力されます。今回の作業では，１つにまとめる必要がありますので，「単一ファイルに出力」にチェックを入れてください。また，必要に応じてファイルの出力先を変更することができます。デフォルトでは，C ドライブの Users の「デスクトップ」フォルダに出力する仕様になっています。図14の状態で，「実行」ボタンをクリックすれば，解析がスタートします。

【図14】　解析結果の出力オプション

解析が行われる間は，画面が白くなり，終了した時点で「処理が完了しました」というメッセージが出ます。そして，出力先として指定した場所に「merge.txt」というファイルが生成されます。このファイルの中に形態素解析の処理結果が入っています。merge.txt というファイルをダブルクリックしてみましょう。

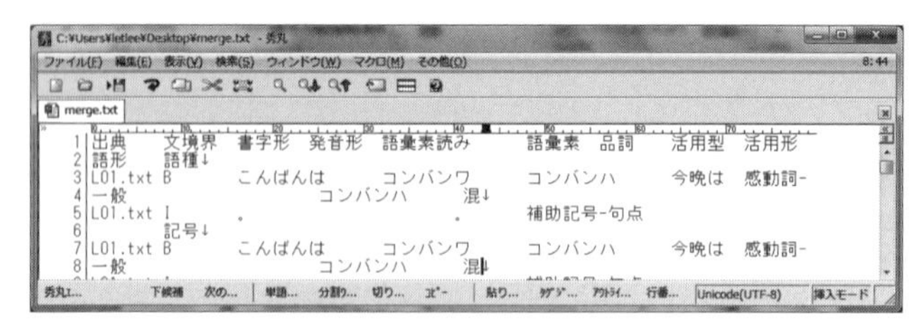

【図15】　形態素解析結果

図15は，「merge.txt」を「秀丸エディタ」で開いた場合です。語単位で，表記や品詞，語種などの情報が表示されています。図15の解析結果は，必ずしも見やすいとは言えません。このデータを Excel で開くと見やすくなります。さらに，Excel のフィルター機能を使えば，特定の品詞の出現状況を確認することもできます。

	出典	文境界	書字形	発音形	語彙素読	語彙素	品詞	活用型	活用形	語形	語種
632	L03.txt	B	おいしい	オイシー	オイシイ	美味しい	形容詞-一	形容詞	終止形-一	オイシイ	和
643	L03.txt	B	おいしい	オイシー	オイシイ	美味しい	形容詞-一	形容詞	連体形-一	オイシイ	和
659	L03.txt	I	おいしい	オイシー	オイシイ	美味しい	形容詞-一	形容詞	終止形-一	オイシイ	和
706	L04.txt	I	あつい	アツイ	アツイ	厚い	形容詞-一	形容詞	終止形-一	アツイ	和
718	L04.txt	I	あつい	アツイ	アツイ	厚い	形容詞-一	形容詞	終止形-一	アツイ	和
736	L04.txt	I	おもしろい	オモシロイ	オモシロイ	面白い	形容詞-一	形容詞	終止形-一	オモシロイ	和
763	L04.txt	I	むずかしく	ムズカシク	ムズカシイ	難しい	形容詞-一	形容詞	連用形-一	ムズカシイ	和
795	L04.txt	I	やさしい	ヤサシー	ヤサシイ	優しい	形容詞-一	形容詞	連体形-一	ヤサシイ	和
887	L04.txt	I	大きい	オーキー	オオキイ	大きい	形容詞-一	形容詞	連体形-一	オオキイ	和
895	L04.txt	I	大きく	オーキク	オオキイ	大きい	形容詞-一	形容詞	連用形-一	オオキイ	和
926	L04.txt	I	あつい	アツイ	アツイ	厚い	形容詞-一	形容詞	終止形-一	アツイ	和
935	L04.txt	I	すずしい	スズシー	スズシイ	涼しい	形容詞-一	形容詞	終止形-一	スズシイ	和
954	L05.txt	B	大きい	オーキー	オオキイ	大きい	形容詞-一	形容詞	連体形-一	オオキイ	和
1014	L05.txt	I	ちかく	チカク	チカイ	近い	形容詞-一	形容詞	連用形-一	チカイ	和
1027	L05.txt	I	ちかく	チカク	チカイ	近い	形容詞-一	形容詞	連用形-一	チカイ	和
1058	L05.txt	I	ちかく	チカク	チカイ	近い	形容詞-一	形容詞	連用形-一	チカイ	和

【図16】　形態素解析結果を Excel で開く

図16はmerge.txtをExcelで開き，フィルターで品詞を「形容詞-一般」に指定しました(テキストファイルをExcelで展開する方法は第8章で説明します)。こうすることで，どの課でどのような形容詞が使われているのかが一目でわかるようになります。しかし，図16の方法では，(手で数えない限り)全体としてどの語彙がどこで何回出現しているかというところまでは把握できません。そこで，第8章では，図16のデータに対してExcelを使い，リスト化する方法について説明します。

7.3　まとめ

本章では，自作した教材コーパスをより積極的に使う方法として，形態素解析技術を取り上げました。特に形態素解析プログラムの導入方法および操作方法について紹介しました。形態素解析プログラムは，難しく思われがちですが，「茶まめ」という支援ツールを使うことで，誰でも使いこなすことができます。

7.4　さらに学びたい人のために

形態素解析プログラムのより詳しいメカニズムについては，システムの利用マニュアルなどが参考になります。MeCabであれば，MeCabがインストールされたフォルダの「doc」フォルダの中に利用マニュアルが入っています。Windows 10で特別な設定をしていない限り，「C:\Program Files(x86)\MeCab\doc」で見られるはずです。Htmlファイルの中にMeCabのいろいろと便利な機能が紹介されています。UniDicについては，UniDicがインストールされたフォルダに「茶まめ.pdf」に詳細が書いてあります。

形態素解析プログラムが実際に利用する解析辞書は，MeCabでは「C:\Program Files (x86)\MeCab\dic\ipadic」で確認することができます。Excelで開くことができる「CSVファイル」になっていますので，実際に開いてみてください。

7.5　練習問題

(1)「茶まめ」に平仮名表記だけの文と漢字仮名交じり表記の文を入れて，解析精度を確認してみましょう。例として「田中さんは，工学部の2年生です」と「たなかさんは，こうがくぶのにねんせいです」を一緒に入れて，解析してみてください。

(2) インターネットのYahoo!ニュースの記事を「茶まめ」に入力し，解析してみましょう。

(3) MeCab以外の形態素解析プログラムとしてChaSenをダウンロードしてインストールしてみましょう。インストール後は「茶まめ」の「解析器の選択」オプションでChaSenを選択することで，解析器を切り替えることができます。(2)で使用したデータをChaSenで解析し，MeCabの解析結果と比較してみましょう。

第8章

教材コーパスの処理1
－Excelを用いた語彙表の作成－

8.0　本章の概要

Microsoft社のExcelは，足し算，引き算，平均値などの基本的な計算から，χ二乗検定や相関分析などの統計的な分析までできる大変便利なソフトウェアです。その意味において，日頃の業務や研究を行う上で不可欠なソフトウェアになっているのではないでしょうか。実は，Excelはコーパスデータを分析するためにも，なくてはならないソフトウェアです。特に，コーパスから取り出した文字データを数えたり，文字を切り取ったりすることができます。第8章と第9章ではExcelを使ったデータ処理の方法について説明します。

本章では，第7章で行った形態素解析の出力ファイルをExcel上で読み込み，語彙リストを作成する方法について説明します。特にピボットテーブルを使ってデータをまとめたり，数を数えたりする方法について説明します。なお，本章では語彙リストの作成という目標に向けて操作方法を解説しますが，ピボットテーブルは，語彙リスト作成に限らず，コーパスデータ全般を扱う上で，便利な機能です。ピボットテーブルの操作に慣れるまでは，少し時間がかかりますが，使っていくうちに，仕組みがわかってきますので，根気よく使ってみてください。

8.1 ピボットテーブルとは

ピボットテーブルとは，Excelに備わっている機能の1つで，マウス操作で様々な集計ができる機能です。ピボットテーブルを使うことで，次のような調査・分析ができます。(1)項目の度数表を作ることができます。(2)表の縦軸と横軸の項目を選択し，クロス表を作ることができます。(3)集計結果からグラフを作ることができます。これらの作業をExcelのほかの機能(たとえば，集計用の関数など)で行おうとすると，相当手間がかかりますが，ピボットテーブルを使うことで，直感的かつダイナミックに集計作業ができます。基本的には，縦軸，横軸の配列と集計する値をマウスで指定するだけのシンプルなものですが，個々の操作を覚えるには少し練習が必要です。

ピボットテーブルが使えるようになると，これまでできなかったことや手作業で行ってきたものが自動化できます。ピボットテーブルは，これからExcelを学ぶ人，今まではExcelをあまり使ってこなかった人こそ，覚えてほしい機能です。

8.2 ピボットテーブルを使う

ここでは，第7章で作成したmerge.txtをExcel上でリスト化する方法を説明します。前半の作業としてはmerge.txtの全データをExcelで展開します。後半の作業としては，Excel上でリスト化をします。

8.2.1　テキストファイルを Excel に展開する操作

テキストファイルを Excel に読み込む方法としては２つあります。１つ目は Excel の「開く」オプションでテキストファイルを直接開く方法(方法１)，２つ目は「秀丸エディタ」のようなテキストエディタからコピー＆ペーストする方法(方法２)です。

■方法１：テキストファイルを直接開く方法

(1)　Excel の「ファイル⇒開く」をクリックします。「開く」ウィンドウで merge.txt を選択します。なお，デフォルトの指定では，merge.txt は表示されません。「ファイルの種類(T)」を「すべてのファイル(*.*)」に変更してください。

(2)　merge.txt を開くとテキストファイルウィザードが起動します。プレビュー表示に問題がなければ「次へ」をクリックしてください。merge.txt の文字コードが正しく指定されていない場合は文字化けが起きます。改善するには，プルダウンメニューで正しい文字コードを選択します(図１の左)。次に区切り文字を選択します。形態素解析結果ファイルの区切り文字はすべて「タブ」になりますので，「タブ」にチェックが入っていることを確認し，「完了」をクリックします(図１の右)。

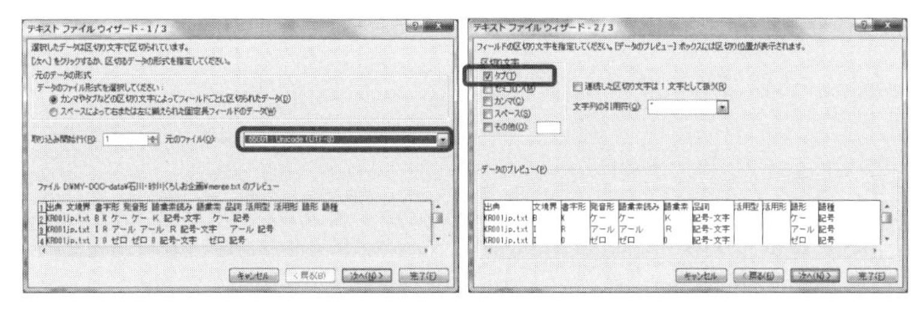

【図１】 Excel で merge.txt を開く

第２部●教材コーパスの構築と活用

■方法2：テキストエディタからコピー&ペーストする方法

(1) merge.txt を「秀丸エディタ」で開きます。「秀丸エディタ」のメニューで「編集⇒すべて選択」をクリックした後，「編集⇒コピー」をクリックします。

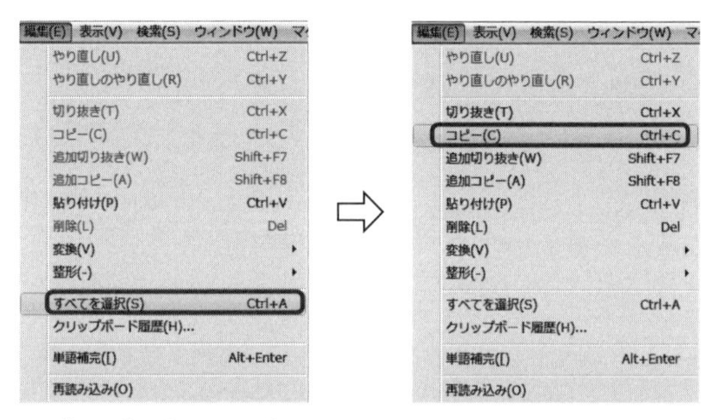

【図2】「秀丸エディタ」で merge.txt をコピーする

(2) Excel を立ち上げます。「ホーム⇒貼り付け」をクリックします。

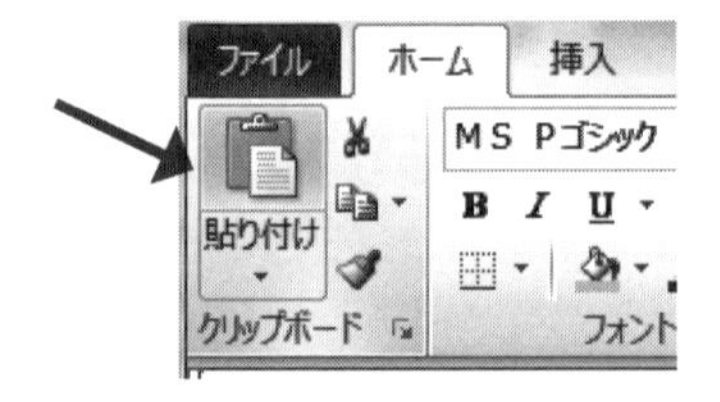

【図3】 merge.txt を貼り付ける

方法1，方法2のいずれかの方法を使うことで merge.txt の全データが Excel シート上に展開されます。この状態からリスト作成を行います。

8.2.2 ピボットテーブルによる操作

ここからピボットテーブルを起動し，リスト化を行います。これから出現語彙の頻度リストを作りますが，その前に練習として項目数が少ない語種情報を使って，リストを作ってみましょう。

■語種の頻度リスト作成

(1) Excel メニューの「挿入⇒ピボットテーブル」をクリックした後，「ピボットテーブルの作成」ダイアログで OK をクリックします。ピボットテーブルの作成画面が新規タブとして表示されます。

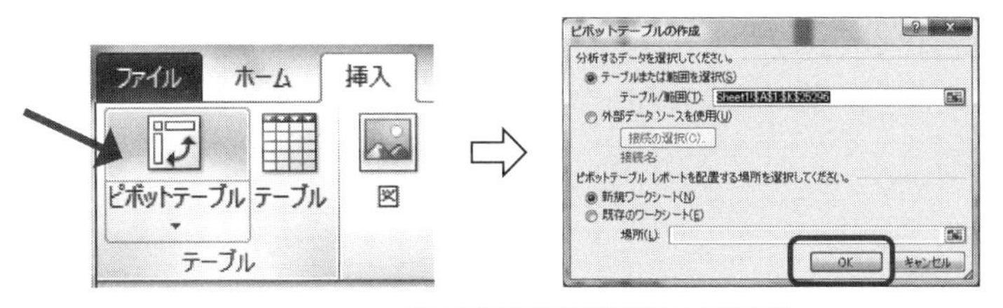

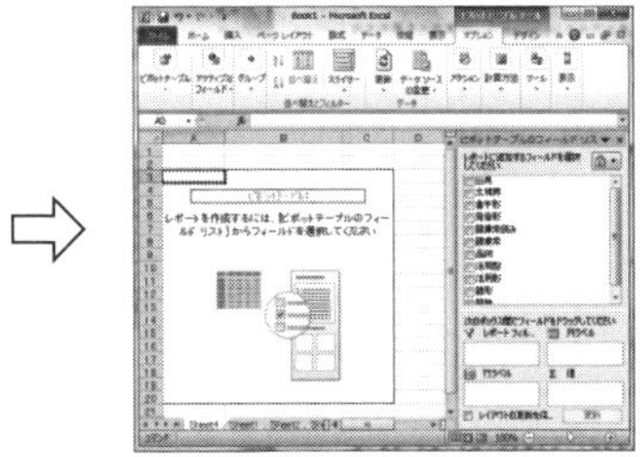

【図 4】 ピボットテーブルの起動

(2) 語種の頻度リストを作成します。ピボットテーブルのフィールドリストの中から「語種」のところにチェックを入れます。画面の左側に語種の一覧が作成されます。次に，「語種」を「値」フィールドにドラッグ＆ドロップします。

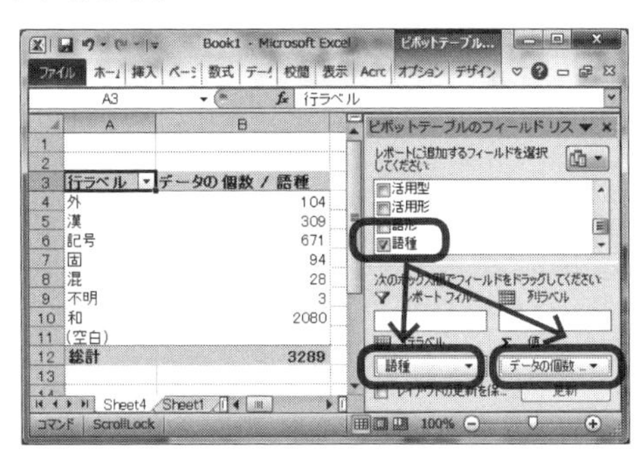

【図 5】 ピボットテーブルによる語種の集計

以上の操作で語種の一覧表ができました。この表を確認すると，LJの場合，和語，漢語，外来語，固有名詞の(頻度)順で分布していることがわかります。

■出現語彙の頻度リスト作成

次に，出現語彙の頻度リストを作りましょう。基本的な作業手順は語種の頻度リストと同じです。違うところは，行ラベルに「語彙素」を追加するだけです。

(1) 図5で行った操作を解除します。図6の語種のチェックマークを外します。ピボットテーブルがリセットされます。

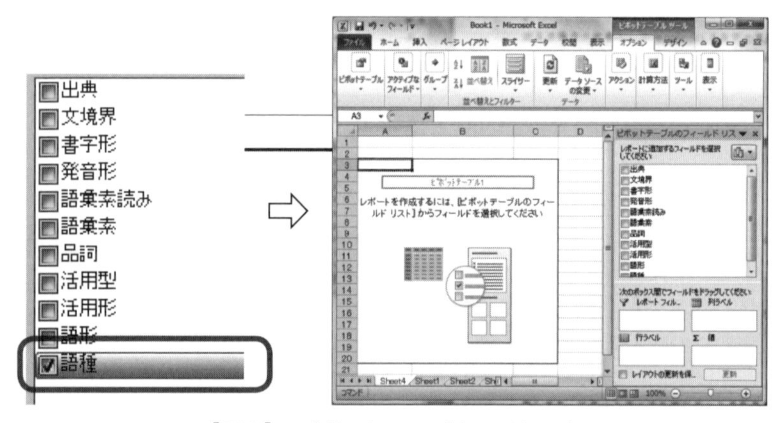

【図6】 ピボットテーブルのリセット

(2) 図7のように語彙素を「行ラベル」および「値」のところにドラッグ&ドロップします。語彙素の頻度リストができます。

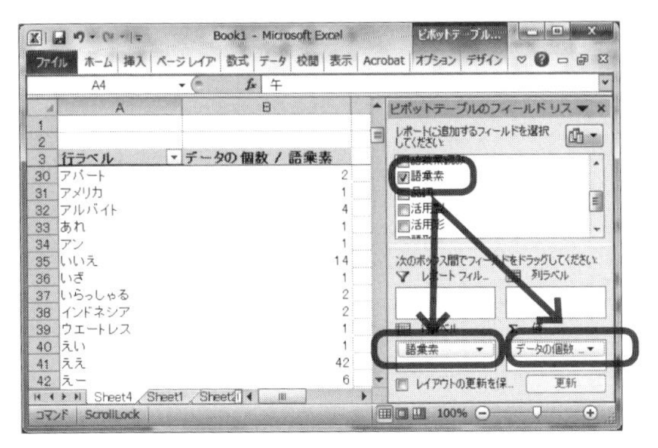

【図7】 語彙リストを作成する

以上の操作により，merge.txt に含まれるすべての語彙の一覧と出現頻度が並記されたリストができました。次節では，このリストを保存し，活用する方法について説明します。

8.2.3 結果の保存

ピボットテーブルで作成したリストは直接編集することはできません。なぜならピボットテーブルは元のデータを参照し，集計しているだけで，表示そのものには実態がないからです。そのため，ピボットテーブルは，内容を補足したり，コメントを入れるなどの作業ができません。しかし，現実の語彙リスト作成というタスクでは，様々な補充作業が必要になります。そこで，ピボットテーブルで得られたリストに手を加える前段階の作業として，8.2.2節で作成したピボットテーブルを別のシートに移す方法について説明します。

(1) 上段のピボットテーブルオプションメニューの「選択⇒ピボットテーブル全体」をクリックします。ピボットテーブルが選択された状態になります。

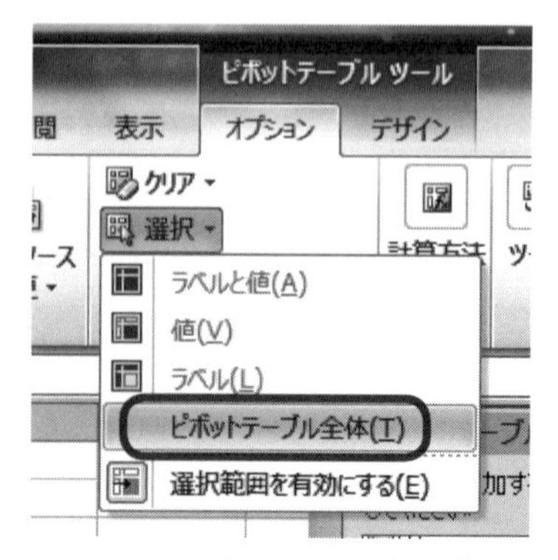

【図8】 ピボットテーブルの選択

(2) 「ホーム⇒コピー」を選択します。空のシートを選択し，「貼り付け」をします。貼り付けの際には，必ず「貼り付けオプション」の中から「値」を選択します(図9)。

【図9】 貼り付けオプション

図9の方法で貼り付けを行うことで，ピボットテーブルは編集可能な状態になります。ここからは，頻度順，表記順に並べ替えたり，気になる語彙項目に対してマーキングをしたり，コメントを追加したりすることができます。

8.2.4　フィルター機能の活用

前節の作業によって得られた語彙リストには，次のような問題点が見られます。それは数字の「１」の出現頻度やアルファベット「K」の出現頻度などがリストに入っていることです。テキストに含まれている項目ということでは意味のある項目ですが，語彙リストを作るという目的においては，必要な情報ではありません。こうした情報については，最終的には人手で取り除く必要がありますが，ただ，最初のピボットテーブル作成時に，ある程度取り除くことができれば，後の作業が楽になります。このような目的において，役に立つのが，「レポートフィルター」機能です。この機能を使うことで，集計する情報と集計しない情報のフィルタリングができます。

以下では，レポートフィルター機能を使って，不要な情報を取り除く操作について説明します。8.2.2節の図7の状態で以下の操作を加えてください。

(1) 「レポートフィルター」のフィールドに「品詞」をドラッグ＆ドロップします。

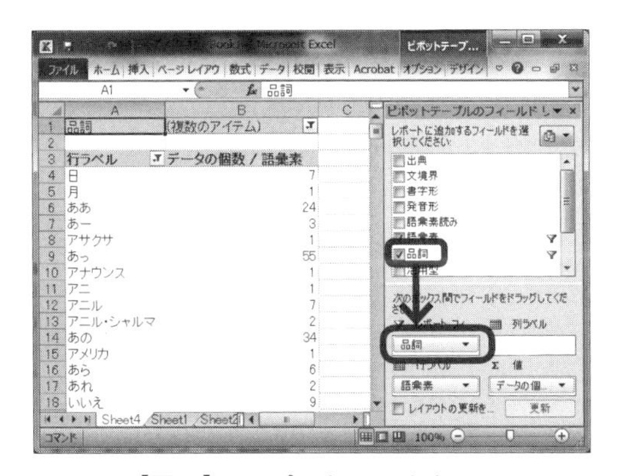

【図10】 レポートフィルター

(2) 「レポートフィルター」を展開します。一行目の「品詞」の隣にある「▼」記号をクリックします(図11)。フィルタリングすべき項目が表示されます。

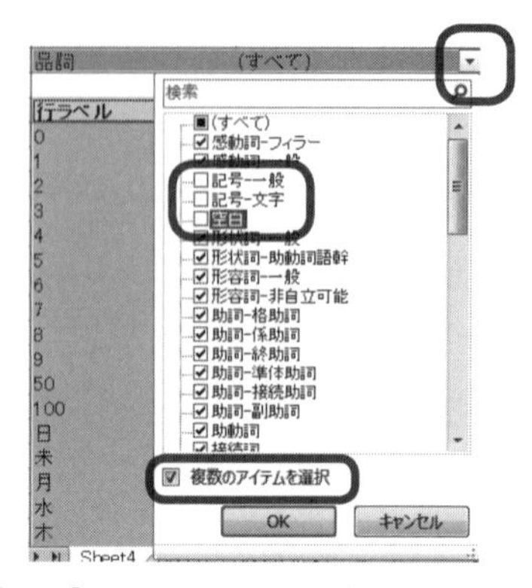

【図11】 フィルタリング項目の表示

(3) 項目にチェックを入れれば，ピボットテーブル上で集計および表示がされ，チェックを外せば，その項目は集計対象から外されます。今回の語彙リストにとっては，「記号」「補助記号」類は不要なので，「記号－一般」，「記号－文字」，「補助記号－一般」，「補助記号－句点」，「補助記号－読点」，「補助記号－括弧開」，「補助記号－括弧閉」，そして「空白」に対してチェックを外します。なお，チェックボタンが表示されない場合は，「複数のアイテムを選択」にチェックを入れてください。

Excel は表計算ソフト

Excel のように，格子状のマス目(セル)が並んでいて，各セルに情報を入れていくタイプのソフトウェアを表計算ソフトといいます。一般に Word のようなワープロソフトと Excel のような表計算ソフトの一番の違いは，数式を入れて計算をすることができるかどうかということになります。

表計算ソフトの使い方に関して重要なことは，計算ができる形でデータを入れていくことです。計算できる形でデータを作るという前提で考えた場合，次の点に留意する必要があります。⑴セルとセルを結合してデータの（縦横の）番地がわからなくなるような入力はしないこと，⑵１つのセル内に複数の情報を入れる時は，区切りを表す記号を入れておくこと，⑶１つの行ないしは列内に数字と文字のように異なる情報を同居させないこと。特に⑴については，ピボットテーブルを操作する際には障害要素になりますので，基本的には避けたほうがよいでしょう。⑵や⑶はフィルター機能を使い，データを絞り込んだり，並べ替えたりする際，必要になります。

8.3 課別の語彙集計

8.2節では，全体のデータに対する語彙リストの作り方を説明しましたが，調査内容によっては，課別に集計を行うことも必要になります。この課題についても，ピボットテーブルを使えば解決できます。それは「行ラベル」を指定する作業のほかに，「列ラベル」を指定し，クロス表を作る方法です。図10の状態で「列ラベル」に「出典」をドラッグ＆ドロップしてみてください。

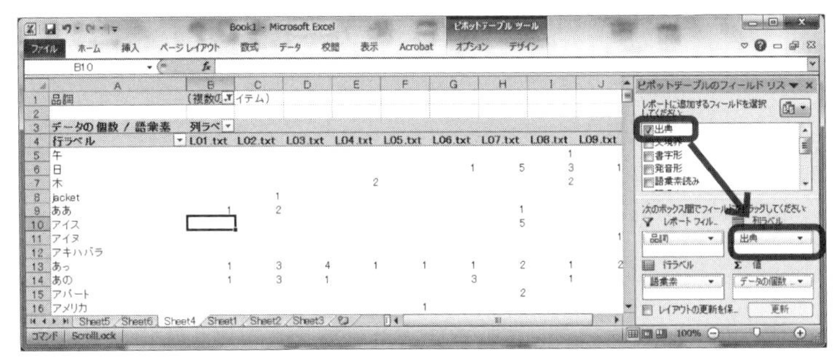

【図12】 クロス表の作成

図12により，各課において，どのような語が使われているかが確認できるようになります。さらに，特定の課のみの情報が欲しい場合は，列ラベルにあるフィルターをクリックし，選択することで，表示がかわります。図13ではLJの1課と2課の選択した場合の例です。

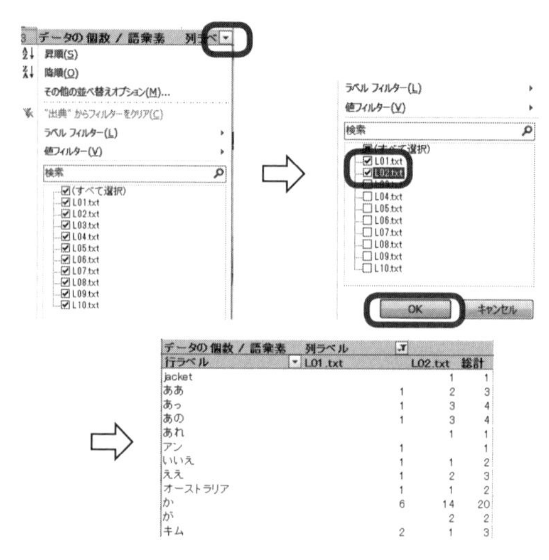

データの個数 / 語彙素	列ラベル		
行ラベル	L01.txt	L02.txt	総計
jacket		1	1
ああ	1	2	3
あっ	1	3	4
あの	1	3	4
あれ		1	1
アン	1		1
いいえ	1	1	2
ええ	1	2	3
オーストラリア	1	1	2
か	6	14	20
が		2	2
キム	2	1	3

【図13】　フィルターによる絞り込み

本章で説明したExcelのピボットテーブル機能は，全体のほんの一部に過ぎません。自分の手で個々のメニューを試してみてください。ピボットテーブルは元データを読み込んで作成した仮想的テーブルなので，ピボットテーブルを操作したからといって元データが変化したりすることはありません。

8.4　まとめ

本章では，ピボットテーブルを使った語彙リストの作成方法について説明しました。テキストファイルをExcel上で展開する方法からピボットテーブルの起動方法，さらには行ラベルを定義し，データを集計する方法，フィルターを活用し，不要な情報を排除する方法について説明しました。最後に，ピボットテーブルを使って行ラベルだけでなく，列ラベルもあわせて定義をし，クロス表を作る方法についても説明しました。なお，本章では，教材コーパスの活用に話を絞りましたが，ピボットテーブルはコーパスのように複雑なデータを整理し，分析する上で欠かせない機能であるといえます。次章で説明する関数と一緒に使うことでさらに効率的な情報整理ができます。

8.5 さらに学びたい人のために

Excelの使い方についての参考資料は，第9章であわせて紹介します。

8.6 練習問題

(1) インターネットの新聞サイトから異なるジャンルの記事をダウンロードし，形態素解析を行った上，語彙リストを作成してみましょう。ジャンルによる出現語彙の傾向を見つけてください。

(2) ピボットテーブルには，複数の計算方法が用意されています。8.3節で作成したクロス表に関して，「値の集計方法」や「計算方法」をかえてみてください。特に相対頻度(比率)の計算方法を調べてみてください。

第9章

教材コーパスの処理2
－Excel関数の利用－

9.0　本章の概要

これまで，第5章で作成したLJ教材コーパスに対して，文字列検索をする方法や形態素解析をする方法，さらには語彙リストを作成する方法について説明しました。本章では，第8章で作成した語彙表をさらに発展させ，第7章の形態素解析によって取得した品詞情報を語彙表に付与する方法として，Excel関数の使い方を説明します。

まず，Excel関数の基本的な説明を行った後，文字データを処理するために用意されているテキスト関数に注目します。特に文字列を結合したり，特定の文字列を切り取ったりする操作をテキスト関数で行う方法について説明します。Excel初心者にとっては，関数というと難しく考えがちですが，基本的な仕組みを理解し応用していくことで，手作業では得られない効率化ができますので，積極的にチャレンジしてみてください。

9.1 Excel 関数を使う

Excel を表計算ソフトウェアとして活用する場合，関数の使い方を知っていると知らないとでは作業効率において大きな違いがでます。特にコーパス分析のように膨大な情報を一貫した基準で処理する作業にとって，関数は不可欠です。

関数は Excel だけに限られるものではありませんが，一般的な定義としては，引数(ひきすう)と呼ばれるデータを受け取り，定められたとおりの処理を実行して結果を返す一連の命令群のことです。関数は，ルール化された処理をする際，力を発揮します。特に，同じ操作を繰り返し行う場合，役に立ちます。

以下では，Excel で関数を使うということを前提に，基本的な仕組みを説明した後，(テキストデータを扱うために用意されている)テキスト関数について説明します。

■ Excel 関数の基本

Excel ユーザーの中には，関数は使ったことがないけれど，「足し算」ならやったことがあるという人，意外と多いのではないでしょうか。実は，Excel で「足し算」という操作は，関数によってなされるのです。操作としては，セルを指定して「Σ(シグマ)」をクリックするだけですが，内部処理としては SUM という関数が挿入されます。テキスト関数を見る前に，まずは SUM 関数で関数の仕組みを理解しましょう。

Excel を立ち上げ，図 1 にならって A 列の 1 行目(以下では，A1と呼びます)に「=sum(1,2)」と記入してエンターを押してみましょう。なお，大文字で入力しても小文字で入力しても結果はかわりません。

	A	B
1	=SUM(1,2)	
2		
3		

【図1】 SUM関数

図1の入力だと「3」という結果が返ってきます。まず，最初に入っている「=」は「これから関数を入れます」という合図のようなものと理解しましょう。次に入れた「SUM」という記号が関数であり，その意味としては「()の中を合計しなさい」というものです。

さて，1と2を足すだけの操作であれば，何も関数を使う必要はありません。では，Excelで関数を使うメリットは何でしょうか。関数のよいところは，2つあります。1つ目は，引数に様々な要素が指定できるため，目的にあった多様な処理が可能なことです。2つ目はコピー&ペーストで同様のルールを別のセルに対しても一括して適用できることです。図1の操作に継続して，以下の3つの操作を順に行いましょう。

(1) A2セルに「=sum(A1,2)」と入れてみてください。
(2) A2セルにカーソルをおいて，マウスを右クリックし，メニューの中から「コピー」を選択します。
(3) カーソルをA3セルにおいて，マウスを右クリックし，メニューの中から「貼り付けのオプション⇒貼り付け(P)」を選択します。

【図2】 貼り付けオプション

以上の操作の結果として，A1に「3」，A2に「5」，A3に「7」という数字が入ります。まず，(1)で入力した「=SUM(A1,2)」という関数は，「A1に入っている数字と2を合計しなさい」という意味です。(3)の操作で，「=SUM(A2,2)」という関数が自動で入力されています。ここで大事なのは，ユーザーは「A2」とは入力していないということです。一定の条件からルールが自動で作成されるのです。この仕組みはExcelのすべての関数において，計算式の複雑さに関係なく利用されています。

9.2 テキスト関数を使う

9.2.1 テキスト関数の実例

Excelにはいろいろな種類の関数が用意されていますが，ここからは文字列を扱うための「テキスト関数」に注目します。テキスト関数とは，文字列を扱う上で便利な関数の集合で，具体的な機能としては文字列と文字列を結合させたり，特定の文字の位置を計算したり，特定の位置から文字列を切り取ったりする機能を持っています。これらの関数を使うことで，コーパスから集めた用例を整形したり，情報を追加したりすることができます。以下では，文字列を結合する「CONCATENATE関数」，文字列を切り取る「LEFT関数」や「MID関数」，文字数を数える「LEN関数」，文字の位置を探す「FIND関数」を取り上げ，解説します。なお，関数が本当に威力を発揮するのは，複数の関数を組み合わせた時です。組み合わせの前段階として，まずは個別の関数の機能と引数の与え方をしっかり覚えましょう。

■ CONCATENATE関数

コンカティネイト関数といい，文字列を結合する機能を持っています。実際に練習してみましょう。

(1) 関数を入れる準備として，図3のようにA1，B1にそれぞれ「太郎の家」「花子の家」と入力してください。
(2) C1に「=CONCATENATE(A1,B1)」と入力してください。括弧や数字はすべて半角です。

	A	B	C
1	太郎の家	花子の家	=CONCATENATE(A1,B1)
2			

【図3】 CONCATENATE関数

図3の関数を入れることで，C1には「太郎の家花子の家」という文字列が表示されます。CONCATENATE関数は，引数の文字列をすべてつなげてくれます。

CONCATENATE関数は，「少納言」などで抽出したKWICデータを元の文章に復活する際に使うと便利です。

(1) 関数を入れる準備として，「少納言」などでキーワード検索した結果を準備します。
(2) D1に「=CONCATENATE(A1,B1,C1)」と入力してください。括弧や数字はすべて半角です。
(3) D2にD1をコピーして貼り付けてみてください。

	A	B	C	D
1	長くつれそった夫婦	だからといって	100%気持ちが通じ合うものではありません。	=CONCATENATE(A1,B1,C1)
2	日本のプロ野球の選手というのは、少年たちの夢となるために必要	だからといって	、高い年俸を要求する。	=CONCATENATE(A2,B2,C2)

【図4】 CONCATENATE関数の応用

■ LEFT関数

レフト関数といい，文字列を切り取る機能を持っています。図５にならってC1に「=LEFT(A1,2)」と入れてみてください。

	A	B	C
1	太郎の家	花子の家	=LEFT(A1,2)
2			

【図５】 LEFT 関数

C1に「太郎」と表示されます。LEFT関数を使うことで，文字列の左端から指定した文字数だけを切り取ることができます。「=LEFT(A1,2)」は「A1の文字列に対して，左から２文字取り出しなさい」という意味になります。なお，LEFTと同様の機能を持った関数として，RIGHT関数があり，右端から指定した文字数だけを取り出します。引数の与え方はLEFTと同じですので，試してみてください。

■ MID関数

ミッド関数といい，LEFT 関数と同様，文字列を切り取る機能を持っています。図６にならってC1に「=MID(A1,3,2)」と入れてみてください。

	A	B	C
1	太郎の家	花子の家	=MID(A1,3,2)
2			

【図６】 MID 関数

C1に「の家」と表示されます。MID という関数は，LEFT や RIHGT よりさらに強力な関数で，文字列の指定した位置から指定した文字数だけ取り出します。「=MID(A1,3,2)」の意味としては「A1の文字列に対して，３番目より２文字を取り出しなさい」ということになります。

■ FIND関数

ファインド関数といい，文字の位置を探す機能を持っています。図7にならってC1に「=FIND("の", A1)」と入れてみてください。

	A	B	C
1	太郎の家	花子の家	=FIND("の", A1)
2			

【図7】 FIND関数

C1に「3」という数字が表示されます。これは，「A1に「の」という文字は，3文字目にあります」という意味です。FIND関数の場合，単体で使うことはあまりありません。LEFT関数やMID関数の引数として，よく使います。具体的な使い方は，9.3節で示します。

■ LEN関数

レン関数といいます。この関数は，文字数を数える機能を持っています。図8にならってC1に「=LEN(A1)」と入れてみてください。

	A	B	C
1	太郎の家	花子の家	=LEN(A1)
2			

【図8】 LEN関数

C1に「4」と表示されます。これは，「太郎の家」が4文字であることを表します。LEN関数は，単体として使っても便利ですが，MID関数などと組み合わせることで，より高度のデータ処理ができます。具体的な組み合わせの方法は，9.3節で説明します。

9.2.2 テキスト関数の組み合わせ

さて，個別の関数の基本的な使い方を覚えたら，次のステップとしてこれらを組み合わせて条件を指定する方法を覚えましょう。関数は入れ子方式に埋め込むことができるため，複数の関数を組み合わせていくことで，より高度な条件指定ができます。

CONCATENATEとLEFT，またはCONCATENATEとMID関数を組み合わせてみましょう。図3から図8と同じ設定で，C1に以下の関数を入れてみてください。

組み合わせ関数①

```
=CONCATENATE(LEFT(A1,2),LEFT(B1,2))
```

組み合わせ関数①を入れると，「太郎花子」という文字列が出てきます。組み合わせ関数①は，CONCATENATEの引数としてLEFT関数で取り出した文字列を組み込んでいます。つまり，LEFT関数が指定する「A1セルの左から2文字取り出しなさい」という指定から「太郎」や「花子」を取り出し，それらをCONCATENATE関数で連結しています。

次に，C1に組み合わせ関数②を入れてみてください。

組み合わせ関数②

```
=CONCATENATE(MID(A1,3,2),MID(B1,3,2))
```

組み合わせ関数②を入れると「の家の家」という文字列が出てきます。組み合わせ関数②は，CONCATENATEの引数としてMID関数で取り出した文字列を組み込んだものです。

次に，組み合わせ関数①，②の応用として，文字列の間に区切り文字として「/」記号を入れてみましょう。なぜ「/」を入れるかは9.3節で説明します。C1に以下の関数を入れてみてください。

組み合わせ関数③

```
=CONCATENATE(LEFT(A1,2),"/",LEFT(B1,2))
```

組み合わせ関数③を入れると「太郎/花子」という文字列が出てきます。Excelの関数において「" "」は「中に入っているものは(数字ではなく)文字である」ことを表す記号です。

9.3　品詞情報付き語彙リストを作ってみよう

形態素解析プログラムは，文を形態素に区切るだけではなく，各形態素に対して，品詞などの言語情報も自動的に付与してくれます。しかし，第8章の方法では，品詞情報はリストには反映されていません。品詞情報が入らないと次のような語彙を集計する際，問題が起きます。

(A)　太郎が本を読んだ。
(B)　太郎が鉛筆を一本買った。

(A)は名詞としての「本」ですが，(B)は「助数詞」としての「本」です。これらの「本」を形態素解析すると，(A)の「本」は「名詞-普通名詞-一般」として解析されます。(B)の「本」は「接尾辞-名詞的-助数詞」として解析されます。(A)(B)における2つの「本」は語としては別項目であるため，別の見出しとして分ける必要があります。このことを実現するデータ処理の方法は，何通りか考えられますが，一番簡単な方法として，語彙素と品詞をワンセットにし，数えるという方法です。そこからさらにもう一手間かけて，語彙素と品詞の間に区切り文字を入れると見やすくなります。そして，語彙素と品詞を別々のセルに入れることで品詞順で並べ替えができるので，さらに有効活用できます。作業としては次の３つのステップになります。

(1) 語彙素と品詞を１つのセルにまとめる。

(2) １つのセルにまとめたものを集計する。

(3) 集計後のデータから語彙素と品詞をバラす。

(1)の作業では，CONCATENATE 関数を使います。(2)の作業では，ピボットテーブルを使います。(3)の作業では，テキスト関数を使います。

■ CONCATENATE関数

(1) 8.2.1節の方法を使い，merge.txt を Excel 上に展開してください。

(2) L1セルに(ピボットテーブルの見出しとして)「連結」と入力してください。

(3) L2セルに「=CONCATENATE(F2,"/",G2)」と入力してください。

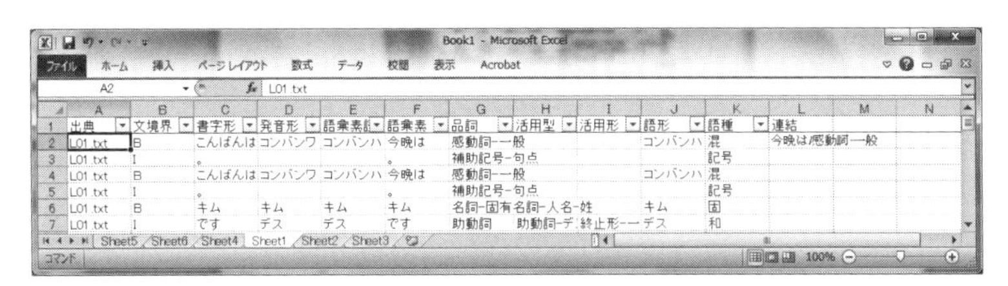

【図９】 文字列の連結

(4) L2セルをコピーして，L3セル以降の全セルに貼り付けます。

次は，8.2節で行ったのと同様の手順で，「連結」列を集計していきます。

(5) ピボットテーブルを起動します。レポートフィルターに「品詞」，行ラベルに「連結」，値に「連結」をドラッグ＆ドロップします。

(6) レポートフィルターの「品詞」に関しては，(B 列の右端にあるプルダウンメニューをクリックして)「補助記号」や「記号」類など，必要ではないと判断される項目についてはチェックを外します。

【図10】「連結」項目によるピボットテーブル

(7) 図10のピボットテーブルを8.2.3節で行ったのと同じ方法で，別のシートにコピー＆ペーストします。

ここまでの操作でA列に「語彙／品詞」の情報が入りました。このままで使うのもよいですが，テキスト関数を活用し，「語彙」と「品詞」を別々のセルに分離してみましょう。

(8) C2に組み合わせ関数④を，D2に組み合わせ関数⑤を，E2に「=B2」と入力してみてください。

組み合わせ関数④

```
=LEFT(A2,FIND("/",A2)-1)
```

組み合わせ関数⑤

=MID(A2, FIND("/", A2)+1, LEN(A2))

図11のC2に語彙素が，D2に品詞が，E2に出現頻度が挿入されます。

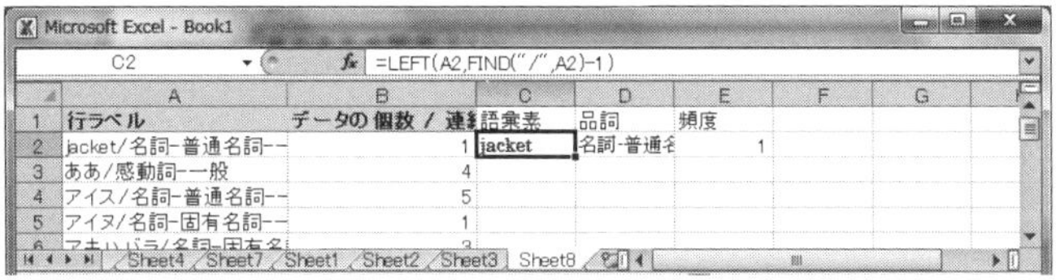

【図11】 テキスト関数による文字列の抽出

組み合わせ関数④を入れることで語彙の部分だけが取り出され，組み合わせ関数⑤を入れることで品詞の部分だけが取り出されます。そして，「=B2」と入れることで，B2セルにある頻度情報がE2セルに表示されます。組み合わせ関数④は，前節のLEFT関数を基本にしていますが，何文字切り取ってくるかについて，FINDという関数を使っています。組み合わせ関数④は「A2で「/」という文字が何番目に入っているかを探し，そこから1を引いた数の文字を一番左から取り出しなさい」という指令になります。次に組み合わせ関数⑤は，「A2で「/」という文字が何番目に入っているかを探し，そこから1を足した文字数を，A2全体の文字数分取り出しなさい」という指令になります。後は，C2からE2のセルにある情報を，C3以降のところにコピー&ペーストすれば，語彙素と品詞が別々のセルに入った品詞別語彙表が完成します。品詞情報を別のセルに持たせておくことで，図12のように品詞順でソートがかけられたり，フィルター機能を使い，特定の品詞だけを表示させるなどの操作ができます。

	A	B	C	D	E
1	行ラベル	データの個数 /	語彙素	品詞	頻度
2	どんな/連体詞	1	どんな	連体詞	1
3	何の/連体詞	2	何の	連体詞	2
4	此の/連体詞	6	此の	連体詞	6
5	彼の/連体詞	1	彼の	連体詞	1
6	一人/名詞-普通名詞-副	1	一人	名詞-普通名	1

【図12】 出現語彙の品詞順ソート

9.4 その他のテキスト関数

語彙リストの作成からは離れてしまいますが，Excelのテキスト関数としてコーパス分析などで活用できる関数について説明します。9.2節で説明した関数に慣れたところで，各用途にあわせて使ってみてください。なお，関数の入力に関してヘルプが必要な場合は，関数を入れた後，図13の入力バーにある「*f*x」をクリックすると図14のダイアログが表示されます。ここから関数を入力することも可能ですし，関節の説明を確認することもできます。

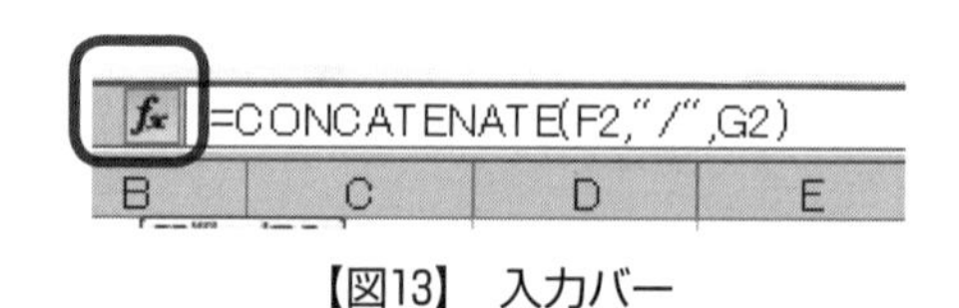

【図13】 入力バー

関数の引数

CONCATENATE

文字列1 F2 = "K"

文字列2 "/" = "/"

文字列3 G2 = "記号-文字"

= "K/記号-文字"

複数の文字列を結合して１つの文字列にまとめます。

文字列1: 文字列1,文字列2,... には１つにまとめる１～255個までの文字列を指定できます。引数には文字列、数値、または単一セルの参照を指定します。

数式の結果 = K/記号-文字

この関数のヘルプ(H) OK キャンセル

【図14】 関数の引数ウィンドウ

■ SUBSTITUTE関数

サブスティチュート関数といい，文字列の中から特定の文字列を検索し，別の文字列に置き換えてくれます。入力式は「=SUBSTITUTE(文字列，検索文字列，置換文字列，置換対象)」になります。図15にならってC1に「=SUBSTITUTE(A1,"の家","家")」と入れてみてください。

	A	B	C
1	太郎の家	花子の家	=SUBSTITUTE(A1,"の家","家")
2			

【図15】 SUBSTITUTE関数

C1に「太郎家」と表示されます。置換対象を指定した場合，文字列中の指定番号の文字列だけが置き換えられます。省略した場合は，文字列中のすべての検索文字列が置き換えの対象となります。図15の例では，「の家」は，一箇所しかありませんので，指定する必要はありません。

■ EXACT関数

イグザクト関数といい，文字列同士を比較して，同じか同じでないかを判定します。入力式は「=EXACT(文字列1,文字列2)」になります。文字列1と文字列2が同じ文字列であれば「TRUE」，異なっていれば「FALSE」を返します。図16にならってC1に「=EXACT(A1,B1)」と入れてみてください。

	A	B	C
1	太郎の家	花子の家	=EXACT(A1,B1)
2			

【図16】 EXACT関数

C1に「FALSE」と表示されます。これは，A1とB1の文字列が異なっていることを表します。これは，語彙リストなどで，隣接セルに同じ表記の項目があるかどうかなどを調べる時に役に立ちます。

9.5　まとめ

本章ではテキスト関数を中心にExcelにおける関数の使い方について説明しました。関数の基本構成を説明した後，テキスト関数を使った具体的な作業例，さらにはテキスト関数を組み合わせた作業例についても説明しました。これを踏まえ，第8章で作成した語彙リストに品詞情報を付加すべく，CONCATENATE関数やLEFT関数，MID関数を使った操作を説明しました。最後に番外編として，その他のテキスト関数についても紹介しました。

9.6　さらに学びたい人のために

本章で紹介したExcelの関数は，Excel全体から見れば，ほんの一部に過ぎません。Excelの関数についてはいろいろな書籍が出ていますが，ウェブサイトからでも良質な学習コンテンツが公開されていますので，まずはそちらでいろいろな関数を試してみてください。たとえば，「Excel基本講座」などが参考になります。書籍を通じて勉強されたい方には，関数の事典として，羽山(他)(2014)などが推薦できます。

9.7　練習問題

(1) http://www.9640.jp/cps/ から日本語教材LJのテキストファイルをダウンロードし，「食べる」の用例を収集してください。「食べる」の直前に出現する「助詞」を関数で取り出し，集計してください。

(2) 「少納言」を使い，BCCWJで検索文字列を「全然」，後文脈を「ない」に指定し，用例を収集してください。なお，「少納言」で後文脈を指定するためには，検索ボックスの下のリンクをクリックし，後文脈を入力するテキストボックスを表示させる必要があります。「全然」と「ない」の間で現れている表現をテキスト関数で抽出し，集計してください。

第3部

学習者コーパスの構築と活用

第10章 学習者コーパスを知る

10.0　本章の概要

日本語コーパスには大小含めると様々なものがありますが，最近の日本語教育で特に関心が高まっているのは，学習者の作文や発話を収録した学習者コーパスと呼ばれるものです。

本章ではまず，通常のコーパスと学習者コーパスの違い，また，学習者コーパスに関連してしばしば話題になる中間言語や化石化などの考え方について概略し，その後，日本語の学習者コーパスの一部を紹介します。

10.1　学習者コーパスの重要性

ここでは，学習者コーパスの定義を確認した後，一般のコーパスに加え，学習者コーパスを構築・分析することの重要性や必要性，また，学習者コーパスを利用する際の留意点などについて考えていきます。

■学習者コーパスの定義

単にコーパスといった場合，母語話者による言語産出の実例を収集したデータベースを指すのが一般的です。第1部で詳しく見たように，日本語コーパスの代表格といえる「現代日本語書き言葉均衡コーパス」(Balanced Corpus of Contemporary Written Japanese：以下 BCCWJ) の場合も，基本的に，日本語母語話者による書き言葉の産出実例が集められていました。

これに対し，学習者コーパスは，学習者による目標言語の産出実例を収集したデータベースを指します。日本語学習者の場合を考えてみてもわかるように，一口に学習者と言っても，母語背景や習熟度は様々です。つまり，学習者コーパスは，母語話者コーパスに比べてはるかに多様な母集団を対象とすることになります。

学習者コーパスを用いた研究は，コーパス言語学の中でも新しい分野であり，日本語の場合，使用できるコーパスもまだ多くはありません。しかしながら，学習者コーパスは，近い将来において，言語教育や言語研究の幅広い分野に大きく貢献する可能性を持っています。以下では，学習者コーパスが貢献しうる分野をいくつかあげて，その重要性について考えます。

■学習者コーパスと言語教育

学習者コーパスの意義を考えた場合，まず，思いつくのが，言語教育への貢献です。

たとえば，学習者コーパスを子細に観察すれば，学習者がどのような場合にどのような誤りをおかすのかが客観的に分析できます。さらに，学習者コーパスと母語話者コーパスを比較すれば，学習者がどのような語や表現を過剰ないし過少に使用しているかがわかります。これにより，学習者や教師が気づいていない学習者の言語運用上の様々な偏りが明らかにされます。

こうした分析で得られる情報は，既存の日本語教材や教授法の改善，また，新しい教材・教授法の開発に役立てることができます。

■学習者コーパスと言語習得研究

学習者コーパスは，言語習得に関わる研究にも有用です。学習者の産出する言語は，母語(L1)と学習対象言語(L2)の中間に位置する特殊なものであることから，中間言語とも呼ばれます。

中間言語には様々な特徴がありますが，その大半は習熟が進む過程で自然に解消されます。しかし，一方で，L1からの言語転移，不自然なドリル学習などによる訓練転移，習ったルールを本来の範囲を越えて拡大適用する過剰般化，不適切なコミュニケーション方略や学習方略の使用といった原因により，中間言語に見られる不自然な言語運用傾向の一部はそのまま固定化(化石化とも言います)すると考えられています。

このように，L1から中間言語を経てL2に至る学習者の言語習得の過程やメカニズムは，従来，理論的アプローチを重視する第2言語習得研究(Second Language Acquisition：SLA)の枠組みで研究されてきました。SLAの分野では，大規模データに基づく実証分析は必ずしも広く行われておらず，今後，信頼できる大型の学習者コーパスが開発されれば，言語習得研究にもさらなる弾みがつくものと期待されています(石川, 2012)。

■学習者コーパスと日本語研究

学習者コーパスはまた，日本語研究の幅を広げる上でも有用です。英語研究の世界では，すでに，英語を母語話者の専有物と考えるのではなく，世界の諸地域で使われている英語をそれぞれ独自の自立した言語とみなすWorld Englishesや，非母語話者間での英語使用を正当な言語態として位置づけるEnglish as a Lingua Franca(ELF)などの観点が強調され，研究対象としての「英語」の範囲そのものを拡張する動きが主流になりつつあります。

日本語についても，たとえば，上級・超級学習者のデータを広く集めたコーパスが整備されれば，研究対象としての日本語の幅が広がり，これまでになかった新しいタイプの「日本語」研究が出てくる可能性があるでしょう。

■学習者コーパス使用の留意点

以上で見たように，学習者コーパスは，多くの点で期待の持てるものですが，実際に日本語教育や日本語研究において使用する際には，いくつかの点に留意する必要があります。特に考慮すべき点は学習者の習熟度です。

一口に学習者といっても，習熟度には様々な段階があり，文字を習いはじめたばかりの初学者もいれば，母語話者とほとんどかわらない日本語力を持った人もいます。学習者コーパスを扱う場合は，対象とする学習者の習熟度の状況について正確に理解しておくことが不可欠です。

■学習者の習熟度

学習者の日本語習熟度は，ふつう，何らかのテストで測定されます。外国人日本語学習者の多くが受験する「日本語能力試験」(Japanese-Language Proficiency Test：以下 JLPT)は，言語知識(文字，語彙，文法)・読解・聴解の3つの観点から，学習者の総合的な日本語のコミュニケーション能力を診断します。

試験には5つのレベルがあり，それぞれのレベルの学習者が持つ日本語能力の目安は表1(次ページ)のように定義されています。

JLPT ではN1が最上位ですが，実際には，N1を超える超級の学習者も多く存在します。たとえば，日本国内の会社で働く従業員，日本の大学や研究所に所属する研究員，あるいは世界各地で日本語を教える教師のように，職業レベルで高度な日本語を駆使しつつ，同時に日本語学習を続けている非母語話者などです。こうしたレベルの人々を仮に学習者に含めれば，学習者の範囲はさらに広がります。

【表1】 日本語能力試験における習熟度段階

レベル	能力の目安
N5	基本的な日本語をある程度理解することができる
N4	基本的な日本語を理解することができる
N3	日常的な場面で使われる日本語をある程度理解することができる
N2	日常的な場面で使われる日本語の理解に加え，より幅広い場面で使われる日本語をある程度理解することができる
N1	幅広い場面で使われる日本語を理解することができる

容易に想像できるように，同じ学習者コーパスといっても，初級者中心のコーパスと上級者中心のコーパスではそこに収録される言語の特質は大きく異なります。そのため，結果として，それを使って行う研究のスタイルも変化します。

初級学習者コーパスの場合は，データの中に語彙や文法レベルの誤りが非常に多くなるため，作成されたコーパスはもっぱら誤用分析の資料として使用されます。また，計量的な研究よりも，誤りを含む用例を目視で観察・分析する質的な研究が主になります。

一方，上級・超級学習者コーパスの場合は，顕著なエラーは少なくなり，作成されたコーパスは学習者特有の論理構成や語法・文法の運用パターン研究，さらには，日本語の国際変種研究などの目的で使用されます。こうしたコーパスであれば，形態素解析などを行い，計量的な分析を行うことも可能になります。

英語の学習者コーパスは上級者のデータを集めたものが大半ですが，日本語の学習者コーパスは，これまでのところ，海外での日本語教育の現状を反映し，大半が初級者中心のものとなっています。このため，日本語学習者コーパスの研究において，英語学習者コーパス研究の手法や処理をそのまま適用することには注意が必要です。

10.2 学習者コーパスのタイプ

一般のコーパスと同様，学習者コーパスにも，書き言葉コーパスと話し言葉コーパスとがあります。前者の多くは学習者が授業や課外で書いた作文を，後者の多くはオーラルインタビュー試験における学習者の発話を集めています。

以下では，学習者の書き言葉コーパスと話し言葉コーパスについて，それぞれの概要を述べ，代表的なものを紹介します。

10.2.1 書き言葉コーパス

ここでは，まず，学習者の作文を収集したコーパスについて概観します。

■書き言葉コーパスの概要

学習者の書き言葉としては，私的な日記やメモ，授業で書く作文，あるいは大学などで書くレポートや論文，さらには仕事関係の文書など，学習者のレベルと対応して様々なものが考えられます。

しかし，コーパスにするためには，一定量のデータが不可欠であることから，学習者の書き言葉コーパスの多くは，授業で書かせたり，あるいは課題で書かせたりした作文を集めたものとなっています。

作文の場合，たとえ同等の日本語力を持った書き手であったとしても，与えられたトピック・執筆時間・辞書使用・その他の執筆条件(授業内か授業外か，評価対象か否か)などの要因によって，言語の内容が大きく変化する可能性があるので，コーパスの構築ないし利用にあたってはこれらの点を確認しておく必要があります。

以下では，5種類の学習者書き言葉コーパスを紹介します。

■「作文対訳DB」

「日本語学習者による日本語作文と，その母語訳との対訳データベース」(略称「作文対訳DB」)は，国立国語研究所において構築された「日本語学習者による，日本語・母語対照データベース」の一部をなすデータです。

対象者は，アメリカ，ヨーロッパ，アジアの22ヶ国(日本含)に所在する日本語学習者で，収集されたデータ数が多い国は，韓国(239編)，スリランカ(179編)，マレーシア(147編)，タイ(141編)，インド(119編)，カンボジア(110編)，ブラジル(105編)などです(データ収集国と母語は必ずしも一致しません)。データの総数は約1,700件(日本語母語話者含む)に上ります。

作文のテーマは，「あなたの国の行事について」「たばこについてのあなたの意見」「ワープロソフトについてのあなたの意見」「外国からの援助についてのあなたの意見」など，全部で10種類です。

「作文対訳DB」のユニークな特徴は，学習者の日本語作文やその属性情報だけでなく，様々な付随データを同時に収集していることです。初級者の作文の場合，日本語の誤りが多く，書き手が何を書きたかったのかがわからない場合も少なくありませんが，「作文対訳DB」では，学習者が同じ内容を母語等で対訳したデータがあわせて収集されており，これにより，学習者の表現意図を確認しながら学習者の作文を分析することが可能になります。加えて，一部のデータ(約260本分)には日本語母語話者による学習者作文の訂正版が用意され，さらには，比較研究用データとして，日本語母語話者による同一テーマに基づく作文も収録されています。このような多層的なデータ収集は，今後の日本語学習者コーパス開発のモデルになるものといえます。

「作文対訳DB」は誰でも使用でき，オンラインにはデータ抽出のためのインタフェースが用意されています。

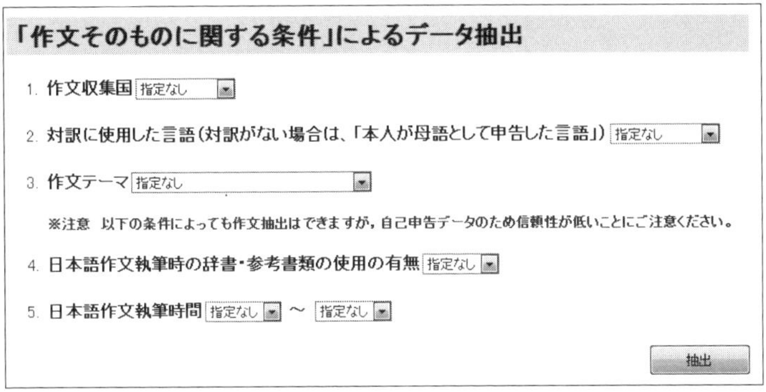

「作文そのものに関する条件」によるデータ抽出

1. 作文収集国 指定なし
2. 対訳に使用した言語（対訳がない場合は、「本人が母語として申告した言語」） 指定なし
3. 作文テーマ 指定なし

※注意 以下の条件によっても作文抽出はできますが，自己申告データのため信頼性が低いことにご注意ください。

4. 日本語作文執筆時の辞書・参考書類の使用の有無 指定なし
5. 日本語作文執筆時間 指定なし ～ 指定なし

抽出

【図1】「作文対訳DB」データ抽出画面

上記に示した「作文そのものに関する条件」(作文収集国，対訳言語，作文テーマ，辞書使用有無，執筆時間)のほか，「作文執筆者に関する条件」(母語，日本語学習期間，母語・日本語以外に使用可能な言語)などを基準として，条件に該当するデータを選んで閲覧したりダウンロードしたりすることが可能です。

■「東京外国語大学日本語学習者言語コーパス」

「東京外国語大学日本語学習者言語コーパス」は，大型の研究プロジェクトの一環として，海野多枝氏らが開発したコーパスです。

eラーニングシステム上で台湾の学生が8種類の機能別タスク(自己紹介・予定を述べる・経験を述べる他)および日記タスクに基づいて書いた作文と，比較用の母語話者作文，また，別途，英国・ウクライナ・台湾で収集した作文が収録されています。書き手の国籍は台湾・中国・香港・英国・ドイツ・ポーランド・リトアニアなどで，作文総数は1,700種を超えています。

「東京外国語大学日本語学習者言語コーパス」は，オンラインでの検索が可能です。作文課題，学習者の国籍・年齢・日本語学習年数などを指定した上で入力語を含む伊集院用例を表示させることができます。下記は，「しかし」を含む用例検索結果の一例です。各用例の左端にある「→」記号を押すと学習者の詳細データが表示されます。

➡	た。りょうに住んでいるからちょっとつかれました。	**しかし**	今きそくただしい生活をしています。はやね、はやお
➡	す。日本語を応用しないといいけっががありません。	**しかし**	今はいいつやくしゃは不足ですから、いちばんいいつ
➡	や習慣は面白いだと思う」などは普通で答えている。	**しかし**	、勉強につれて、本当のどうきをなくしている。もち
➡	い。私にとって、このけいけんは面白い限りだった。	**しかし**	、実習の終わりにレポートをていしゅつしなければな
➡	し始めたという質問に(※)明な答えがありません。	**しかし**	、その機会を取って、日本語を勉強し続けています。

【図2】「日本語学習者言語コーパス」検索結果の例

本コーパスには品詞による検索システムも用意されています。また，本コーパスの開発を含む研究プロジェクトの一環として，学習者の誤りパターンを切り口として学習者作文を検索できる「オンライン日本語誤用辞典」も開発・公開されています。

■「日本・韓国・台湾の大学生による日本語意見文データベース」

「日本・韓国・台湾の大学生による日本語意見文データベース」は，伊集院郁子氏を代表とする研究プロジェクトにおいて，日本語・韓国語・中国語の母語話者による日本語作文を収集して作成されたコーパスです(「データベース」と呼称されていますが，均衡的にデータを収集しているので，ここではコーパスとして扱います)。

対象者は，日本語を母語とする大学生(134名)と日本語を学ぶ大学生(韓国 55名，台湾 57名)で，各自が，以下のような共通テーマに基づき，60分で800字程度の意見文を執筆しました。執筆にあたり，辞書使用は禁止されました。また，学習者は，日本語作文を書きあげた後，同じテーマで，母語でも作文を行いました。

今，世界中で，インターネットが自由に使えるようになりました。ある人は「インターネットでニュースを見ることができるから，もう新聞や雑誌はいらない」と言います。一方，「これからも，新聞や雑誌は必要だ」という人もいます。あなたはどのように思いますか。あなたの意見を書いてください。

コーパスには，日本語母語話者の作文が134本，韓国の学習者の作文が55本，台湾の学習者の学習者の作文が57本，収録されています。これらは，手書き作文をスキャンしたPDFファイルと，それを文字化したテキストファイル(およびWordファイル)の形で記録されており，あわせて，全作文を1文1行に整形した表計算ファイルも用意されています。学習者については，性別・出身地・日本語能力テストの結果・日本語能力試験の合格級・日本語の学習歴や日本での滞在歴など，詳細な背景情報が調査されていますので，これらの属性情報を組み込んだ研究も可能です。

「日本・韓国・台湾の大学生による日本語意見文データベース」は，伊集院郁子氏が管理するウェブサイトで公開されており，利用規約に同意すると，すべてのデータをダウンロードし，コンコーダンサなどを使って分析することができます(テキストファイルの検索方法は6.1節参照)。

■ LARP at SCU コーパス

「LARP at SCU コーパス」は，台湾の東呉大学(Soochow University：SCU)において，2004～2011年にかけて実施された日本語学習者の言語習得研究プロジェクト(Language Acquisition Research Project)の成果物として開発されたコーパスです。

同大学は台湾における日本語教授の中心地の1つで，学生はわずか4年の間に，全くの入門段階から日本語の通訳や観光ガイドができるレベルまで日本語力を伸ばします。この過程を記録し，研究に活用すべく，

LARPのプロジェクトでは，日本語学科の学生37名に対して，入学後の第2学期から卒業までの毎月1回，全33回（長期休暇中は除く）にわたり，(1)課題作文草稿の執筆（制限時間は1時間，分量は約600字，辞書などは使用不可），(2)草稿の読み上げ，(3)作文の内容に関する教師（院生含む）との会話（約20分），(4)草稿の改訂，(5)改訂版の読み上げ，の5つのタスクを行わせました。

コーパスには，草稿版および改訂版作文（手書き原稿をスキャンしたPDF＋書き起こしテキスト）と，発話（音声ファイル＋書き起こしテキスト媒体）のデータが含まれています。ただし，作文をすべて提出（33回×草稿・改訂の2種=66本）しているのは10名，インタビューに毎回参加していてすべての会話データがあるのは12名のみで，全体で4分の1程度のデータは欠損しています。草稿・改訂を含めた作文の総数は1,900本，1本600字として11.4万字分に相当します。

作文テーマは初期（1～10回）は「私の一日」「私の部屋」「私と日本語の出会い」など，中期（11～20回）は「お正月」「携帯電話」「選挙」など，後期（21～33回）は「最近の出来事」「スポーツ」「台湾のデモ」「少子化」などです。身の回りの話題から出発し，次第に社会的問題なども含まれるようになっています。

「LARP at SCUコーパス」は決して大きなコーパスではありませんが，学習者の言語発達の過程が時系列で追跡できる点，作文と発話の両方が含まれている点，手書き原稿の画像データが含まれているといった点でユニークな資料となっています。下記はある学生（学習者コード：002番）の第1～4回目の作文PDF中の句点を取り出して示したものです。

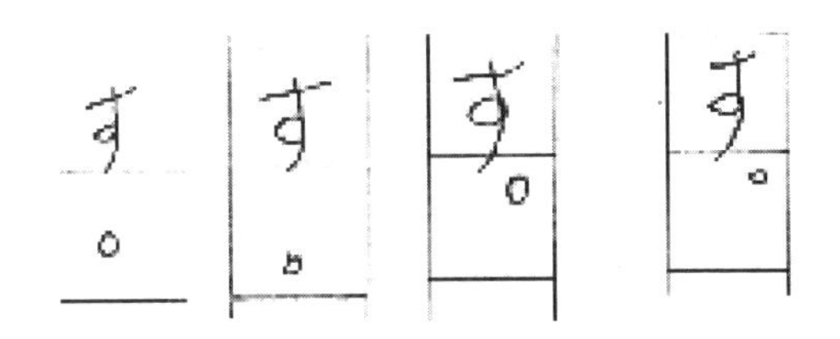

【図3】学習者の原稿中の句点
（左から順に第1回目，第2回目，第3回目，第4回目）

原稿用紙のマス目の中の句点の位置が，3回目以降，次第に自然なものに変わってきていることが確認できます。こうした分析ができるのも本コーパスの強みです。

「LARP at SCU コーパス」は専用のウェブサイトから申し込みを行い，手数料を送金することにより，DVD 媒体でデータを受け取ることができます。提供されるのはデータのみなので，分析は各自がコンコーダンサなどを使用して行います。なお，音声データは一般には提供されていません。

■ YNU 書き言葉コーパス

「YNU 書き言葉コーパス」（正式名称は「日本語教育のためのタスク別書き言葉コーパス」）は，金澤裕之氏の監修の下，横浜国立大学（Yokohama National University：YNU）において構築された作文コーパスです。

「YNU 書き言葉コーパス」は，後述する「KY コーパス」（p. 163）の設計を参考にしたもので，韓国語母語話者30名，中国語母語話者30名，日本語母語話者30名（いずれも大学生）の作文データを収集しています。このうち，学習者は，4つの観点（タスクの達成度，タスクの詳細さと正確性，読み手への配慮，体裁・文体の適切性）に基づく作文の総合評点により，それぞれ，上位群10名，中位群10名，下位群10名になるよう調整されています。こうしたバランスの取れた設計により，母語話者と学習者間，母語を異にする学習者間，また，習熟度を異にする学習者間で信頼できる比較研究を行えるようになっています。

作文タスクは，「面識のない先生に図書を借りる」「友人に図書を借りる」「デジカメの販売台数に関するグラフを説明する」「学長に奨学金増額の必要性を訴える」など，全体で12種あります。これらは，実生活における「書く」行為の幅広さを踏まえ，動機(自発型・頼まれ型)，言語機能(依頼，励まし，説明，描写，意見等)，読者(疎遠な人，親しい人，不特定の人)，スタイル(手紙，PCメール，ケータイメール，レポート等)，長さ(長いもの，短いもの)等の点で多様性がカバーされるように配慮されています。

なお，本コーパスは，誤字や脱字を含めて学習者の手書き原稿をできるだけ忠実に再現したオリジナルデータに加え，それらを読みやすく加工した補正データを提供しています。特に語彙分析等を行う際には，後者のデータがきわめて有用です。

下記は，「面識のない先生に図書を借りる」というタスクに基づく，中国語母語話者作文の一部です。

> …もしよければ、田中先生の研究室から「環境学入門」を借りていただけませんか？宜しくお願いします。（下位群：008）
>
> …そこで、一読できればと思い、ご連絡させていただきました。短期間お借りできれば幸いですが、お願いできないでしょうか。
>
> （上位群：001）

これらを見るだけで，同じ学習者であっても，習熟度の違いによって文章がどう変わっていくのかはっきりと確認することができます。こうした比較を多元的に行うことができるのが本コーパスの最大の利点です。

「YNU書き言葉コーパス」は，開発方法や研究例を収録した金澤(2014)の添付CD-ROMにデータが入っており，図書を購入することでコーパスを使用することができます。提供されるのはデータのみで，分析には別途コンコーダンサなどが必要です。

10.2.2 話し言葉コーパス

次に，学習者の発話を収集したコーパスについて概観します。

■話し言葉コーパスの概要

書き言葉の場合と同様，学習者の話し言葉にも様々なものが想定されますが，多様な発話データを効率よく収集するため，既存の話し言葉コーパスの多くは，何らかの手順を定めた上で，調査者が学習者に質問を発し，回答を引き出すオーラルインタビュー形式でデータを集めています。

各種のインタビューのうち，学習者の発話習熟度評価の目的でなされるものをOral Proficiency Interview(以下OPI)と呼びます。OPIの多くは，全米外国語教育協会(American Council on the Teaching of Foreign Languages：ACTFL)が開発したテスト形式に準拠して実施されています。ACTFLに基づく日本語OPIでは，およそ15～30分間の試験官とのやりとりの中で，あいさつや身の回りの内容についての会話，指定されたイラストの描写，また，ロールプレイなどのタスクを連続的に行います。

OPIの参加者は「試験官」と「受験者」という位置付けになります。試験官は，受験者の能力の下限(安定してタスクが実行できるレベル)を見るためのやさしい問い(「レベルチェック」と呼びます)や，受験者の能力の上限(それを超えると安定してタスクが実行できなくなるレベル)を見るための難しい問い(「突き上げ」と呼びます)を組み合わせて発することで，受験者の能力の下限と下限を推定し，最終的に受験者の発話能力を診断します。

学習者の口頭発話能力のレベルは，パフォーマンスの全体的評価によって，初級・中級・上級・超級の4段階で判定されます。なお，初～上級はさらに「上中下」に下位区分されています。

OPIデータを集めるコーパスは，⑴受験者の許諾があれば大量のデータを集めやすい，⑵受験者が習熟度テストを受けていなくても，インタビューを通して級が判定され，学習者の習熟度がわかる，⑶インタビューの形態が共通なのでデータを相互比較しやすい，といった多くの利点が存在します。ただし，受験者の能力に応じてやりとりやタスクの内容が変化するため，作文コーパスの場合と同様，結果の考察にあたっては，タスクやトピックが産出に及ぼす影響について慎重に判断する必要があります。

【表2】 OPIにおける発話能力レベル（鎌田，2001より）

レベル	能力の目安
初級	決まり文句，暗記した語句，単語の羅列，簡単な熟語でのみコミュニケーションができる。
中級	自分なりに言語が使え，よく知っている話題について簡単な質問や答えができる。単純な状況や，やりとりに対処できる。
上級	主な時制／アスペクトを使って叙述，描写できる。複雑な状況に対応できる。
超級	意見の裏付けができ，仮説が立てられる。具体的な話題も抽象的な話題も議論できる。言語的に不慣れな状況にも対応できる。

なお，OPIまたはそれに似た手順を使いながら，非テスト形式でインタビューを行い，発話データを収集することもあります。この場合，調査者と学習者は「試験官」と「受験者」という位置づけではなくなりますので，学習者に負担をかける「突き上げ」なども不要となり，よりリラックスした環境の中で自然な発話を引き出せます。また，様々な学習者に同一のタスクを与えることも可能になります。ただし，こうした非テスト形式のインタビューでは，インタビューを通した学習者の習熟度判定ができませんので，別途，何らかのテストを受験させるなどして，習熟度の情報を集める必要があります。

以下では，5種類の学習者話し言葉コーパスを紹介します。

■「KY コーパス」

「KY コーパス」は，山内博之・鎌田修の両氏によって構築されたOPI コーパスです。コーパスに含まれる学習者(受験者)の数は90名で，規模としてはかなり小さなものですが，データが高度に統制されているため，研究で幅広く使用されています。

コーパスに含まれる学習者は，中国語母語話者・英語母語話者・韓国語母語話者がそれぞれ30名ずつです。また，それらの30名は，いずれも，OPI 評価において，初級５名，中級10名，上級10名，超級５名に分けられています。こうした明快な設計により，「KY コーパス」は母語別の比較や，級ごとの比較がきわめて行いやすくなっています。

「KY コーパス」は，著作者に申請することで，発話を書き起こししたテキストデータの提供が受けられます。なお，品詞・意味タグを付与したアノテーション版(「タグ付き KY コーパス」(Ver 2.0))も開発されており(李, 2009)，本書の12章でその活用について詳しく紹介します。

■「発話対照 DB」

「日本語学習者による日本語／母語発話の対照言語データベース」(略称「発話対照 DB」)は，前述の「作文対訳 DB」とともに，「日本語学習者による，日本語・母語対照データベース」の一部をなすもので，190名の学習者(中国語母語69名，韓国語母語70名，タイ語母語51名)と比較用の日本語母語話者57名の発話の書き起こしデータを収録しています。「作文 DB」と同様，同じ内容を学習者の母語でも発話させているので，学習者が言いたかった内容を確認して分析を行うことができます。

発話タスクには，(1)朗読(意見文・説明文・物語文)，(2)事前に示されたトピック(「日本と自国の違い」，「大学は入学が難しく卒業が易しいほうがよいか入学が容易で卒業が難しいほうがよいか」など)に基づき，あらかじめ内容を考えてきて行う３分程度のスピーチ，(3)ロールプレイの３種があります。このうち，ロールプレイについては，データを取得した時期により，(3a) 学習者同士がペアになって日本語で行うあらすじ付きロールプレイと，(3b) 日本語母語話者と学習者がペアになって行うあらすじなしロールプレイとがあります。

「発話対照 DB」は，「作文対訳 DB」と同じく，オンラインのインタフェースから，条件に該当するデータを選んで表示させたり，ダウンロードしたりすることが可能です。

■「日本語学習者会話データベース」

「日本語学習者会話データベース」は，国立国語研究所によって構築された OPI コーパスです。コーパスに含まれるデータの数は339件となっています。

コーパスに含まれる学習者は，韓国語母語話者(50%)・中国語母語話者(17%)・英語母語話者(9%)が中心で，これ以外に，アラビア語・インドネシア語・イタリア語・ウズベク語・ウクライナ語などを母語とする学習者が若干数含まれています。習熟度別に見ると，OPI 評価の中級が約 6 割，上級が約 3 割，初級が約 1 割で，超級が若干名となっています。

本データには，発話を書き起こししたテキストデータに加え，215件分の音声データが用意されています。音声データを用いることで，テキストだけではわからない微妙なニュアンスや調子を含めた分析を行うことが可能になります。

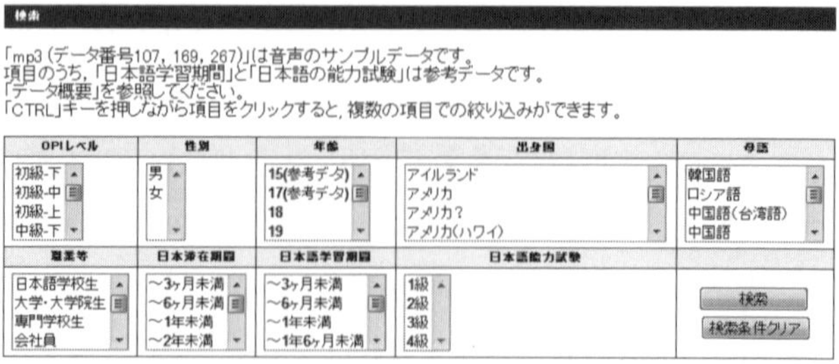

【図 4】「日本語学習者会話データベース」データ抽出画面

「日本語学習者会話データベース」には，データ抽出のためのオンラインインタフェースが用意されており，ユーザー登録後に，OPIのレベル，性別，出身国，学習歴，旧日本語能力試験級などを指定して，条件に該当するデータを閲覧またはダウンロードすることが可能です。音声ファイルを再生して聞くこともできます。

■ C-JAS

C-JAS(Corpus of Japanese As a Second language)(正式名称は「中国語・韓国語母語の日本語学習者縦断発話コーパス」)は，国立国語研究所の迫田久美子氏を代表とするプロジェクトで構築されたコーパスで，6名の日本語学習者(中国語母語話者3名，韓国語母語話者3名)による3年間の発話データを収録しています。縦断コーパスと呼ぶのは，特定の学習者の産出を継続して(つまり「縦断的に」)記録しているためです。

6名の学習者は，来日後1年間は同じ日本語学校で日本語を学び，2年目以降はそれぞれ大学や専門学校などに進学しました。この間，3～4か月ごとに1回，合計8回(第1期～第8期)にわたり，調査者(日本語母語話者)との面談を行い，そこでの発話を録音・書き起こししました。面談での話題は各期で共通化されているため，異なる学習者の同時期の発話を相互に比較することが可能です。1回の面談時間は約1時間で，面談データは全部で47本，総語数は約57万語に及びます。

C-JASはオンラインで一般公開されています。データの全体をダウンロードできるほか，専用のオンライン検索インタフェースを介して，文字列または形態素の単位で，さらには，品詞別や意味分野別(活動・関係・自然・主体・生産物等)での検索も可能です。

オンライン検索では，6名の学習者について，各時期における当該語の使用頻度や，実際の使用例を簡単に調べることができます。下記は，話し言葉で多く使われる「やっぱり」という強調語の出現頻度を調べた結果(文字列検索による)です。

【表1】「やっぱり」の出現頻度

		時期							
		1期	2期	3期	4期	5期	6期	7期	8期
話者	K1	0	0	0	0	0	0	0	31
	K2	0	0	1	0	0	0	5	21
	K3	1	15	28	10	35	14	5	5
	C1	0	0	7	9	46	19	45	35
	C2	4	8	18	31	54	78	27	17
	C3	0	4	8	10	4	2	9	5
合計		5	27	62	60	139	113	91	114

初期の頃は,「やっぱり」の出現数はきわめて限定的ですが, 第5期以降, 頻度が飛躍的に増えていることがわかります。ただし, 韓国語を母語とするK1は第8期になって初めて「やっぱり」を使用しています。こうしたデータを見ることで, 日本での日本語学習を通して学習者の日本語語彙体系がどのように発達しているのかを調べることができます。

■ I-JAS

I-JAS(International Corpus of Japanese As a Second language)(正式名称は「多言語母語の日本語学習者横断コーパス」)は, 前述のC-JASと同じく, 国立国語研究所の迫田久美子氏を代表とするプロジェクトで構築されたコーパスで, 日本語学習者および日本語母語話者の発話と作文が収録されています。横断コーパスと呼ぶのは, 特定の時期を決めた上で, 多様な学習者の産出を一斉に(つまりは「横断的に」)記録しているためです。

日本語学習者コーパスの多くは小規模なものですが, 本コーパスは, 12種の言語(中国語・英語・韓国語・フランス語・ドイツ語・ロシア語・タイ語・ハンガリー語・スペイン語・ベトナム語・トルコ語・インドネシア語)を母語とする日本語学習者1,000人の産出データが集められています。すべての学習者が詳細なレベル判定テストを受験しており, そのデータも公開されていますので, 母語別だけでなく, 習熟度別の分析も可能です。

I-JASは非テスト形式のオーラルインタビューを実施しており，参加者は，対面調査環境のもとで，⑴ストーリーテリング(提示された4コマと5コマのイラストのストーリーを話す)，⑵対話(学習者と調査実施者が自然な会話を30分程度行う)，⑶ロールプレイ(設定された場面に応じて与えられた役を演じて会話する)，⑷絵描写(イラストについて説明する)，⑸ストーリーライティング(前述のストーリーテリングと同一の2種のイラストについてそのストーリーを作文してPCで入力する)の5種のタスクを行います。また，一部の参加者は，追加で，作文エッセイ(与えられたテーマに沿って600字程度で書く)および作文メール(送られてきたメールに対して返信をする)のタスクも行っています。オンラインの検索システム上では，産出環境が統制されている⑴〜⑸のデータのみが公開されています。

I-JASは，世界中の多様な学習者から大量のデータを統制的に収集しているという点において，他の類似の学習者コーパスと一線を画するものです。綿密な設計によって多様なタイプの発話を引き出していることや，発話だけでなく書き言葉のデータも収集していること，さらには，学習者の習熟度を外部のテストスコアによって客観的に定義している点も特筆に値します。

I-JASはオンラインで公開されており，⑴I-JASの使用申請と，⑵国立国語研究所が提供する日本語コーパスの統合的な検索システムである「中納言」の使用申請を行うことで，誰でも使用が可能です。全データのダウンロードのほか，「中納言」の検索システムで高度な検索を行うことも可能です。

下記は「中納言」上で「やっぱり」を検索した際の結果表示画面の一部です(実際には横一列で表示されますが，ここでは便宜上，3つに分けて示します)。

「やっぱり」を含む発話の書き起こしや，発話者の基本属性(母語，年齢，性別，身分，日本語テストスコア）はもちろん，リンクを押すことで，実際の音声発話ファイル，書き起こし全体を記録したテキストファイル，さらには，発話者個々の日本語学習履歴を詳細に調査したフェイスシートを同時に確認することもできます。こうした情報を駆使することで，個々の学習者の属性や学習背景をも加味した，より深い分析を行うことが可能になるでしょう。

I-JASの内容やI-JASを使った分析について詳しく知りたい方は，迫田（他）（編）（2020）を参照してください。

サンプル ID	連番	発話番号	話者
CCM10-I 音声ファイル プレインテキスト フェイスシート	10440	00820	K

前文脈	キー	後文脈
か[Y,]❶|日本|の|物|で|興味|が|ある|物|は|あり|ます|か|？#うーん[F]|興味|って|、|えっと[F]|、|	やっぱり	|アニメ|や|ドラマ#ドラマ|です|か|？|〈ん〉|い[X]|一番|好き|な|アニメ|は|何[Y,]❶|です|か|？#『|ナルト❶

語彙素	語彙素読み	品詞	活用型	活用形	母語	年齢	性別	身分	J-CAT 合計	SPOT 得点
矢張り	ヤハリ	副詞			中国語	19	女性	学生	235	76

【図5】「中納言」上でのI-JAS検索結果の表示画面の一部

10.3 まとめ

本章では，はじめに，学習者コーパスの重要性に関して，日本語教育・言語習得研究・日本語研究との関わりを概観しました。また，学習者コーパスを使用する際に，学習者の母語や習熟度の違いに留意する必要があることを指摘しました。その後，書き言葉コーパスと話し言葉コーパスを区別した上で，各々について，その概要と，主要なコーパスを紹介しました。

日本語学習者コーパスは，長らく，個人研究者が収集した小規模で試行的なものが中心でしたが，近年になって，「I-JAS」のように，大規模な枠組みでデータを体系的に収集する試みも行われるようになりました。こうした大規模学習者コーパスが整備されることで，学習者コーパスを用いた研究の信頼性が高まり，日本語教育や日本語研究にさらに有益な貢献をはたしていくことができるでしょう。

10.4 さらに学びたい人のために

各種の日本語学習者コーパスについては，石川(2012)に簡単なまとめとそれらを使った研究実例があります。また，国立国語研究所で構築された学習者コーパスの多くは，設計理念やデータ構築手順に関する詳細な情報がオンラインで公開されています。「作文対訳／発話対照 DB」や「C-JAS/I-JAS」などは，専用のウェブサイトも用意されており，関連する研究論文のリストも公開されています。それらを入手して読んでみると，学習者コーパス研究における問題設定や分析手法について多くを学ぶことができるでしょう。

OPI コーパスの研究も増えています。日本語 OPI の関係者によって構成される「日本語 OPI 研究会」は充実したウェブサイトを運営しており，OPI コーパスの概要や解説に加え，文献リストも公開されています。

10.5 練習問題

(1) 「作文対訳 DB」より中国語母語話者および韓国語母語話者による作文データを取得し，1人称代名詞「私」の後続助詞に違いがあるかどうか比較してみましょう。

(2) 「東京外国語大学日本語学習者言語コーパス」で，助動詞「だろう」の出現例を取得し，質的検証によって，不適切な使用がないかどうか確認してみましょう。

(3) 「KY コーパス」を入手し，初級・中級・上級・超級学習者の発話データを比較することで，日本語発話能力の上昇によって，実際に発話される言語にどのような違いが生じているか質的に観察してみましょう。

第11章

学習者コーパスの構築

11.0　本章の概要

本章では学習者コーパスを作るという視点から，構築の流れや各ステップで必要になる作業の詳細について説明します。具体的には学習者コーパスを作る作業で重視すべき視点について説明した後，学習者コーパスにおける著作権の考え方および処理作業はどのように行うのか，学習者の誤用例については，どのように処理するのか，構築したデータを公開する際には，どのような形式が用いられるのかについて説明します。

11.1　学習者コーパスを作ること

学習者コーパスの構築はデータを収集する作業からスタートしますので，広い意味の「言語標本の調査」として位置づけられます。ただ，一般的な言語標本の調査とは目的が異なることを理解する必要があります。

言語標本の調査においては，何らかの研究のテーマが存在し，研究の一手法として，何らかの調査が計画され，実施されることになります。

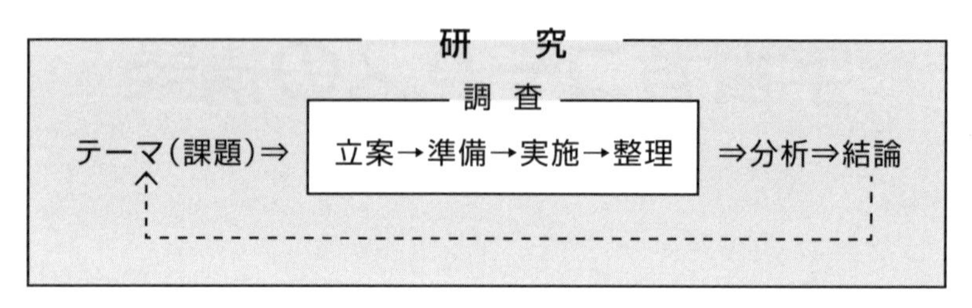

小林・篠崎(2007：3)

【図1】　研究と調査の関係

方言調査などが代表的な例になりますが，一般的な言語標本の調査においては，図1が示すとおり，調査すべき研究のテーマおよび課題が存在し，それを調べるために調査をします。そして，分析を行い，結論を導き出し，次の研究につなげていくというサイクルになります。つまり，調査そのものが目的ではないということが大事になります。各々のテーマに応じて，アンケート調査をするのか，面接調査をするのか，行動観察調査をするのか，さらには質問方式についても，選択式にするのか，自由記述方式にするのかを決めることになります。一方，学習者コーパスを作る作業では，研究の終着点は「コーパス」ですので，いかにして使えるものにするかという視点が必要です。そのため，分析および結論というサイクルは必ずしも必要とされず、第三者が見てもわかるような形でデータを整理するという点が重視されることになります。どういう視点からどのようなものを，どのような方法で作るのか，さらにどのような形で利用するのかという設計の観点が求められます。

学習者コーパスの構築の大まかな流れとしては，以下の7つのステップが考えられます。

(1) コーパスデザイン作成
(2) 著作権処理用の書類作成
(3) データ収集作業の実行
(4) 電子化作業の実行
(5) 誤用タグの検討および挿入
(6) 検索エンジンの検討および開発
(7) データ共有の方法の検討

7項目の作業は，3つの作業領域として分けられます。1つ目として(1)〜(3)はデータ収集に関わる作業領域，2つ目として(4)，(5)はデータ処理に関する作業領域，3つ目として(6)，(7)はデータ運用に関する作業領域であると位置づけられます。これらの作業ステップは，必ずしも別個の作業として行われるとは限りませんし，(1)から(7)すべてを行わなければならないというわけでもありません。(4)，(5)は，並行して行うこともあります。また，目的によっては，(5)以降は省略することもできます。特に(6)は，高度なITスキルが必要であったり，場合によっては，開発費用が発生することもあるため，必ずしも必須条件というわけではありません。次節から，3つの作業領域に関して順に説明をします。

11.2 データ収集作業

11.2.1 コーパスデザイン作成

コーパスデザインの作成においては，データ収集の作業方針やデータ処理の仕様などを検討します。データ収集の作業方針に関して，まず確認しておくべき項目として，話し言葉を収集するか，書き言葉を収集するかを決めます。話し言葉であれば，会話形式で収集者と学習者がペアになり，学習者の音声発話を集めたり，学習者同士を会話させたりするという手法がとられています。書き言葉であれば，作文などの形式が取られ，学習者の文章を集めるということになります。どちらの方法を採用するかは，学習者コーパスの最終的な用途を踏まえて検討する必要があります。

■話し言葉について

話し言葉の収集においては，OPI(Oral Proficiency Interview)などの形式が広く利用されています(→10.2.2節)。学習者コーパスの構築においてOPIを使う利点として，学習者の日本語力の判断に関してある程度標準化されたルールが適用できることがあげられます。そして，OPIなどを使い，データ収集を行った後は，文字化の方針について検討する必要があります。特に話し言葉の現象として，相づちやフィラーや言いよどみなどをどう記入するかについて，あらかじめ検討を行う必要があります。文字化については，既存のコーパスとして公開されているものをベースに検討することで，作業を省力化できます。たとえば，「KYコーパス」や「日本語学習者会話データベース」,「BTSによる多言語話し言葉コーパス－日本語会話」などが参考になります。

■書き言葉について

次に，書き言葉の収集においては作文形式が使われます。特定のテーマを決め，学習者に文章を書いてもらう形式で，データ収集を行います。作文によるデータ収集において，まず検討すべき項目としては，どのようなテーマで作文を書いてもらうかについて考えなければなりません。このテーマの選定は，データの質に直接的に影響するため，慎重に行う必要があります。留意点としては，特定の学習者に対して優位性が生じるようなテーマは避けなければなりません。学習環境や学習履歴に関係なく，幅広い日本語学習者層においてレベル相当の文章力を引き出すという目的に対して，必要十分なテーマを用意することが求められます。そして，作文のデータは，原則として1つのテーマで書くのが望ましいです。というのは，テーマが違えば，表現や語彙も違ってくるので，データ同士の比較ができなくなり，調査研究用のデータとしては使えなくなります。

■学習者の属性や背景について

話し言葉ないしは書き言葉に関する方針が決まったら，次に考えるべきものとして，どのような学習者を対象に収集作業を行うかについて方針を決めなければなりません。ここでポイントになるのが，どのような母語話者を対象にするか，日本語の学習歴はどれくらいのものを想定するか，日本語の学習場所をどこにするかという点を考慮しなければなりません。これらの特徴をもとに，集めるデータ数を決め，全体デザインを固めていきます。データ数を決める作業において特に留意すべき点は，可能な限り学習者の数ないしは語数を揃える必要があるということです。学習者コーパスの最も一般的な利用イメージとしては，学習者の属性に応じた語彙や表現の出現頻度を比較し，習得の困難点を特定するところにありますが，比較するためには，全体のサンプル数が揃っていることが前提条件になります。以上の留意点を踏まえ，作業方針を決めたら，それらを文章化して，作業マニュアルとして共有できるようにしておきましょう。

11.2.2　著作権処理用の書類作成

学習者コーパスにおける著作権の問題は，どちらかというとあまり考慮されずに収集作業がなされることも多いと思いますが，コーパス化するという意味においては，やはり重要な作業として位置づけなければなりません。データ提供者である学習者に対して，データの利用目的を明記し，許諾をとること，公開することを前提にするなら公開範囲についてもあらかじめ説明をし，文章で許諾をとる必要があります。

■許諾書について

許諾書に盛り込むべき内容としては，以下の4項目があげられます。

(1) 調査者の氏名と連絡先
(2) 集めたデータの利用目的
(3) 調査に利用する個人情報の項目
(4) データ公開の範囲

学習者コーパスとして一度公開されると，広範囲において使われることになるため，後々のことを考え，(1)の情報を学習者に渡し，後からでも問い合わせができるように配慮する必要があります。そして，(2)として調査全体の目的を含めて，どういう趣旨でデータを集めるのかを明記する必要があります。次に，(3)としてコーパス化において会話ないしは作文のほかに，学習者のレジスターに関する情報として，性別や年齢，日本語学習歴などを使うのであれば，それらを箇条書き形式で列記して，あらかじめ許諾をとっておく必要があります。最後に(4)として，公開の範囲についても明記しておく必要があります。特にインターネットの時代になり，ウェブを通じたデータ共有が個人単位でもできるようになりましたので，(4)に対してはきちんと明記し，理解を求めておく必要があります。図2は作文を収集することを前提にした許諾書の見本です。

■留意点

著作権処理に関する権利関係の手続きを踏まずにデータを作成すると，(その時には公開するつもりがなくても)後になって公開するとなった場合，大きな障害になります。著作権処理は後ですればよいという考え方でデータ収集を行うと，いざ著作権処理をしようとしても，学習者が卒業したり，母国に帰ったりすることがあります。結局，著作権処理ができず，最終的には公開できなくなるというケースもあり得ます。ですので，データ収集時に，書面による著作権関連の処理も一緒にしておく必要があります。

〇〇年〇〇月〇〇日

関係者各位

〇〇大学・黒潮太郎

作文データ及び個人情報使用についてのお願い

この度、日本語研究や日本語教育研究のための基礎資料として、日本語学習者作文のデータベース化を行っております。本研究は、日本語教育資料の共有化を目的として、データの公開を前提にしておりますが、上記以外の目的には一切使用いたしません。また、使用承諾をいただいたデータ（作文データ、学習者情報、日本語の先生による添削データ）についても、個人が特定できないようにデータ化して用いることをお約束いたします。承諾していただけるようでしたら、以下に署名をお願いいたします。

メールアドレス：XXXX@XXX.com
電話：（03）1234-5678

切り取り線

作文データ及び個人情報取り扱いに関する許諾書

〇〇大学
黒潮太郎　様

私は日本語学習者として、「〇〇学習者作文コーパスの開発」に以下の情報が使用される趣旨について十分な説明を受けており、上記の研究目的に限り、以下の情報を公開することを承諾いたします。

提供される情報の内容

1. 日本語作文データ
2. 性別
3. 年齢
4. 日本語学習歴
5. 日本語学習場所と時間
6. 日本語関連の検定試験資格
7. 日本語作文添削データ

年　　月　　日

所属名 ＿＿＿＿＿＿＿＿
氏　名 ＿＿＿＿＿＿＿＿

【図2】 許諾書の見本

著作権処理に関する文章は，一般的には学習者の母語で行うか，日本語と母語訳を対にした文章で行います。というのも，学習者のレベルによっては，著作権処理に関する文章の内容が理解できないことがあるからです。何が書いてあるのかわからないものに対して，サインをさせられるのは好ましくありませんので，データ提供者の日本語能力に配慮した文章化ないしは翻訳原稿の作成が必要になります。

11.2.3 データ収集作業の実行

データの収集方針や著作権関連の書類が整ったら，収集作業を行います。調査の内容や調査規模にもよりますが，収集作業を行う際には，学習者の負担を考慮する必要があります。学習者の負担が大きくなればなるほど，データの質は落ちていくと考えるべきです。一般的には1時間程度でできるようにするのが望ましいといえます。

11.3 データ処理作業

一般的に学習者から集められたデータは，音声であったり，手書きであったりするので，コンピュータによる入力作業が必要になります。そして，入力が終わった電子テキストについては，コーパスとして活用することを考えた場合，言語情報を付与する作業も必要になります。コーパスに付与する言語情報のことをタグと呼び，それをつける作業をタグ付け作業といいます。

学習者コーパスの場合，理想的には次の2種類のタグ付け作業が必要です。1つ目は品詞などの一般的な言語情報をつける作業，2つ目は学習者の誤用に関する情報をつける作業になります。前者は形態素解析プログラムなどを使い，機械処理の方法で下処理を行った後，人手で修正をしていきます。後者は自動化できないため，目視でタグを挿入していきます。

11.3.1 電子化作業の実行

通常，作文であれば手書きでデータを集める，会話であればICレコーダーなどで音声データを集めるという方法がとられますが，これらを電子化する作業が必要になります。作文であれば，単純な入力作業になりますが，会話であれば，あらかじめ決めた文字化ルールに従って文字化をします。文字化の例として，「KYコーパス」では，以下のようなルールで文字化をしています。

T	：	テスター
S	：	被験者
[ ]	：	インタビューの中で言及された固有名詞等は，[大学名] [人名] などのように記す。複数のものを識別する場合には，[大学名1] [大学名2] のようにする。
,	：	ポーズがあることを示す。「,」の数が多いほど，ポーズが長いことを示す。
ー	：	「ー」の前の音節が長く延ばされていることを示す。「ー」の数が多いほど，長く延ばされていることを示す。
{ }	：	{笑い} などのような非言語的な行動を示す。
( )	：	記録上不明瞭な箇所を示す。全角ではなく，半角で記す。
＊	：	全く聞き取れない箇所。だいたいの音節数を＊の数によって示す。
〈 〉	：	相づち的な発話。改行は行わず，相手の発話の中の適当な位置に割り込ませる形で表記を行う。

「KYコーパス」は，OPIによるデータであるため，すべてのデータは，テスターと学習者(被験者)の会話という形で構成されています。それぞれがTとSで記されています。そして，会話本文においても，Sが特定されるような個人情報は［　］で伏せてあります。その他，笑いなどの

非言語的情報や相づちなどが記号化されています。

■テキスト入力

テキスト入力においては，Microsoft社のWordなどを使う場合が多いですが，後々の処理を考えるとテキストエディタを使うほうが効率的といえます。その理由として，形態素解析などの作業を行う場合，Wordのファイルは使用できないことがあげられます。また，何らかの検索エンジンを構築する場合も，Wordのファイルは使用できません。ただし，タグ付けを行わず，検索環境も用意しない場合は，Wordを使って，見やすいデータを作るという選択肢も考えられますので，利用イメージに基づいて柔軟に対応する必要があります。

■入力時の留意点

テキスト入力の際には，次の点に留意する必要があります。それは，「KYコーパス」文字化ルールでも出ていたように，データ本体において，学習者の個人情報，すなわち学習者を個人として特定できる情報は排除することです。一般的には人名，住所や町の名前，学校名などは何らかの記号で表記します。たとえば，人名については，当該箇所に［個人名］などと表記します。学習者の個人情報に対する対策は，入力作業の途中に判断がかわったり，作業の途中から表記法がかわったりして，開始期の入力テキストと終了期の入力テキストで齟齬が生じることも少なくありません。このようなことがないよう，テキスト入力に関して方針を決め，入力マニュアルという形で，文章化しておく必要があります。

■ファイル名

テキスト入力が終わった時点で，ファイルとして保存することになりますが，ファイル名についてもルール化しておきましょう。ルール化の際には，ファイル名を見ただけで，レジスターなどがわかるようにするとよいでしょう。たとえば，韓国語母語話者のデータには，「K」というローマ字を入れたり，英語母語話者のデータには「E」，中国語母語話者のデータには「C」といった記号を割り当てます。さらに，学習者のレベルに応じて，初級(Novice)の学習者であれば「N」，中級(Intermediate)の学習者であれば「I」，上級(Advanced)の学習者であれば「A」といった記号を割り当てます。これらを組み合わせ，「KN001.txt」(韓国語母語話者の初級話者で001番目)「KA002.txt」(韓国語母語話者の上級話者で002番目)といった具合に割り当てていきます。

このようにコーパスのデザインにそって何らかの記号を決め，ファイル名を決定します。このファイル名をデータのIDとして管理すれば，作業状況の確認にも役に立ちますし，データ検索の際にも活用できます。

■形態素解析

形態素解析の方法については，第6章において説明したとおりの方法で実行できますので，ここでは詳述しません。ここでは，学習者のデータを形態素解析した場合，どのような問題が起き，どのように対策をとるかについて説明します。

学習者データを形態素解析する場合，最も重要なのは，はたしてどの程度，妥当な解析結果が得られるのかという問題です。というのも，現在，日本で流通している形態素解析エンジンはすべて母語話者のデータを解析するという用途で作られているからです。母語話者の文法知識をもとに解析ルールを決め，母語話者の語彙知識をもとに解析辞書を作成しています。ただし，一部の解析エンジンにおいては，表記の揺れを統一したり，母語話者によく見られる省略表現に対しても標準的な表記を出力したりするものがありますが，解析精度としてはまだまだ改善の余地があります。少なくとも学習者の誤用データを解析するという設計思想で作られた形態素解析エンジンは存在しません。こうした現況を踏まえ，学習者のデータを解析した場合，何が起こるのかについて十分理解しておく必要があります。具体例を示します。

(A) 部屋行きます，手紙かって，好きなこと
(B) 嬉しいじゃなくて，たの，楽しい。

(A)(B)の例は，いずれも「KY コーパス」の初級学習者の発話データです。(A)の場合，「書く」に対する活用の間違いとして「かって」という発話をしています。(B)の場合，「楽しい」の言い直しとして「たの」という発話をしています。さて，(A)(B)を形態素解析エンジンで解析した場合，どうなるのでしょうか。第 6 章で説明した「茶まめ」を使って(A)(B)を解析した場合，以下のような結果が返ってきます。

部屋	ヘヤ	部屋	名詞－普通名詞－一般
，		，	補助記号－読点
行き	イク	行く	動詞－非自立可能
ます	マス	ます	助動詞
，		，	補助記号－読点
手紙	テガミ	手紙	名詞－普通名詞－一般
か	カ	か	助詞－終助詞
って	ッテ	って	助詞－副助詞
，		，	補助記号－読点
好き	スキ	好き	名詞－普通名詞－形状詞可能
な	ダ	だ	助動詞
こと	コト	事	名詞－普通名詞－一般

【図 3】 (A)の解析結果

うれしい	ウレシイ	嬉しい	形容詞－一般
じゃ	ダ	だ	助動詞
なく	ナイ	無い	形容詞－非自立可能
て	テ	て	助詞－接続助詞
，		，	補助記号－読点
た	タ	た	助動詞
の	ノ	の	助詞－終助詞
，		，	補助記号－読点
楽しい	タノシイ	楽しい	形容詞－一般

【図 4】 ⒝の解析結果

⒜の場合,「かって」の部分に注目すると,「か＋って」で形態素を分けており, いずれも助詞として解析しています。⒝の場合,「たの」の部分に注目すると,「た＋の」で形態素を分けており, 助動詞と助詞の連続として解析をしています。これは言うまでもなく, 学習者の発話意図を反映した解析ではありません。学習者コーパスを形態素解析プログラムにかけた場合, こうした問題は頻繁に起きます。李(2009)の報告では,「KY コーパス」の場合, データ全体の 3 割以上において図 3 や図 4 で指摘した現象が起きます。つまり, 母語話者のデータでは, 100% 近い精度で正しい解析をする形態素解析技術でも, 非母語話者のデータでは, 70% 程度の精度でしか正しい解析結果が得られないということになります。ただし, 70% という精度の背景には, 形態素解析エンジンは話し言葉に対しては相対的に誤解析を起こしやすいという理由も関係していますので, 一概に学習者のデータだからということではありません。

さて, 3 割の意図に反した処理結果が存在することは, 形態素解析プログラムの未熟さを示すものではありません。もともとの入力データが間違っているので, 形態素解析結果が間違うことはむしろ自然なことです。誤用例の解析はそもそも正解が存在しない処理であることを理解すべきです。ここでは, 形態素解析エンジンの設計思想として非母語話者のデータを解析するために作られたものではないにも関わらず，7割正しい結果を返してくれる点を評価し，コーパス構築において積極的に活用する態度が必要と考えます。3割の問題については基本的には人手で修正するという考え方で，データを作るのが望ましいといえます。修正作業においては，Excelなどのソフトウェアを使用し，データをチェックしていきます。

11.3.2 誤用タグの検討と挿入

■誤用分析

学習者コーパスの主たる用途の1つとして，学習者の産出データに基づいて誤用分析を行うということがあります。この誤用分析を行うことで，学習者にとって目標言語のどの部分で正用法を導き出すのが困難か，間違いの原因は何であり，何を学習すべきかを調べることができるのです。さらに，それに基づいてどのような指導を行うべきか，どういう気づきを与えるべきかの検討ができます。こうした誤用分析における活用を考えて，学習者コーパスでは誤用例に対するタグを付与することが推奨されます。

誤用タグは，基本的には誤用分析の流れを踏まえ，コーパスの作成者が用意することになります。Ellis(1996)によれば誤用分析は，以下の手順によってなされるとされています。

⑴ 誤用箇所の発見
⑵ 誤用の分類
⑶ 誤用の説明
⑷ 誤用の評価

⑴は，学習者の発話の中から誤用箇所を見つけることを意味します。それを踏まえ，⑵では，どういう言語範疇に関わる誤用であるのかな

ど，誤用のタイプ分けを行います。分類の視点としては，文法的な誤用か，語彙的な誤用か，発音もしくは表記的な誤用か，丁寧さなどのスタイルに関する誤用かなどが考えられます。または，日本語の標準的な表現と比較をし，不要な要素を添加した誤用なのか，入れるべき要素を省略・削除した誤用なのか，間違った要素で置換した誤用なのかといったことが考えられます。(3)では，誤用を引き起こす原因について考察し，母語干渉によるものなのか，コミュニケーションストラテジーによるものなのか，インプットの偏りによるものなのかといったことを検討します。最後に，(4)では，誤用が実際のコミュニケーション上で与える影響の度合いを評価します。誤用タグの検討において，重要なのは，(1)と(2)です。(1)と(2)の考察をもとに，どのような誤用タグをどれだけ用意するかを検討します。(3)の部分は，分析者による主観的な判断が多く入るため，タグセットの検討ではむしろ排除すべき項目ということになります。

■誤用タグの検討

誤用タグの標準的なタグセットは存在しませんので，基本的にはコーパスの作成者が実例を見ながら，検討することになります。タグセットを検討する際に必要な視点としては，以下の２つがあげられます。

(1)　表層レベルで体系化する。
(2)　タグの階層化を行う。

学習者コーパスは，一貫した視点で作ることが大切です。そのため，誤用タグにおいて基本的には，(1)で示すように，表層の記述レベルで仕様を検討する必要があります。たとえば「母語干渉」というタグをタグセットの１つとして入れられるかどうかという問題を考えてみましょう。ここで，ポイントになるのは「母語干渉」によるものかどうかが一貫して判断できるのかという点です。結論的には難しいということになります。誤用タグを実際に付与する作業においては，複数の作業者が作業を行うことになりますが，その際に，一貫した基準で判断できるものでなければ，作業者によって結果がまちまちだったりします。そうすると，データ全体が主観的なものになり，信頼できるものでなくなってしまいます。こうしたことを防ぐためには，できるだけ表層の記述レベルでタグセットを決めることが好ましいといえます。たとえば，品詞に関わる誤用などは，複数の作業者が作業を行ってもそれほど揺らぐことはありませんので，「格助詞の誤脱落」「助動詞の誤付加」といったタグがよいでしょう。

次に，タグセットはできるだけ階層化することが好ましいといえます。階層化の具体例として，英語の学習者コーパスではありますが，The NICT JLE Corpusの「エラータグ付与ガイドライン」などが参考になります。The NICT JLE Corpusでは，47種類の誤用タグを用意しており，すべてを紹介することはできませんが，以下で，その一部を紹介します。

1．名詞に関する誤り
　⑴　活用に関する誤り
　　1　複数形への活用誤り
　　2　所有格形の誤り
　⑵　名詞の単複に関する誤り
　⑶　名詞の格に関する誤り
2．動詞に関する誤り
　⑴　活用に関する誤り
　⑵　主語－動詞の人称・数の不一致
3．助動詞に関する誤り

(1) 語彙選択誤り

4．形容詞に関する誤り

(1) 活用に関する誤り

5．副詞に関する誤り

6．前置詞に関する誤り

7．冠詞に関する誤り

8．代名詞に関する誤り

9．接続詞に関する誤り

10. 関係詞に関する誤り

11. 疑問詞に関する誤り

12. その他の誤り

The NICT JLE Corpusでは，3階層のタグセットが用意されています。第1階層では，品詞レベルでの分類に基づくタグを設定しています。第2階層では第1階層の詳細として，活用に関する誤りなのか，語彙選択に関する誤りなのかなどをタグとして設定しています。第3階層では，第2階層をさらに詳細化しています。

■誤用タグの挿入

誤用タグの検討が終わり，タグセットの仕様が決まった時点で，実際のデータに対してタグを挿入します。タグの挿入は形態素解析を行った場合は，Excelなどを活用しながら，基本的には人手で入れていくことになります(構築の規模にもよりますが，英語の大規模な学習者コーパスの構築プロジェクトでは，誤用タグの挿入用のソフトウェアなども開発されていますが，小規模プロジェクトでは，Excelなどを使って人手で入れていくのが現実的といえます)。たとえば，単語の隣のセルに誤用であることを示す何らかの記号類(数字またはアルファベットなど)を入れていきます。

誤用タグの挿入時には，作業上の問題としてどこまでを誤用にするかという問題があり，絶対的な基準は存在しません。作業者の内省により，判断するという意味では主観の混入を完全に排除することができません。主観の混入を減らすために，複数人の目を通して作業を行うのが望ましいといえます。

11.4　運用環境構築と公開

学習者コーパス開発の最後のステップとして，どういう検索環境で学習者コーパスを運用するのか，そして，どういう形でデータを公開するのかという問題があります。個人単位で学習者コーパスを構築し，活用する場合は，第6章で紹介した検索ソフトウェアを使います。

公開に関する方針として，(1)検索システムと学習者のデータを一緒に公開するのか，(2)データのみ公開するのかということがポイントになります。そして，(1)の方針をとった場合，検索を介した部分テキストとして公開するのか，全文データも一緒に公開するのかといったことを決めなければなりません。(2)の方針をとった場合，データを渡す経路を明確にする必要があります。ウェブサーバ内に常時データを置いて，ダウンロードできるようにするのか，データ利用の申し込みがあった人にデータを送る形にするのかなどのことを決めなければなりません。そして，(1)(2)に共通する部分として，実際のコーパス使用者に対して，データ利用に関するガイドラインを示し，同意してもらう手続きが必要になります。一般的には(2)の方針で公開がなされている場合が多いです。(2)の方針をとる場合は，学習者コーパスの開発者側は，データの部分のみ構築し，個々の検索環境については使用者側が用意をすることになります。公開においては，利用環境の制約がないテキストファイル形式で公開するのが望ましいといえます。一方，(1)の検索システムとデータをセットで公開するという方法は，個人単位では難しい作業です。というのも，何らかのプログラミングによる検索エンジンの開発が必要になるからです。

11.5　まとめ

本章では，学習者コーパスを作るという視点から，構築における作業項目と各作業項目において留意すべき点について説明しました。コーパスのデザインを検討する上で考慮すべき項目や文字化などの電子化を行う場合の方法，さらには学習者データに対して形態素解析を行った場合，起きうる問題点について説明しました。そして，学習者コーパスを構築する上で欠かせないものとして，誤用に対するタグ付けについてもふれました。

11.6　さらに学びたい人のために

学習者コーパスの構築方法について最も具体的に記述したものとしては，和泉（他）（編）（2004）があります。和泉（他）（編）（2004）には，The NICT JLE Corpus がCD-ROMとしてついているほかに，構築過程が詳細に記述されており，学習者コーパスの構築プロセスを知ることができます。

第12章 学習者コーパスの検索

12.0 本章の概要

近年，学習者コーパスを利用した調査研究が活発になされています。この背景として日本語教育のための複数の学習者コーパスが公開されていることとコーパス研究が持つ重要性が認識されていることがあげられます。

本章では，学習者コーパスの調査方法について説明します。まず，学習者コーパスを使った調査の流れを説明します。次に，利用者の利便性を重視したオンラインコーパスと研究目的で利用可能なテキストコーパスを取り上げ，事例に基づいて説明します。

12.1 調査の流れ

学習者コーパスに対する調査の流れを説明します。基本的には第3章や第4章で行った母語話者コーパスの調査方法とそれほどかわることはありませんが，大きく違う点として誤用例に対する配慮が必要になることがあげられます。具体的な調査の手順は，以下のようになります。

(1)　調査計画の策定
(2)　データの選定
(3)　検索システムの導入
(4)　検索の実行
(5)　集計および分析

まず，(1)の作業では先行研究などを検討しながら，どういう目的でどういう対象を調査するのかを決めます。それに沿って(2)でどのような学習者コーパスを使うのかを決めます。話し言葉の学習者コーパスを使うのか，書き言葉の学習者コーパスを使うのか，どういう母語話者のデータを使うのか，どのレベルの学習者のデータを使うのかなどを検討します。

次に，(3)でコーパスを検索するための環境をつくる必要があります。オンラインコーパスを使う場合は，ウェブブラウザがあれば，それ以外の環境設定は必要ありません。テキストコーパスの場合は，自分のコンピュータにデータをダウンロードした後，何らかの検索用のシステムをインストールします。表層の文字列から検索を行う場合は，第6章で紹介した検索システムのいずれかをインストールすれば問題ありません(→6.1.1節)。

次に，(4)の検索を実行し，検索結果を保存します。そして，(5)で集計をするという流れになります。(5)では第8章で説明したピボットテーブルを使うことで簡単に実行できます。以下では，(1)から(4)の作業を実例に基づいて説明します。

12.2　学習者コーパスを使う

本節では，検索環境の便利さやデータの汎用性の面を考慮し，3つの学習者コーパスを選びました。コーパスの概要は，表1のようになります。

【表1】コーパスの概要

コーパス	収録データ	検索環境	コーパスサイズ
タグ付きKYコーパス	会話	オンライン検索 テキスト検索	232,605語
日本語学習者作文コーパス	会話	オンライン検索 テキスト検索	113,656語
多言語母語の日本語学習者横断コーパス(I-JAS)	会話・作文	オンライン検索	4,616,400語*

*学習者発話のみ集計

表1では，3つのコーパスを知る上での基礎的な情報として，収録データの種類と検索環境とコーパスサイズを示しました。コーパスサイズは，形態素解析に基づいて算出しています。また，すべてのコーパスのリンクなどは巻末付録をご参照ください。

12.2.1　タグ付きKYコーパス

「タグ付きKYコーパス」とは，日本語の学習者コーパスの草分け的データである「KYコーパス」(→10.2.2節参照)に対して半自動でタグをつけ，検索システムと一緒に公開しているコーパスのことです。開発は，李在鎬氏を中心とする科研プロジェクトのグループが行ったもので，ウェブ版での公開は2013年になされました。言語情報がタグとして埋め込まれているコーパスであるため，テキストベースの検索ではできないような高度な検索ができます。利用可能なタグ情報は，品詞情報と意味情報と誤用情報です。

【図1】「タグ付き KY コーパス」の検索システム

「タグ付き KY コーパス」は，図1の画面で検索を行います。検索キーワードは，形態素単位でも可能ですし，表記レベル(文字列単位)でも可能です。いわゆる基本形をもとに検索を行い，用例を集める場合は，形態素単位で検索を行います。

検索オプションとして3つのセットが用意されています。1つ目は学習者のデータ選択に関するオプションで，学習者のレベルや母語を選択して，検索することができます。2つ目は用例の正誤に関するオプションです。検索キーワードの誤用例と正用例を選択して，検索できます。たとえば，誤用例のみを見たい場合は，検索ボックスの下にある「誤用のみ」というラジオボタンをクリックします。3つ目は，品詞と意味分類によるオプションで，検索キーワードに品詞を条件として追加したり，意味分類を条件として追加したりすることができます。

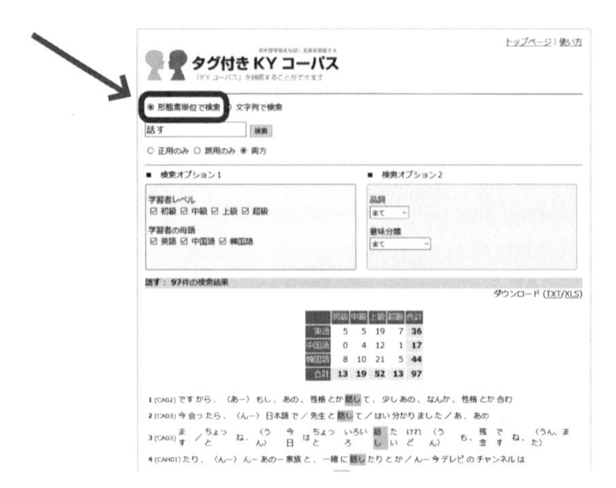

	初級	中級	上級	超級	合計
英語	5	5	19	7	36
中国語	0	4	12	1	17
韓国語	8	10	21	5	44
合計	13	19	52	13	97

【図2】 形態素単位の検索

図2では，最も単純な検索例として，テキストボックス内に「話す」をキーワードにし，検索した結果を示しました。検索の総数が97件であることと，97件の詳細頻度を母語とレベルによるクロス表として表示しています。

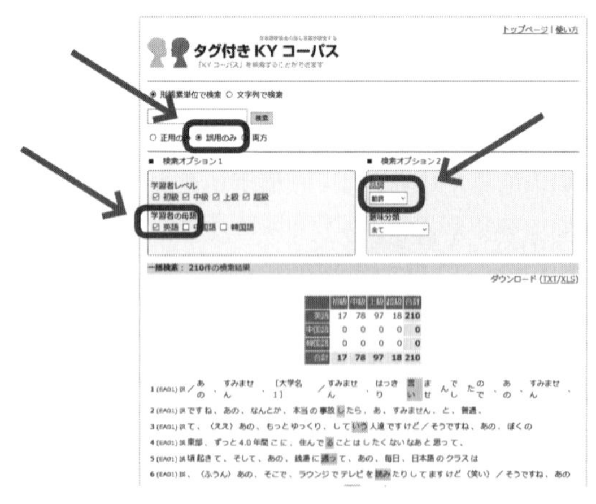

	初級	中級	上級	超級	合計
英語	17	78	97	18	210
中国語	0	0	0	0	0
韓国語	0	0	0	0	0
合計	17	78	97	18	210

【図3】 英語母語話者の誤用例の検索

図3では，より進んだ使い方として，英語母語話者の動詞の誤用例のみを検索しています。検索オプションとしては，1)テキストボックスを空欄にし，2) 検索オプション1の「学習者の母語」を英語のみにチェックを入れます。そして，3)検索オプション2の品詞を「動詞」にします。検索の総数が210件であることと，210件をレベル別に集計しています。 同じような方法で，「意味分類」による検索も可能です。なお，意味分類は，『分類語彙表』に基づいて行われます。

「タグ付きKYコーパス」の特徴として，1)学習者の誤用をタグとして入れてあるため，誤用例のみを収集するといったタスクが手軽に行えること，2)「意味分類」に関する情報も入っているため，OPIで議論される習熟度と抽象的な語彙の使用の有無が確認できることがあげられます。

12.2.2　日本語学習者作文コーパス

「日本語学習者作文コーパス」とは，中国語と韓国語母語話者304名の作文データを収録しているコーパスのことです。開発は，李在鎬氏を中心とする科研プロジェクトのグループが行ったもので，公開は2013年になされました。特に意見文を意図した作文が入っています。作文のトピックは，2つです。1つ目は「外国語がうまくなる方法」，2つ目は「インターネット時代に新聞や雑誌は必要か」です。なお，2つ目のトピックについては，10.2.1節で取り上げた「日本・韓国・台湾の大学生による日本語意見文データベース」のデータがそのまま入っています。

【図4】「日本語学習者作文コーパス」の検索システム

図4に「日本語学習者作文コーパス」の検索画面を示します。検索方法は，12.2.1節の「タグ付きKYコーパス」と大きくは違わないデザインになっています。「タグ付きKYコーパス」と違う点としては，1）データ選択に関するオプションが細かくなっていること，2）言語テストの成績とデータが関連づけられていることです。

「日本語学習者作文コーパス」の場合，検索結果の表示画面に様々な工夫がなされています。具体例として，「話す」をキーワードにした検索事例を示します。

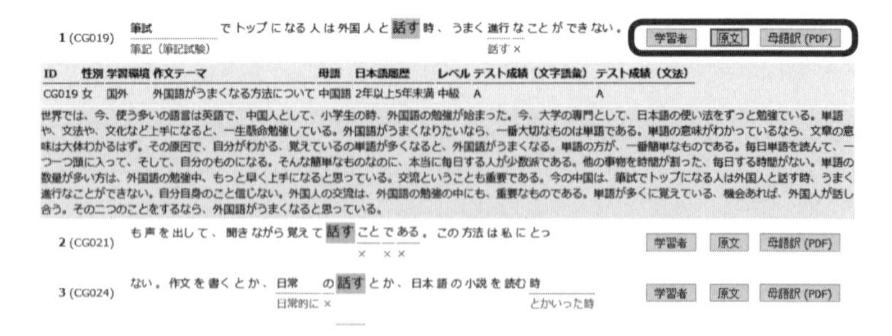

【図5】「話す」のKWIC画面

図５では「話す」をキーワードに検索した結果で，中国語母語の中級学習者の例を示しました。学習者コーパスのデータ分析では，学習者の日本語学習環境や母語，さらには，日本語学習歴，言語能力を踏まえた検討が重要です。「日本語学習者作文コーパス」では，こうした事情を踏まえて，図５で示すように各用例に対しては，右上に学習者の履歴や作文全体の原文，さらには，母語訳が見られるボタンを配置しています。「学習者」ボタンをクリックすると執筆した学習者の日本語の学習履歴が表示されます。「原文」ボタンをクリックすると日本語作文の全文が表示されます。そして，「母語訳(PDF)」をクリックすると学習者が母語で書いた作文を見ることができます。「母語訳(PDF)」を見ることで作文意図をより正確に把握することができます。

「日本語学習者作文コーパス」の特徴として，１)全文データを無償で公開していること，２)統計的な分析のためのコーパスサイズなどの詳細な情報を公開していることがあげられます。全文データのダウンロードについては，画面右上の「全文ダウンロード」リンクをクリックすると，全テキストデータがダウンロードできます。また，統計情報については「使い方」リンクをクリックすると，その中に論文情報や収録データの詳細情報が入っています。これらを使うことで，単に検索して終わるのではなく，統計的な手法を使ったより精緻な分析ができると考えられます。

12.2.3 多言語母語の日本語学習者横断コーパス(I-JAS)

10.2.2節で取り上げた「多言語母語の日本語学習者横断コーパス(I-JAS)は2012年にプロジェクトが開始され，８年の歳月をかけて2020年３月に完成しました。I-JASには「中納言」を使ったコーパス検索ができる仕組みが用意されています。

【図6】「中納言」によるI-JASの検索システム

図6に「中納言」を使った「I-JAS」の検索画面を示します。「BCCWJ」と共通の検索システムを使っていますので，短単位による検索にも，文字列による検索にも，対応しています。短単位による検索では，前方共起条件や後方共起条件を指定することで，より高度なデータ検索ができます。また，検索オプションとしては次のようなものが用意されています。1）ストーリーテリングや対話といったタスクによってデータが選択できます。2）学習者の母語や性別といった背景情報に基づくデータが選択できます。3）調査時に行った言語能力測定のためのテスト得点に応じて，データが選択できます。

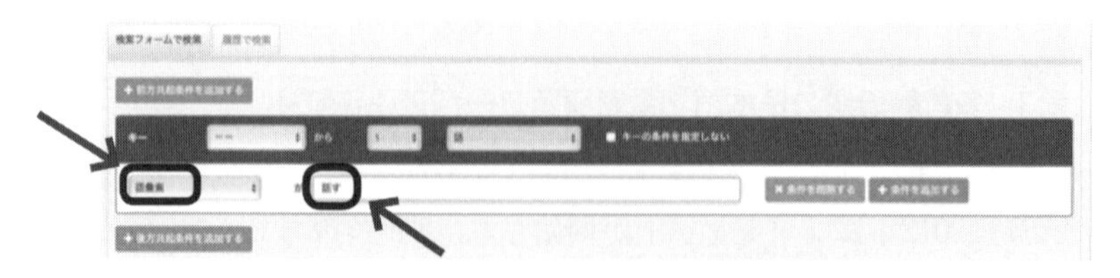

【図7】「話す」の検索例

図7では，「話す」の基本形による短単位検索の例を示しました。I-JASは，UniDicによる解析済みデータの検索ができるようになって

います。語彙素による検索をすると，「話す」のすべての活用例が検索できます。語彙素のほかに，実際の表記をもとに「書字形」で検索をすることもできますし，読み方をもとに「語彙素読み」で検索をすることもできるなど，多様なキーワード検索ができるようになっています。

図7の入力から図8の「検索する」ボタンをクリックすると，2,698件(2020.5現在)がヒットしました。その結果は図9のように表示されます。

【図8】 検索の実行と結果のダウンロード

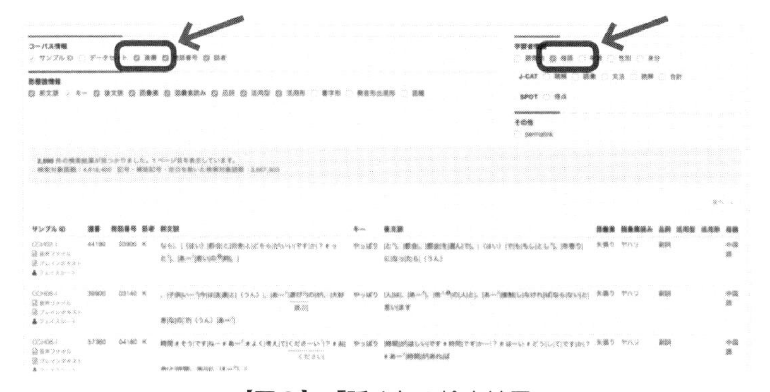

【図9】「話す」の検索結果

図9では，一般的なKWIC表示として，キーワード検索の結果が表示されます。画面上にはたくさんの付加情報が表示されますので，上の「コーパス情報」と「学習者情報」のチェックボックスに必要な項目を選択することで，より見やすい画面で結果を確認することができます。なお，画面上に表示せず，CSVファイルで結果を直接ダウンロードすることもできます。その場合は，図7のキーワードを入力したあと，図8の「検索結果をダウンロードする」をクリックします。

I-JASには，データの選択オプションに関しても多様なニーズに対応できるしくみが用意されています。図10のとおり，母語や調査地，さらには，データの種別に応じてデータを選択し，検索することができます。

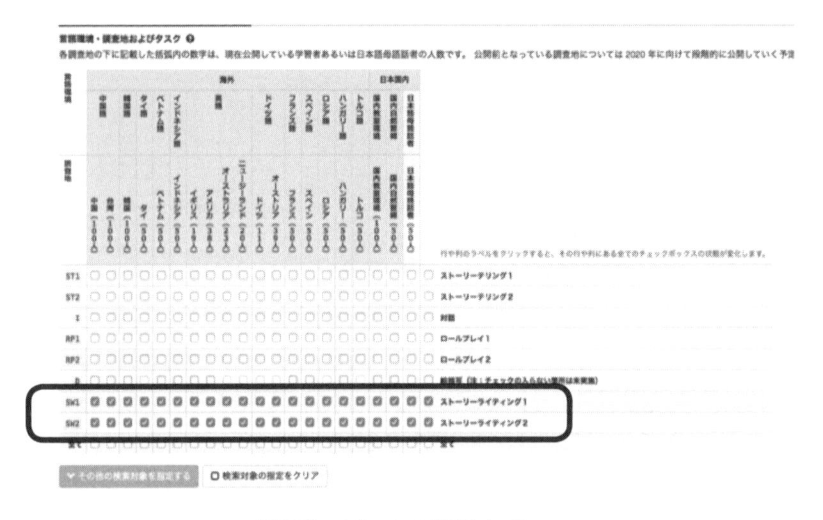

【図10】 データの選択オプション

図10では，書き言葉である「ストーリーライティング」のみを選択した場合の例を示しました。図10のオプションで検索した場合，236件(2020.5現在)がヒットしました。

「多言語母語の日本語学習者横断コーパス(I-JAS)」の特徴として，1)従来のコーパスが話し言葉か書き言葉かのどちらかに限定されていたのに対して，話し言葉と書き言葉の両方を収録していること，2) 1,000人というかつてない大規模なデータであること，3)客観テストにより，調査協力者の言語能力が明確であることが挙げられます。

最後に，本コーパスは完成版が公開されていますが，バグの修正などが行われる可能性がありますので，利用時期を明記することが望ましいと言えます。

12.3　まとめ

本章では，学習者コーパスの利用という観点からコーパスデータの紹介およびコーパス検索の方法について述べました。ウェブブラウザで利用可能なオンラインコーパスの例として「タグ付き KY コーパス」「日本語学習者作文コーパス」「多言語母語の日本語学習者横断コーパス(I-JAS)」を取り上げました。それぞれのコーパスには，開発趣旨や目的があるので，利用の際には，必ず確認してから使いましょう。開発趣旨や目的と違う調査においてコーパスを使った場合，調査結果に対しても誤った解釈をしてしまう危険性があります。

12.4　さらに学びたい人のために

「タグ付き KY コーパス」の開発趣旨やデータの詳細は李(2009)で紹介されています。また，「日本語学習者作文コーパス」を調査研究に利用する場合は，李(他)(2013)の事例を参考にするとよいでしょう。「多言語母語の日本語学習者横断コーパス(I-JAS)」については，迫田(他)(2016)においてプロジェクト全体のレビューがなされているほか，迫田(他)(2020)が，その内容・使い方・研究例などを詳しく解説しています。

12.5　練習問題

(1) 「日本語学習者作文コーパス」で全文データをダウンロードして，形態素解析済みのデータをピボットテーブルで集計し，どんな単語がよく使われているのか調べてみましょう。特に，習熟度によって使われる語彙にどんな違いがあるか調べてみましょう。

(2) 「多言語母語の日本語学習者横断コーパス(I-JAS)」では複数の母語話者のデータが収録されています。終助詞「ね」を検索し，使用頻度においてどんな違いがあるか調査してみましょう。特に，母語と習熟度によってどんな違いがあるか調べてみましょう。

第 4 部

日本語教育とコーパス

第13章

日本語教育支援としてのコーパス

13.0 本章の概要

コーパスは母語話者でも気づくことのできない日本語の姿に気づかせてくれるので，これまで教師の言語直観に頼ることの多かった教育のあり方を大きく変えるものとして期待できます。とりわけ，日本語母語話者でない日本語教師にとっては，言語直観が母語話者並みでないという悩みを解消してくれるありがたい存在です。また，コーパスは学習者の学習支援や日本語学習辞書の編集にも役立ちます。そこで，本章では，教師や学習者，あるいは辞書編集者が簡単にコーパスを利用して日本語教育や学習辞書の編集に役立てることのできる道具としてのコーパスの使い方を紹介します。

13.1 教師と学習者のためのコーパス検索システム

本節では学習者の作文支援のために開発された「なつめ」と，学習者の作文コーパスから誤用を検索できる「なたね」，および，レベル別の語彙で構成された例文が検索できる jpWaC-L をを紹介します。「なつめ」と「なたね」は仁科喜久子氏らの「Hinoki プロジェクト」チームによって，jpWaC-L はクリスティーナ・フメリャク氏，トマシュ・エリャヴェッ氏，川村よし子氏によって開発されたシステムで，いずれもウェブ上で無償公開されています。第 2 章で紹介した BCCWJ の「少納言」などもウェブ上で例文を検索できるコーパス検索システムですが，ここで紹介するのは単に例文を検索するだけでなく，文法やコロケーション情報や類義語を調べたり，学習者の誤用のタイプや誤用の原因を調べたり，レベルに合った例文を探したりするのに活用できる便利なシステムです。

13.1.1 「なつめ」

学習者が日本語で作文しようとするとき，使いたい単語があっても，その使い方がわからずに迷うことが少なくありません。たとえば「申し込み」と「申込」のどちらが一般的な書き方か，「技術が高い」と「技術が強い」のどちらが正しい言い方か，「興味を～」の「～」にどんな動詞が使えるか，「特徴を示す」と「特徴を提示する」のどちらがより適切か，「感動」と「感激」など似た単語の使い分けの基準は何かなど，学習者は様々な問題に直面します。

ここで紹介する「なつめ」は，科学技術論文を書く学習者を想定し，彼らの作文支援のために作られています。しかし，必ずしも科学技術系だけでなく，一般の学習者が作文するときに遭遇する問題に関しても，それらを解決するヒントとなるコーパスの検索が行えます。

■コロケーションの検索

「なつめ」で使われているコーパスは，Wikipedia 日本語版，科学技術論文集，BCCWJ の書籍，新聞，Yahoo! 知恵袋などのサブコーパスで，それらに含まれている名詞，動詞，形容詞のコロケーションが検索できます。たとえば，調べたい名詞を検索すると，それがどのような「格助詞＋動詞」や「格助詞＋形容詞」を伴って使われるかが頻度順に示されます。

試しに，「特徴」という語について検索してみましょう。図1は「なつめ」の見出し語検索画面です。

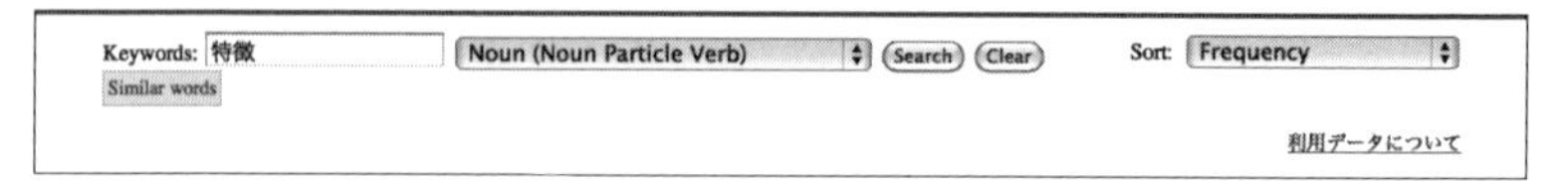

【図1】「なつめ」の見出し語検索画面

Keywordsに「特徴」という単語を入力してSearch(検索)をクリックすると図2が現れます。これは「特徴」がどのような「格助詞＋動詞」と結びついて使われているかを，頻度順に示したものです。

Keywords: 特徴　Noun (Noun Particle Verb)　Search　Clear　Sort: Frequency

Similar words　特長　器用さ　長所　強肩　身軽さ　繊細さ　俊足　特質　特色　機動力

特徴

が	を	に	で	から	より	と	へ
ある	持つ	なる	ある	ある	区別される	する	
見られる	もつ	基づく	なる	考えられる	付ける	なる	
現れる	示す	ある	する	する	登場する	される	
みられる	備える	加える	呼ばれる	呼ばれる	アップロード	いえる	
出る	生かす	挙げられる	される	分類される	なる	言える	
異なる	有す	着目する	持つ	なる	表される	いう	
挙げられる	残す	応じる	見られる	用いられる	多数築造され	考えられる	
表れる	有する	する	与える	推定される	利用される	一致する	
似る	する	由来する	できる	される		いわれる	
する	表す	合わせる	いう	できる		見なされる	
認められる	利用する	注目する	由来する	分けられる		言われる	
なる	活かす	つける	存在する	持つ		思う	
存在する	受け継ぐ	一致する	異なる	見る		見なす	
一致する	挙げる	起因する	登場する	使われる		言う	

○助詞・活用で拡張　○類義語で拡張　●拡張なし　○拡張なし＋　Clear

利用データについて

【図2】「特徴＋格助詞＋動詞」の検索結果

図2の格助詞「を」の列を見ると，「いかす」という語に「生かす」と「活かす」の2つの表記が使われていることがわかります。これらがどのようなジャンルで多く使われているのかを調べて見ましょう。まずは「生かす」をクリックしてください。「「特徴＊生かす」のジャンル別

頻度」というグラフが出てきます。次に，図2の表の右下にある「類義語で拡張」をクリックすると図3が現れます。

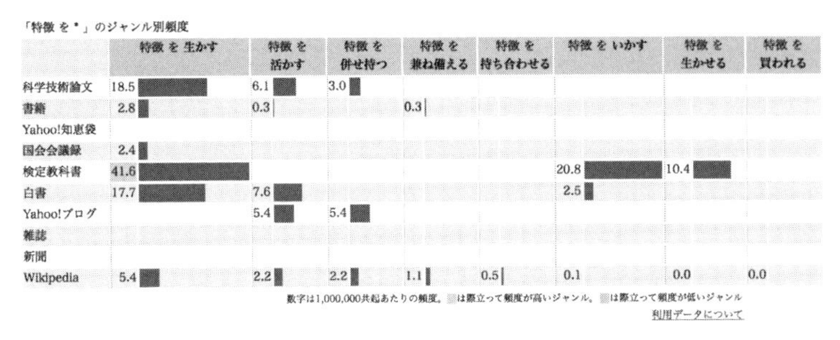

「特徴 を * 」のジャンル別頻度

	特徴 を 生かす	特徴 を 活かす	特徴 を 併せ持つ	特徴 を 兼ね備える	特徴 を 持ち合わせる	特徴 を いかす	特徴 を 生かせる	特徴 を 買われる
科学技術論文	18.5	6.1	3.0					
書籍	2.8	0.3		0.3				
Yahoo!知恵袋								
国会会議録	2.4							
検定教科書	41.6					20.8	10.4	
白書	17.7	7.6				2.5		
Yahoo!ブログ		5.4	5.4					
雑誌								
新聞								
Wikipedia	5.4	2.2	2.2	1.1	0.5	0.1	0.0	0.0

数字は1,000,000共起あたりの頻度。 は際立って頻度が高いジャンル。 は際立って頻度が低いジャンル

利用データについて

【図3】「特徴を *」のジャンル別頻度

これにより，Yahoo! ブログ以外では全般的に「生かす」が一番多く使われていることがわかります。さらに，検定教科書では「活かす」が使われず，「生かす」のほかに平仮名表記の「いかす」もたくさん使われていることがわかります。

次に，「特徴」がどのような形容詞とともに使われているのかを調べることにしましょう。Keywordsの右にあるNoun(Noun Particle Verb)の箇所をNoun(Noun Particle Adjective)に変えてSearchをクリックしてください。「特徴＋格助詞＋形容詞」の検索結果が示されます(図4)。

【図4】「特徴＋格助詞＋形容詞」の検索結果

この画面から，「特徴がない／多い／強い」「特徴で多い」などのパターンが頻繁に使われていることがわかります。以上のパターンがどのような文脈で使われているのかを見たい場合，たとえば，「特徴で多い」の場合なら，格助詞「で」の列の「多い」をクリックして，「「特徴＊多い」ジャンル別頻度」を表示させ，そこの「特徴で多い」をクリックすると，図5のように用例と出典が提示されます。

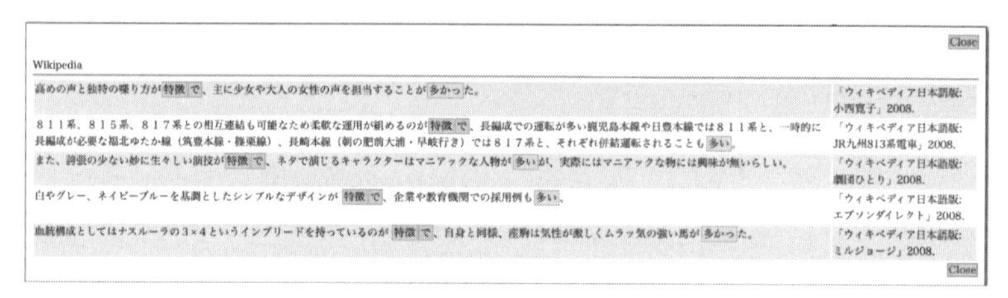

【図5】「特徴で多い」の用例と出典

これにより，「特徴で多い」の場合は連続した文字列ではなく，「特徴で」が使われた節と「多い」が使われた節が別のものであったことがわかります。検索結果で表示された文字列は必ずしも連続して用いられたものばかりとは限らないので，その都度用例を見て確かめることが必要です。

■類義語の比較

最後に，「特徴」の類義語について調べてみることにしましょう。図2のKeywordsの下のSimilar words(類義語）に「特長」「器用さ」「長所」など，特徴と似たような環境でよく現れる単語が示されています。比較する語は2つ以上選ぶことができますが，ここでは「特徴」と類義関係にある「特色」を取り上げて，これら2語の比較をすることにしましょう。Similar wordsの「特色」をクリックすると，Keywordsの箇所に「特色」が自動的に入力され，「特徴」と「特色」の検索結果が同一画面に表示されます。

Keywords: 特徴　特色　Noun (Noun Particle Verb)　Search　Clear　Sort: Frequency

Similar words

特徴　特色

が	を	に	で	から	より	と	へ
ある	持つ	なる	ある	ある	表される	する	
見られる	もつ	基づく	なる	考えられる	アップロード	なる	
現れる	示す	ある	する	する	利用される	される	
みられる	備える	加える	呼ばれる	呼ばれる	なる	いえる	
出る	生かす	挙げられる	される	なる	区別される	言える	
異なる	有す	着目する	見られる	分類される	付ける	いう	
表れる	有する	応じる	持つ	用いられる	登場する	考えられる	
挙げられる	残す	由来する	与える	推定される	多数築造され	一致する	
似る	する	する	できる	される		いわれる	
する	表す	合わせる	いう	できる		見なされる	
認められる	利用する	注目する	由来する	分けられる		言われる	
存在する	活かす	つける	異なる	見る		思う	
なる	受け継ぐ	あわせる	存在する	持つ		見なす	
残る	挙げる	よる	言われる	考える		思われる	

○助詞・活用で拡張　○類義語で拡張　◉拡張なし　○拡張なし＋　Clear

【図６】「特徴」と「特色」の検索結果

図６は「特徴」と「特色」のそれぞれの語に格助詞と動詞が後続するパターンの一覧を示したものです。リストの左側にある色つきのバーの幅によって，「特徴」と「特色」それぞれの頻度の高さが比較できます。たとえば，「が＋ある」はどちらも比較的多く用いられていますが，「が＋挙げられる」は「特徴」を使った例だけで「特色」を使った例がないことがわかります。図６は「特徴」の頻度順に配列してありますが，リストの上の「特色」をクリックすることによって「特色」の頻度順に並べ替えることができます。これにより「特徴」と「特色」のコロケーションがさらに細かく比較できますので試してみてください。

以上，「なつめ」に搭載されているすべてのコーパスを対象として調べる方法を説明しました。次に，「なつめ」に搭載されているサブコーパスごとに頻度を調べる方法を説明します。

■サブコーパスごとの分布

「特徴」と「特色」に，文体的な異なりがあるかどうかを知りたいときは，サブコーパスごとにどのような使われ方をしているのかを調べることが有力な方法となります。そこで，「特徴」と「特色」のどちらも比較的多く使われている「～を持つ」というパターンについて，サブコーパスごとの分布を調べてみることにします。図6の「を」の列の「持つ」にカーソルをあててクリックしてください。図7の画面が現れます。

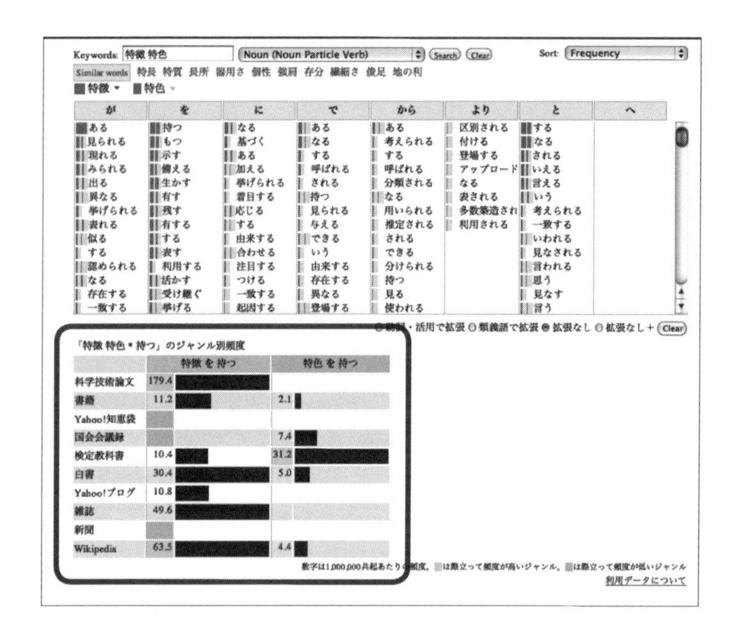

	特徴 を 持つ	特色 を 持つ
科学技術論文	179.4	
書籍	11.2	2.1
Yahoo!知恵袋		
国会会議録		7.4
検定教科書	10.4	31.2
白書	30.4	5.0
Yahoo!ブログ	10.8	
雑誌	49.6	
新聞		
Wikipedia	63.5	4.4

【図7】「特徴を持つ」と「特色を持つ」

この図の下半分にある「「特徴 特色＊持つ」のジャンル別頻度」で，バーの長さによってサブコーパスごとの相対的な頻度が示されています。それによると，「特徴を持つ」は科学技術論文，白書，雑誌，Wikipediaで頻繁に用いられていること，それに対して「特色を持つ」は検定教科書で頻繁に用いられている一方で，科学技術論文や雑誌などでは用いられていないことなどがわかります。このようなことを手掛かりにすれば，それぞれの語がジャンルに応じて使い分けられている状況を知ることができますので，たとえば論文にはどちらの表現が適切かを考えるときなどの参考になります。

13.1.2「なたね」

学習者の誤用を調べ，その原因を突き止めることは教師が教え方や教材を考えるときに重要な手掛かりを与えてくれます。また，学習者にとっても自分の間違えやすいところを知り，日本語を上達させるためのよい材料となります。「なたね」は中国語，マラーティー語，ベトナム語，韓国語，スペイン語を母語とする学習者の作文を集めたコーパスを使って誤用の収集や分析を助けてくれるシステムです。

「なたね」には，①学習者一人一人の作文とそこに含まれる誤用の一覧を表示する「作文一覧」，②作文の中の特定の表現を検索する「全文検索」，③作文に含まれる誤用を検索する「誤用検索」，④母語別の学習者数，作文数，誤用の数，誤用タグの種別と種別ごとの数を示した「統計情報」という4つのページがあり，「なたね」のトップページ上部からそれぞれを選ぶことができます。以下ではそれらのうちの「誤用検索」について説明します。

■誤用検索

学習者の作文を添削する際，教師はまず，どこがどのように間違っているのかを特定しなければなりません。さらに作文指導の方法を考えるには，その間違いがなぜ生じたのか，その要因や背景を考える必要があります。「なたね」は作文に生じた誤用を「誤用の対象」「誤用の内容」「誤用の要因・背景」という3つの要素に分けてタグ付けし，どの要素からでも検索できるように設計されています。

まず，「なたね」の「誤用検索」の画面を開いてみましょう。トップページの上部にある「誤用検索」をクリックすると図8が現れます。この画面で学習者の母語や誤用の品詞など検索条件を様々に指定することができます。図8の下部にある「誤用種別で絞る」は，「誤用の対象」と「誤用の要因・背景」について種別ごとの検索をするのに使います。

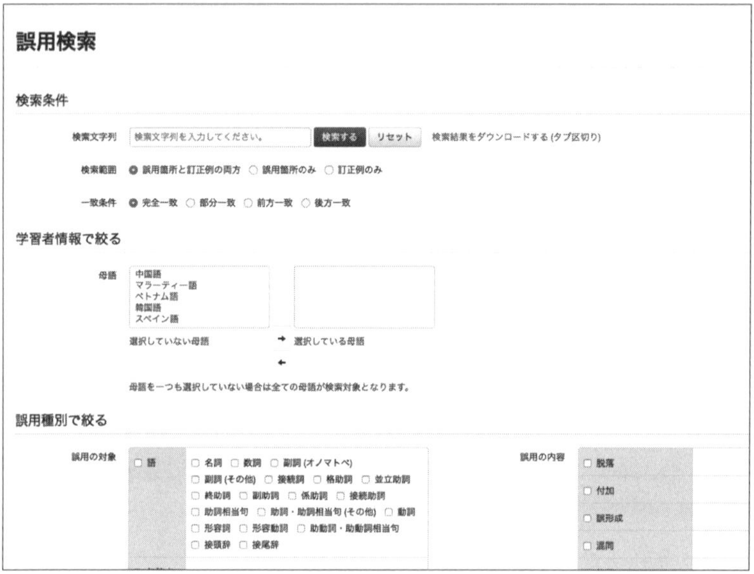

誤用検索

検索条件

検索文字列 検索文字列を入力してください。 検索する リセット 検索結果をダウンロードする (タブ区切り)

検索範囲 誤用箇所と訂正例の両方 誤用箇所のみ 訂正例のみ

一致条件 完全一致 部分一致 前方一致 後方一致

学習者情報で絞る

母語 中国語 マラーティー語 ベトナム語 韓国語 スペイン語

選択していない母語 選択している母語

母語を一つも選択していない場合は全ての母語が検索対象となります。

誤用種別で絞る

誤用の対象 語 名詞 数詞 副詞（オノマトペ） 副詞（その他） 接続詞 格助詞 並立助詞 終助詞 副助詞 係助詞 接続助詞 助詞相当句 助詞・助詞相当句（その他） 動詞 形容詞 形容動詞 助動詞・助動詞相当句 接頭辞 接尾辞

誤用の内容 脱落 付加 誤形成 混同

【図8】 誤用の検索画面

たとえば，「誤用の対象」の中の「接続詞」にチェックを入れて検索してみましょう。その結果，95件の誤用が検索され，「作文ID」「誤用ID」「誤用箇所」「誤用の対象」「誤用の内容」「誤用の要因・背景」「解説」「学習者の母語」という項目に分かれた一覧表として示されます。誤用を含む文章は「誤用箇所」の項目に表示されます。以下がその中の1つです。

(1) インドには3級と2級と1級のげんりょうはありません。**それで** →さらに 子どものためにいろいろな本もありません。

→の前の太字の語(＝それで)が原文の誤用，→の後の語(＝さらに)が添削後の正用です。この文の後には,「誤用の対象」「誤用の内容」「誤用の要因・背景」の項目が続き,それぞれ「接続詞」「混同」「類似::意味」と表示されます。「接続詞」というのは対象とされた誤用(=それで)の品詞が接続詞であることを示します。「混同」と「類似::意味」というのは,その誤用が意味の類似する他の語(=さらに)と混同して生じたものであることを示します。「類似」には,「それで」と「さらに」のような意味の類似の他に,字形の類似(「首」と「道」など)や音の類似(「ゆうめい」と「ゆめ」など)もあります。

次の用例(2)は,「誤用の対象」と「誤用の内容」については(1)と同じ「接続詞」と「混同」ですが,「誤用の要因・背景」が「レジスタ::話し言葉と書き言葉」に変わっています。つまり,この誤用の要因は,書き言葉にふさわしくない表現が用いられたことにあり,この場合はレジスターに関わる誤用であることが示されます。

(2) 成年と未成年に違う法律に適応しているはずだ。**だから**→その理由で、未成年犯罪者に対して、どんな罪でも、死刑にならない。

「なたね」では,(2)の例のように,非文法的とは言えないけれど,文脈やレジスターから見て不適切であると思われる場合も誤用として取りあげられています。この種の誤用にはレジスターの他に,待遇表現や文体の不統一があげられます。

■文字列による検索

「なたね」は,文字列を指定することによっても誤用を検索することができます。図8の画面上部にある「検索文字列」に探したい誤用の表現を入力してください。たとえば,そこに「のだ」と入力して検索すると,一致条件を「完全一致」に指定したときは5件,「部分一致」に指定したときは25件の文がヒットします。「完全一致」の場合は誤用の箇所が「のだ」という形の文しかヒットしませんが，「部分一致」の場合は「のだろう」や「なのだ」など「「のだ」が含まれた文がすべてヒットしますので，より多くの誤用を見つけることができます。ただし，「部分一致」では「ものだ」のように，「のだ」とは違う例もヒットしますので，注意が必要です。

■原文と誤用の添削の表示

検索した誤用が含まれる作文全体を見たいときは，検索結果の誤用一覧の一番左側の列にある「作文 ID」をクリックしてください。以下は⑴の作文全体を示した画面で，誤用とともに添削後の正用もすべて表示されています。この画面を確認することで，⑴の作文にある「３級と２級と１級のげんりょう」が「３級と２級と１級の教材」という意味であったことがわかります。

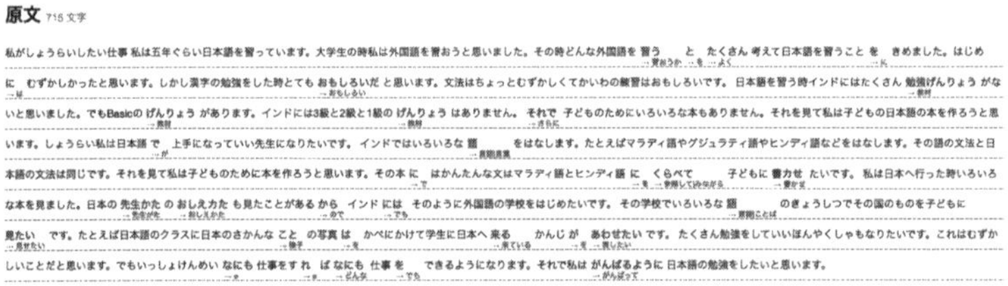

原文 715 文字

私がしょうらいしたい仕事 私は五年ぐらい日本語を習っています。大学生の時私は外国語を習おうと思いました。その時どんな外国語を 習う と たくさん 考えて日本語を習うこと を きめました。はじめ
に むずかしかったと思います。しかし漢字の勉強をした時とても おもしろいだ と思います。文法はちょっとむずかしくてかいわの練習はおもしろいです。日本語を習う時インドにはたくさん 勉強げんりょう がな
いと思いました。でもBasicの げんりょう があります。インドには3級と2級と1級の げんりょう はありません。 それで 子どものためにいろいろな本もありません。それを見て私は子どもの日本語の本を作ろうと思
います。しょうらい私は日本語 で 上手になっていい先生になりたいです。 インドではいろいろな 語 をはなします。たとえばマラディ語やグジュラティ語やヒンディ語などをはなします。その語の文法と日
本語の文法は同じです。それを見て私は子どものために本を作ろうと思います。その本 に はかんたんな文はマラディ語とヒンディ語 に くらべて 子どもに 書力せ たいです。私は日本へ行った時いろいろ
な本を見ました。日本の 先生かた の おしえ力た も見たことがあるから インド には そのように外国語の学校をはじめたいです。その学校でいろいろな 語 のきょうしつでその国のものを子どもに
見たい です。たとえば日本語のクラスに日本のさかんな こと の写真 は かべにかけて学生に日本へ 来る かんじ が あわせたい です。たくさん勉強をしていいほんやくしゃもなりたいです。これはむずか
しいことだと思います。でもいっしょけんめい なにも 仕事をすれ ば なにも 仕事 を できるようになります。それで私は がんばるように 日本語の勉強をしたいと思います。

【図９】　原文の表示

「なたね」の添削は，ベテランの日本語教師によって行われていますので，作文がプロの教師によってどのように添削されたのかを学ぶのにも役立ちます。また，図９で示した原文の下には，この作文のすべての誤用について「誤用の対象」「誤用の内容」「誤用の要因・背景」が表示されたリストが提示されています。

これらの原文や誤用リストは，「作文一覧」のサイトからも得られます。「作文一覧」のサイトに入ると，すべての作文の原文（の一部）やそ

の作文全体の文字数，筆者の母語などが表示されたリストが提示されます。そのリストの左端にある「作文 ID」をクリックすると，図 9 で示したような原文を表示する画面が提示されます。

13.1.3 jpWaC-L

辞書や教材を作るときは学習者のレベルにあった語彙を用いて自然で適切な長さの例文を考える必要があります。しかし，学習者のレベルに合った語彙だけで，つまり学習者のレベルを超える語彙を使わないで例文を作るのは，ベテランの教師であっても至難の業です。また，学習者の側でもレベルが上がってくるに従って，人為的に作られた例文だけでは満足できなくなり，日本人が自然に使った本物の日本語に接したいと望む人が多くなります。

本節で紹介するのは，学習者のレベルにあった例文を jpWaC-L というコーパスから検索してくれるシステムです。jpWaC-L というのはコーパス検索システムの Sketch Engine 上で有償公開されている 4 億語のウェブコーパス(jpWaC)から，一定の条件をクリアして日本語教育に使いやすいと判定された例文だけを集めたコーパスです。このシステムを使えば，jpWaC-L の中から旧日本語能力試験出題基準のレベル分けに応じた例文を検索することができます。このサイトを開くと，まずは jpWaC-L 全体が表示されます(図10)。この画面の一番上の Corpus (コーパス選択)の右端にある選択肢から jpWaC-L のレベルを指定します。図11が選択肢のリストを表示させたもので，リストの中の jpWaC-L 以下のすべての項目がそれに該当します。

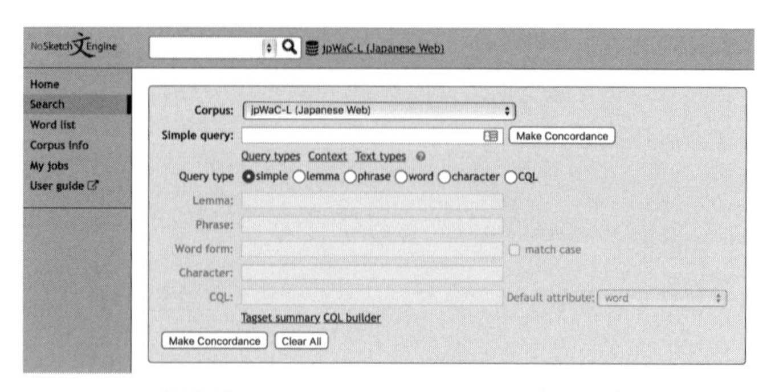

【図10】 NoSketchEngineのトップページ

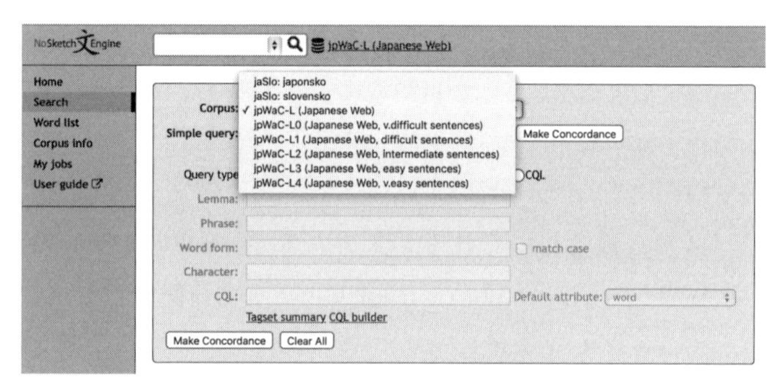

【図11】 jpWaC-Lの選択画面

■例文のレベル分け

jpWaC-Lでは，旧日本語能力試験の出題基準に準じて，Level 0(級外)，Level 1(１級)，Level 2(２級)，Level 3(３級)，Level 4(４級)の５段階のレベルに応じたサブコーパスが選択できます。Level 1が上級でLevel 4が初級というように，数が少ないほうが上のレベルを指します。Level 0の語彙は旧日本語能力試験の出題基準に取りあげられていないもので，Level 1より難しいものが多く含まれていますが，必ずしもそれだけとは限りません。末尾に数字の付かないjpWaC-L(Japanese Web)を選ぶとすべてのレベルの例文が検索できますが，末尾に数字が付いたサブコーパスは，その数字が示すレベルとそれよりもレベルの低い語で構成された例文だけを検索します。試しに，Level 3の語を検索してみましょう。まずは，Corpusの選択肢からjpWaC-L3(Japanese Web, Easy Sentences)のサブコーパスを選んでください。これによって，今後検索する語の例文はすべてLevel 3以下の語で構成されているものだけに絞り込むことができます。次に調べたい語を入力して検索すると，その語を使った例文のリストが手に入るという仕組みです。ここではLevel 3の語である「事故」を使った例文を検索してみましょう。Simple query(単純検索)のボックスに「事故」と入力し，Make Concordance(コンコーダンス作成)ボタンをクリックしてください。「事故」という語を使った例文がKWIC表示で示されます(図12)。

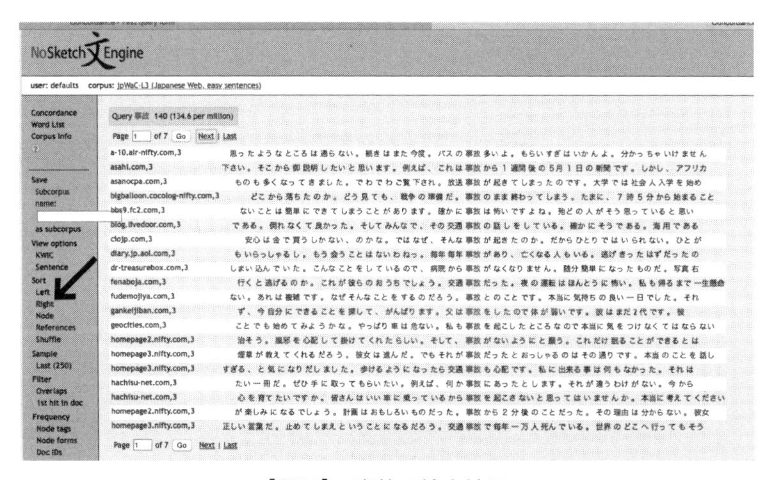

【図12】　事故の検索結果

図12に示された例文はランダムな配列で並べられていますが，これらを「事故」の左側の文字，または右側の文字によってソートすることができます。その操作は図12の一番左の列の中程にあるSort(並べ替え)でLeft(左文脈)またはRight(右文脈)を指定することによって行いま

す。次の図13は左文脈，図14は右文脈によってソートした結果です。左文脈でのソートは「事故」がどのような名詞，形容詞，副詞などとともに用いられているかを調べるのに，右文脈でのソートは「事故」がどのような「格助詞＋動詞」などとともに用いられているかを調べるのに便利です。なお，用例の前後の文脈を広く確認したい場合は，その例文の「事故」の部分をクリックすると前後の文脈を含む文章が表示されます。

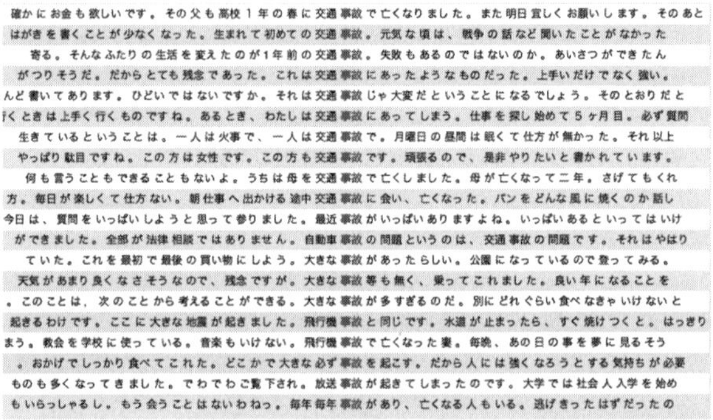

確かにお金も欲しいです。その父も高校1年の春に交通事故で亡くなりました。また明日宜しくお願いします。そのあと
はがきを書くことが少なくなった。生まれて初めての交通事故。元気な頃は、戦争の話など聞いたことがなかった
寄る。そんなふたりの生活を変えたのが1年前の交通事故。失敗もあるのではないのか。あいさつができたん
がつりそうだ。だからとても残念であった。これは交通事故にあったようなものだった。上手いだけでなく強い。
んど書いてあります。ひどいではないですか。それは交通事故じゃ大変だということになるでしょう。そのとおりだと
行くときは上手く行くものですね。あるとき、わたしは交通事故にあってしまう。仕事を探し始めて5ヶ月目。必ず質問
生きているということは。一人は火事で、一人は交通事故で。月曜日の昼間は眠くて仕方が無かった。それ以上
やっぱり駄目ですね。この方は女性です。この方も交通事故です。頑張るので、是非やりたいと書かれています。
何も言うこともできることもないよ。うちは母を交通事故で亡くしました。母が亡くなって二年。さげてもくれ
方。毎日が楽しくて仕方ない。朝仕事へ出かける途中交通事故に会い、亡くなった。パンをどんな風に焼くのか話し
今日は、質問をいっぱいしようと思って参りました。最近事故がいっぱいありますよね。いっぱいあるといってはいけ
ができました。全部が法律相談ではありません。自動車事故の問題というのは、交通事故の問題です。それはやはり
ていた。これを最初で最後の買い物にしよう。大きな事故があったらしい。公園になっているので登ってみる。
天気があまり良くなさそうなので、残念ですが。大きな事故等も無く、乗ってこれました。良い年になることを
。このことは，次のことから考えることができる。大きな事故が多すぎるのだ。別にどれぐらい食べなきゃいけないと
起きるわけです。ここに大きな地震が起きました。飛行機事故と同じです。水道が止まったら、すぐ焼けつくと。はっきり
まう。教会を学校に使っている。音楽もいけない。飛行機事故で亡くなった妻。毎晩、あの日の事を夢に見るそう
。おかげでしっかり食べてこれた。どこかで大きな必ず事故を起こす。だから人には強くなろうとする気持ちが必要
ものも多くなってきました。でわでわご覧下され。放送事故が起きてしまったのです。大学では社会人入学を始め
もいらっしゃるし。もう会うことはないわねっ。毎年毎年事故があり、亡くなる人もいる。逃げきったはずだったの

【図13】 左文脈によるソート

しまう。教会を学校に使っている。音楽もいけない。飛行機事故で亡くなった妻。毎晩、あの日の事を夢に見るそう
確かにお金も欲しいです。その父も高校1年の春に交通事故で亡くなりました。また明日宜しくお願いします。そのあと
正しい言葉だ。止めてしまえということになるだろう。交通事故で毎年一万人死んでいる。世界のどこへ行ってもそう
やっぱり駄目ですね。この方は女性です。この方も交通事故です。頑張るので、是非やりたいと書かれています。
。そう言う季節なんですね。その為に起きてしまった事故です。今年の2月頃でした。食事は楽しかった。彼女
ない。あれは複雑です。なぜそんなことをするのだろう。事故とのことです。本当に気持ちの良い一日でした。それ
が悪ぅございます。軽く読ませる技術は確かにあるが。事故とは考えられない。食事の会話中。美しくて気持ちの
思っての事なのでしょう。病気は誰でもなるもの、交通事故と一緒。二人は空いているテーブルを見つけ、そこの
のかなって思いました。悪い人ではないように思う。事故と一緒と言ってもいいと思います。自分はよく、い
なったような気がする。まだ安心するには早い。交通事故と同じだよ。問題はないようだった。同じような仕事
起きるわけです。ここに大きな地震が起きました。飛行機事故と同じです。水道が止まったら、すぐ焼けつくと。はっきり
わかります。その日は大事な日でした。医者に行くと、事故ということで、時間外でもすぐに見てもらえました。
投げても落ちないし風が吹いてもゆれるだけなので。事故なんです。濡れているのでね。揺れましたよ。その
残る授業をありがとうございました。そんなある日、兄は事故にあい死んでしまう。これからも大事にしまっておきます
たい一冊だ。ぜひ手に取ってもらいたい。例えば、何か事故にあったとします。それが違うわけがない。今から
利用させていただきます。家族または自分が病気になったり事故にあったとき。大きいスーツケース持ってきてよかった。
がつりそうだ。だからとても残念であった。これは交通事故にあったようなものだった。上手いだけでなく強い。
。いろいろな話をわかりやすく説明してもらえた。夫が事故にあったりした。夫の父は62才で亡くなっている
行くときは上手く行くものですね。あるとき、わたしは交通事故にあってしまう。仕事を探し始めて5ヶ月目。必ず質問
生き続けていらっしゃるのですね。病気にならないかな。事故にあわないかな。でもこんな日は首がひどく痛くなり

【図14】 右文脈によるソート

13.2 辞書編集とコーパス

英語では辞書の編集にコーパスを用いることがすでに常識となっています。しかし，日本語教育ではコーパスを活用した辞書の編集は，ウェブで使える試験的なものを除きまだ例がありません。それどころか，日本語の教師や学習者に向けた辞書の開発そのものが大幅に遅れています。最近では仕事や生活のため，あるいは大学や大学院進学のために日本語を学ぼうとする上級レベルの学習者が急増しており，語彙量の豊富な学習辞書の需要はますます高くなっています。本格的な日本語学習辞書の編集，特に，世界各地の学習者に使いやすい日本語と現地語によるバイリンガル辞書の編集が重要な課題となっています。

13.2.1 コーパスを活用した学習辞書

英語の辞書編集にコーパスを用いることは常識だと述べましたが，コーパスを活用することで辞書はどのようにかわるのでしょうか。ざっと考えてみただけでも，コーパスは辞書編集に次のような恩恵をもたらします。

(1) 現代語の使用実態を正しく反映した語彙の選定や記述ができる。
(2) 語の文法的な振舞いや語義に関してより精緻な記述ができる。
(3) コロケーションや類義語などに関してより精緻な記述ができる。
(4) 言葉のレジスターに関してより正確な記述ができる。
(5) 多義語の語義の提示順序に関して使用実態を反映した記述ができる。
(6) 真正性の高い自然な用例が採用できる。

これだけを見てもコーパスが辞書編集にいかに役に立つかおわかりいただけるでしょう。コーパスを活用することによるメリットは見出し語の選定や語義の記述を向上させるだけでなく，辞書編集の手間と時間を大幅に省いてくれるのですから，大量の見出し語の記述をしなければならない辞書編集者にとっては福音です。しかし，コーパスを活用することがいくら便利だとわかっていても，その検索に手間がかかるようでは十分にコーパスを活用しきれません。そこで辞書編集を支援するためのコーパス検索システムがいろいろ考案されています。次の節では辞書編集を支援するツールの１つとして，NINJAL-LWP を紹介します。

13.2.2 レキシカルプロファイリングとは何か

これまでに紹介した「少納言」や「中納言」など，一般的なコーパスの検索システムは，検索語を中心に表示し，その前後に文脈を配置するKWICという方式で結果を示します。これによって大量のデータを踏まえた語の使われ方を一覧することができますが，その語の使われ方を分析するには用例の数を数えたり分類したり統計的な処理をしたりする手間をかけなければなりません。それに対して，あらかじめ特定の方式でコロケーションを網羅的に抽出し，それを文法パターンごとに整理し，統計的な処理をほどこした結果を一覧できるようにするのがレキシカルプロファイリングです。具体例を見てみましょう。左の図15が「中納言」によるKWIC表示，右の図16がレキシカルプロファイリングを行ったNINJAL-LWP for BCCWJの表示で，それぞれ「冷える」を検索した結果です。

前文脈	キー	後文脈
を飲みます。 おなか(が)	冷え	ているときは、腹巻きをしたり、
りか、と食った。からだ(が)	冷え	かけていたから、それと、わず
を示す。食べ物の残り(が)	冷え	て固まった白い皿が散らかって
を帯びていたが、それ(が)	冷え	て消えてしまうと、雲切れ自身
血行が悪くなり、カラダ(が)	冷える	傾向に。できるだけ脚を組んだ
なって、ますますカラダ(が)	冷える	という悪循環におちいることも。
トではますますカラダ(が)	冷え	てしまいます。できればパンツ
床からの冷気でカラダ(が)	冷え	てしまいます。ベッドを使用す
ゃれのためならカラダ(が)	冷え	たって平気だもん！」なんて意
中のキャラメル・ナッツ(が)	冷える	と切りにくいので、ほんのり温
だし、上昇したマグマ(が)	冷え	て固まれば、全てダイアモンド
つ行ってもシャンパン(が)	冷え	てた。できる限りそれを続ける
口を噤んだ。コーヒー(が)	冷え	きっていた。皿に盛られた

【図15】 中納言の検索結果

...が冷える　115種類			
コロケーション	コーパス全体		
	頻度	MI	LD
体が冷える	48	8.66	5.04
身体が冷える	15	9.06	5.43
足が冷える	12	8.28	4.65
【人名】が冷える	8	1.31	-2.29
お腹が冷える	8	9.72	6.02
下半身が冷える	8	12.40	8.24
からだが冷える	7	9.64	5.93
手足が冷える	6	11.09	7.16
マグマが冷える	5	12.73	8.17
空気が冷える	5	8.45	4.78
頭が冷える	4	5.87	2.25
足元が冷える	4	9.48	5.71

【図16】NINJAL-LWP for BCCWJ の検索結果

図15では「冷える」を使った用例が多数表示されていますが，そのなかで「体が冷える」と「からだが冷える」のどちらが多く使われているかを調べるには前文脈をソートしてそれらの用例をまとめあげ，集計しなければなりません。一方，図９ではそれらのすべてを集計した結果として「体が冷える」が48例，「からだが冷える」が７例あること，さらに「体」と「冷える」あるいは「からだ」と「冷える」の結びつきの強さを示す統計値がMIやLDの列に示されます。MIとはMutual Information（相互情報量），LDとはlogDice（ログダイス）のことで，共起する２つの単語それぞれの頻度を加味した上で，それらがどれくらい強く結びつくかを示すものです（Mutual InformationやlogDiceについて，50–51ページのコラム２もご参照ください）。このように，このシステムは語の振舞いやコロケーションを短時間で調べるのに威力を発揮します。以下においてはレキシカルプロファイリングを行うNINJAL-LWPの使い方を説明します。

13.2.3 NINJAL-LWP

NINJAL-LWPは，国立国語研究所とLago言語研究所が共同開発した検索システムで，「現代日本語書き言葉均衡コーパス(BCCWJ)」を検索するためのNINJAL-LWP for BCCWJと，「筑波ウェブコーパス(TWC)」を検索するためのNINJAL-LWP for TWCの2種類が無償で公開されています。BCCWJは国立国語研究所が開発した約1億語の書き言葉コーパス，TWCは，今井新悟氏を中心とする筑波大学のプロジェクトチームが開発した約11億語のウェブコーパスです。

NINJAL-LWPの大きな特長は，動詞，名詞，形容詞，副詞(NINJAL-LWP for BCCWJはオノマトペも含む)のコロケーションや文法的振舞いを簡単に，しかも瞬時に調べられる点にあります。NINJAL-LWP for BCCWJもNINJAL-LWP for TWCも使い方は同じですので，以下ではNINJAL-LWP for BCCWJを例にとって説明することにします。

図17はNINJAL-LWP for BCCWJの見出し語検索画面です。ここに調べたい単語を入力すると，動詞であれば，「名詞＋助詞」との共起，助動詞との共起，複合動詞など，名詞であれば，「助詞＋動詞」や「助詞＋形容詞」との共起，形容詞や連体詞との共起など，様々なコロケーションのパターンが示されます。

試しに見出し語の入力欄に「とめる」と入力し，その右の「絞り込み」を押してください。図18が現れ，「止める」「とめる」「泊める」「富める」という4つの候補が示されます。この中で調べたい語の上をクリックしてください。ここでは「止める」を選ぶことにしましょう。

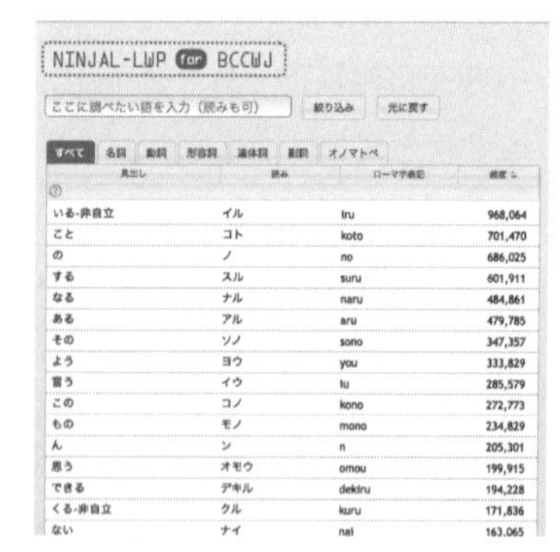

【図17】 NINJAL-LWP for BCCWJの見出し語検索画面

【図18】「とめる」の絞り込み

はじめに現れるのは図19の「グループ別」画面で，「名詞＋助詞◀」「名詞＋複合助詞◀」などのグループごとにそれぞれのコロケーションパターンの検索結果が示されています。図20は中央のタブ「パターン頻度順」を選択したときに現れる画面で，「止める」のコロケーションパターンを頻度順に並べたものです。図21は一番左のタブ「基本」を選択したときに現れる画面で，サブコーパスでの出現頻度，異表記の出現頻度，サブコーパスごとの書字形分布などの情報が得られます。

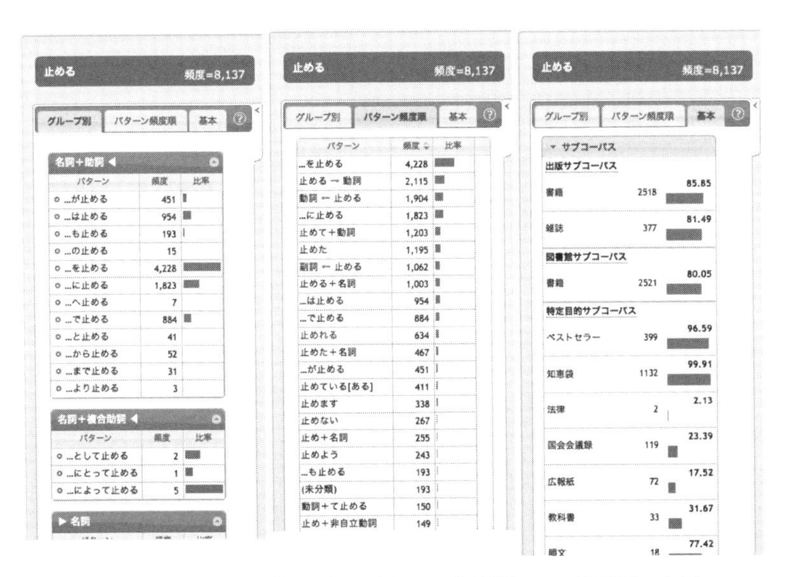

【図19】 グループ別　【図20】 パターン頻度順　【図21】 基本

以下では辞書編集に役立つNINJAL-LWPの使い方をいくつか紹介します。

■コロケーションの調査

図19の「名詞＋助詞◀」のパターンを見てください。左側に「…が止める」「…は止める」など「名詞＋助詞◀」のコロケーションパターン，その右にそのパターンの頻度，さらに右に青色のバーの長さで比率が示されます。ここではそれらのなかで一番頻度が高い「…を止める」を調べてみましょう。「…を止める」の上をクリックすると，その右側に「足を止める」「火を止める」「車を止める」などのコロケーションのリストが頻度順に表示されます(図22)。

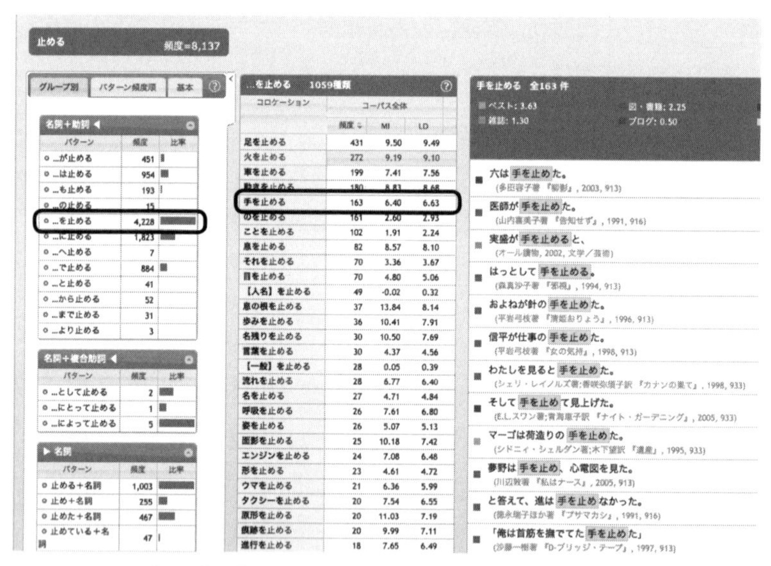

止める　頻度=8,137

グループ別　パターン頻度順　基本

名詞＋助詞◀

パターン	頻度	比率
…が止める	451	
…は止める	954	
…も止める	193	
…の止める	15	
…を止める	4,228	
…に止める	1,823	
…へ止める	7	
…で止める	884	
…と止める	41	
…から止める	52	
…まで止める	31	
…より止める	3	

名詞＋複合助詞◀

パターン	頻度	比率
…として止める	2	
…にとって止める	1	
…によって止める	5	

▶名詞

パターン	頻度	比率
止める＋名詞	1,003	
止め＋名詞	255	
止めた＋名詞	467	
止めている＋名詞	47	

…を止める　1059種類

コロケーション	コーパス全体		
	頻度	MI	LD
足を止める	431	9.50	9.49
火を止める	272	9.19	9.10
車を止める	199	7.41	7.56
動きを止める	180	8.83	8.68
手を止める	163	6.40	6.63
のを止める	161	2.60	2.93
ことを止める	102	1.91	2.24
息を止める	82	8.57	8.10
それを止める	70	3.36	3.67
目を止める	70	4.80	5.06
【人名】を止める	49	-0.02	0.32
息の根を止める	37	13.84	8.14
歩みを止める	36	10.41	7.91
名残りを止める	30	10.50	7.69
言葉を止める	30	4.37	4.56
【一般】を止める	28	0.05	0.39
流れを止める	28	6.77	6.40
名を止める	27	4.71	4.84
呼吸を止める	26	7.61	6.80
姿を止める	26	5.07	5.13
面影を止める	25	10.18	7.42
エンジンを止める	24	7.08	6.48
形を止める	23	4.61	4.72
ウマを止める	21	6.36	5.99
タクシーを止める	20	7.54	6.55
原形を止める	20	11.03	7.19
痕跡を止める	20	9.99	7.11
進行を止める	18	7.65	6.49

手を止める　全163件
ベスト: 3.63　図・書籍: 2.25
雑誌: 1.30　ブログ: 0.50

【図22】「…を止める」のコロケーションと用例

「頻度」の隣にある「MI」をクリックすると，MIスコア順，その隣の「LD」をクリックするとログダイス順に並べ替えられます。「息の根を止める」のような慣用句は，MIスコアが高いものに多く検出されます。

図22の一番右のパネルには「手を止める」の上をクリックして得られ

た用例が短いものから順に示されています。その用例の前後の文脈を知りたいときは，その下の出典の箇所にカーソルをあわせてクリックすると，この用例の前後１文ずつを含む文章が示されます。

■書字形の調査

辞書を編集するとき，見出し語は１つなのに，その書字形がいくつもあるので扱いに困ることがあります。たとえば，「見る」「診る」「観る」などの異なった漢字表記や，「申し込み」「申込み」などの異なった送り仮名が使われたりするケースが少なくありません。このような場合に「基本」タブの「書字形」を見ればどの表記がどのくらいの頻度で用いられているか，「サブコーパスごとの書字形分布」を見れば，各サブコーパスがどの表記を多く用いているかがわかります。

■類義語の調査

辞書の編集者を大いに悩ませるのが類義語の記述です。類義語の意味や使い方の微妙な違いを辞書記述に反映させるには，それらがどのような使い方をされているのか，大量のデータに照らし合わせて確かめなければなりません。NINJAL-LWPには「２語比較検索」という機能がついており，２つの単語の検索結果を同一画面に表示できますので，類義語の調査に利用できます。比較できるのは，基本的には同じ品詞に属する２語ですが，形容詞の場合はイ形容詞(形容詞)とナ形容詞(形容動詞)の比較が可能です。また，イ形容とナ形容詞は連体詞との比較も可能です。

試しに「準備」と「用意」の２語を比較してみましょう。これらは，「準備が整う／用意が調う」「夕食の準備をする／夕食の用意をする」など同じ文脈で使うことができますが，その意味は微妙に違うように感じられます。その違いをNINJAL-LWP for BCCWJを使って確認することにしましょう。

まず，検索画面の右上にある「２語比較検索」をクリックして図23の画面を表示させてください。次に，「名詞，動詞，形容詞・連体詞，副詞，オノマトペ」の中から名詞を選択し，入力ボックスに「準備　用意」と入力します。そして，「絞り込み」をクリックすると，図24が現れます。「準備」と「用意」のチェックボックスにチェックを入れてから，画面右端にある「２語比較」をクリックしてください。「準備」と「用意」の２語が対比的に表示された図25が現れます。

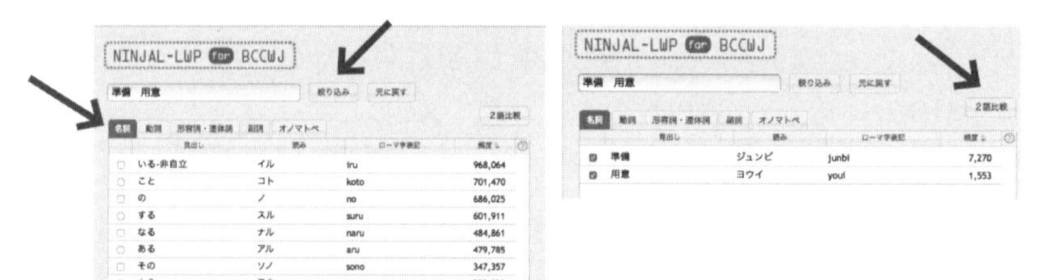

【図23】２語比較検索画面　　【図24】絞り込み後の画面

準備　頻度=7,270　　用意　頻度=1,553

グループ別　パターン頻度順　基本

▶ 助詞＋動詞

準備		用意	
パターン	頻度	パターン	頻度
準備を…	2271	用意を…	423
準備が…	758	用意が…	286
準備に…	380	用意に…	33
準備は…	304	用意は…	93
準備も…	163	用意も…	49
準備で…	59	用意で…	10
準備と…	26	用意と…	3
準備の…	22	用意の…	9
準備から…	15		
準備まで…	9	用意まで…	2
準備より…	2		

動詞 ◀

準備		用意	
パターン	頻度	パターン	頻度
動詞基本形＋準備	432	動詞基本形＋用意	212
動詞過去＋準備	45		

【図25】「準備」と「用意」の２語比較

この画面により，「準備」の頻度が7,270，「用意」の頻度が1,553と「準備」のほうが5倍近くも用いられていることがわかります。また，「グループ別」のタブを使ってコロケーションの比較が行えます。試しに「▶助詞＋動詞」パターンの一番上にある「準備を…」と「用意を…」を比べてみましょう。「準備を…」か「用意を…」の上をクリックすると，右側に図26が現れます。

準備を... 118　用意を... 41

準備				用意				LD差
コロケーション	頻度	MI	LD	コロケーション	頻度	MI	LD	
準備を進める	203	9.66	8.86					8.86
準備をすすめる	18	9.06	7.24					7.24
準備を開始する	16	7.56	6.37					6.37
準備を済ませる	7	7.34	5.72					5.72
準備をしまう	4	6.74	5.01					5.01
準備を重ねる	6	6.11	4.93					4.93
準備を行う	71	5.44	4.85					4.85
準備をまいる	6	5.74	4.68					4.68
準備をとく	2	6.6	4.33					4.33
準備を急ぐ	3	5.22	4					4
準備をいく	17	5.35	4.64	用意をいく	1	3.69	0.68	3.96
準備を欠く	2	5.62	3.96					3.96
準備を施す	2	5.5	3.9					3.9
準備を手伝わす	1	11.65	3.84					3.84
準備を任せる	2	5.34	3.82					3.82
準備を手分けする	1	9.72	3.82					3.82
準備を報ずる	1	9.49	3.81					3.81
準備を断罪する	1	9.44	3.81					3.81
準備を押し進める	1	8.84	3.79					3.79
準備を取り揃える	1	8.81	3.78					3.78
準備を貸与する	1	8.55	3.77					3.77
準備を手助けする	1	8.38	3.76					3.76

【図26】「準備を…」と「用意を…」の比較

色の付いた左の部分が「準備」，色のない右の部分が「用意」の検索結果です。この画面は，LD差の降順にならんでいます。LD差というのは，左側のコロケーション「準備を…」のログダイス値から右側のコロケーション「用意を…」のログダイス値を引いたものです。LD差が大きくなればなるほど，「準備を…」の特徴的なコロケーション，小さくなればなるほど「用意を…」の特徴的なコロケーションが観察できます。図26ではLD差が大きい順に表示されていますが，LD差が小さい順に並べ替えるときは，画面右上にある「LD差」をクリックすれば，並べ替えが完了し，「用意を…」の特徴的なコロケーションが観察できます。また，頻度順に並べ替えるときは，「コロケーション」の右の「頻度」で，頻度の高いものだけを見たい場合は，画面下で頻度の「2

以上」「5以上」「10以上」のいずれかを選んで検索します。また，一番下の「出現位置」からは，両方の語で共起が出現した場合とどちらか片方の語でしか出現しなかった場合を表示することができます。

このようにして比較することにより，たとえば「進める」という動詞は「準備を」と共起した例が多いのに，「用意を」と共起した例が一つもないことや，「食事の○○をしている」では「準備」も「用意」も出現するのに，「戦争の○○をしている」の場合は「準備」の例しか出現しないことなどがわかります。これらのことから「準備」の場合は様々な作業を経てある程度の時間をかけて行う事前の備えの行為を表すのに対して，「用意」の場合は比較的短時間で行う事前の備えの行為しか表さないことがわかります。「敵を迎え撃つ準備に入った」と言えても「敵を迎え撃つ用意に入った」と言えないのも，「用意」は敵を迎え撃つような複雑な行為プロセスを踏む備えは表せないからです。その代わり，「用意」は「迎撃用意！」「発射用意！」「用意ドン！」のような号令に使い，本番直前の構えを取るという「準備」にない意味を持っていることがわかります。

また，「名詞＋の＋準備／用意」というコロケーションでは，どちらか一方の例しか出現しなかったものとして，「準備」の場合は「結婚式」「葬儀」「田植え」「旅行」など行為を表す名詞が多く出現するのに対して，「用意」の場合は「雨具」「パン粉」「ココア」「ガスマスク」など具体的なものを表す名詞が多く出現します。これらのことから，「用意」は事前に何かを整えておくこと，その構えを取ることに意味の重点があるのに対して，「準備」は一連の作業によって備えの行為を行うことに意味の重点があることがわかります。

さらに，「準備」の場合は「外貨準備」「設立準備」「受験準備」「事前準備」や「準備完了」「準備体操」「準備期間」「準備作業」など多くの複合名詞が見られるのに関して，「用意」の場合は「出港用意」のような号令や「用意周到」などの例のほかはあまり見られないことが大きな違いとしてあげられます。

13.3 コーパス検索システム利用の留意点

この章では日本語教育や日本語学習辞書の編集に役立つコーパス検索システムを紹介しました。また，ほかの章では「少納言」や「中納言」を始めとするコーパス検索システムが多数紹介されています。これらのシステムは，コーパス処理に慣れていない人でも簡単にコーパスの検索ができるという点で大変便利なものですが，使うときには注意が必要です。なぜなら，検索の方法を間違うと全く見当違いの結果が表示されてしまったり，大量のノイズに悩まされたりすることになるからです。たとえば，文字列検索で「止める」を調べた場合，「止める(とめる)」だけでなく「止める(やめる)」「突き止める(つきとめる)」「射止める(いとめる)」なども検索している可能性があります。また，形態素解析を前提とする検索システムの場合，誤った解析がされていないかどうか検索結果を確認する必要があります。特に話し言葉や学習者の誤用を含む日本語の場合は，形態素解析の誤りも増えますので，一層の注意が必要です。

さらに，せっかくよい結果を得られても，その結果を解釈して分析に活用するためには日本語に対する鋭い観察力と深い洞察力が必要です。日本語教師は常日頃から日本語を観察する目を養い，分析するための知識を蓄えることが求められます。

今ではコーパスを検索するだけで大量のデータが簡単に調査できる便利な世の中になりました。しかし，目的にかなった検索がなされているか，検索結果に適切な解釈を施しているかなどを正しく判断するには，コーパスそのものの性質を知っておくことも大切です。各種のジャンルからバランスよく集められたコーパスなのか，特定のジャンルに偏ったコーパスなのか，形態素に解析されたコーパスなのか，書き手や話し手の情報が得られるコーパスなのか，などなど，コーパスの特性をしっかりつかんでおかないと目指す調査が正しく行えません。

これからも新たなコーパスが次々に構築され，コーパスを教育現場や辞書編集で活用する機会は今まで以上に多くなることでしょう。コーパスを上手に活用するためにはコーパスに対する正しい知識と技術を身につけ，言葉に対する感性を磨くことが求められているのです。

13.4 まとめ

本章では日本語教育や日本語学習辞書の編集に役立つコーパス検索システムの事例として「なつめ」,「なたね」, jpWaC-L，NINJAL-LWPの使い方を説明し，これらのシステムが単に文字列を検索するだけのものでなく，類義語の抽出，類義語の比較，コロケーション情報の確認，誤用例の抽出，誤用例の分析など，様々な機能を備えていることを具体例に基づいて紹介しました。最後に，コーパスの利用に関する留意点として，コーパスに対する正しい知識と技術を身につけることの大切さについて説明しました。

13.5 さらに学びたい人のために

13.1節で紹介した「なつめ」と「なたね」は日本語教育や日本語学習の支援システムとして役立つだけでなく，日本語の研究にも役立ちます。これらを使った日本語研究の事例については仁科(他)(2017)をご参照ください。また，これらの開発を行った「Hinoki プロジェクト」では，多言語対応日本語読解学習支援システム「あすなろ」や日本語作文推敲支援システム「ナツメグ」の開発も行っています。これらもあわせて使ってみてください。

13.2節で紹介したNINJAL-LWPは，そこで述べた利用法のほかに，活用形ごとの頻度や後ろに助動詞が続く場合の頻度などが調べられ，単語の文法的な振舞いを分析するのにも便利です。また，統計の数値を用いて慣用句を検索することなども可能で，すでに多くの研究に活用されています。NINJAL-LWP を使った研究の事例については赤瀬川(他)(2016)を参照してください。赤瀬川(他)(2016)にはこれらのシステムの詳しい使い方も示されています。また，NINJAL-LWP を使った類義語研究の方法については砂川(2014)を，類義語の研究事例については小林(他)(2016)や生天目(他)(2017)を参照してください。

13.6 練習問題

(1) 日本語学習者の誤用には，「両国は歴史的に大きい関係がある」「私の心に強い傷を付けた」など，程度の高さを表す形容詞の間違いが少なくありません。「大きい」「強い」「深い」の3種の形容詞の後にどのような名詞が共起するか，NINJAL-LWP を使って調査し，これらの形容詞の使い分けについて考えてみましょう。

(2) 中国語母語話者の漢字の誤用にどのようなタイプがあるのか，また，それぞれの誤用タイプの要因や背景は何か，「なたね」の誤用検索を使って考えてみましょう。

(3) 「走る」という動詞について，NINJAL-LWP の「グループ別」の「▶助動詞」のパターンから使役の用法を検索し，「走る」が使役の形で使われるときにどんなタイプの用法が見いだせるか，考えてみましょう。

第14章 コーパスでかわる日本語教育

14.0　本章の概要

日本語教育とひとことで言っても，学習者の年齢や母語，日本語を学ぶ目的，日本語のレベル，学習の場所(日本か海外か，日本語学校かボランティア教室か)など，実に多くのバリエーションがあり，それぞれの違いに応じた教材や教授法を考えなければなりません。このような状況できめ細かな教育を行うには，4.1節で取り上げた言語種別の日本語を観察し，難易度別やジャンル別の日本語の実態を正しく捉えることが求められます。シラバスの構築や教材の開発にはそれらの情報を取り込んだ語彙表や漢字表の作成が欠かせませんが，その作成にはコーパスが大きな威力を発揮します。さらにコーパスは，学習辞書や参考書の編集，言語テストの作成，難易度の自動判定ソフトの開発などにも役立ちます。そこで本章の前半では語彙表，後半では言語テストや難易度自動判定ソフトを取り上げ，それらにコーパスを活用した事例について紹介します。そして，コーパスを利用した日本語教育研究の文献をレビューします。

14.1 語彙表作成の試み

日本語教育のシラバス・デザインを考えたり，教科書，学習辞書，参考書などを編集したりするためには，語彙，文法項目，漢字などを学習者のレベルにあわせて選択する必要が生じます。その作業にはそれぞれの学習項目を網羅したリストが不可欠です。そこで本節では，コーパスを活用した語彙表作成の試みを紹介することにします。

14.1.1 頻度と分野に基づく選定

日本語教育ではより基本的で平易な語彙からはじめて，次第に難易度の高い語彙を習得させるという手順を踏むのが普通です。一般に，基本的で平易な語彙というのは，どの分野にも現れやすく，かつ使用頻度の高いものです。反対に，全体的に使用頻度が低いものや，特定の分野にしか現れないものは基本的な語彙といえません。日本語教育では，どの分野にも偏らない汎用的な基本語彙を知る必要がありますが，それに加えて，日常会話の語彙，理系の語彙，介護や看護のための語彙など，学習者の日本語使用に即した特定の分野で特徴的に用いられる語彙も知る必要があります。

以上の必要を満たすには，書籍・雑誌・新聞・ウェブ・会話など様々な媒体から構成され，しかも，ジャンルや話題によってさらに細かく分類されているコーパスが必要となります。第2章で紹介されたBCCWJにはかなりの量の書籍データが収められており，この書籍データには日本十進分類法(NDC)が付与されています。日本十進分類法は日本の図書館で使われている分類ですが，この分類を利用すれば，たとえば「文学」「社会科学」「自然科学」など，それぞれの分野での語の出現頻度を調べ，統計的に処理することによって，どの分野でも多く用いられる基本的な語彙や，特定の分野だけに多く用いられる特徴的な語彙を抽出することができます。

これまで日本語教育での語彙の選定は，教師の経験や手作業による小規模な調査に基づいて行われていました。しかし，今やコーパスを活用して，より信頼性の高い語彙表が作られるようになっています。たとえば，田中(2009)では，BCCWJを活用し，国語教育と国語政策のための語彙表と漢字表を作成する試みがなされています。現在のところ，日本語で分野別に分類できる大量のコーパスを擁するのはBCCWJしかありませんが，今後，教科書コーパス，児童書コーパス，会話コーパスなど，様々なコーパスが充実してくれば，それらを利用して個々の学習者に役立つ語彙表を作成することが可能となるでしょう。

14.1.2 話題別語彙表

本節では話題に着目した語彙表の試みについて紹介します。話題シラバスでは「スポーツ」「買い物」「食事」など，各種の話題が取り上げられます。またそのシラバスを活用した授業ではそれらのトピックに則したタスク活動などが行われます。話題シラバスを作成したり，話題に即した授業活動を行ったりする場合，話題別に分類された語彙表があると大いに助かります。これまでにも語彙を分類する試みはなされていますが，多くは，「食料」「芸術」「生活」など，意味の違いによる分類で，話題の違いによる分類という発想は見られませんでした。したがって，たとえば「旅行」という話題を取り上げたいとき，「旅行」「観光」「山登り」など「旅行」と同種の活動に関わる語は得られますが，「ホテル」「予約する」「飛行機」「切符」「出発する」など，旅行を話題にしたときによく使われる語が一括して提示されることはありませんでした。このような状況を改善するため，山内(編)(2013)は，BCCWJ領域内公開データ(2009年度版)を用い，書籍サブコーパスに付与されている日本十進分類法の分類を活用してあらかじめ定めた100の話題ごとの特徴語を特定し，それをさらに人手で精査することによって，話題別の「語彙・構文表」を作成しています。表1は「食」の話題に関する具体名詞の意味別リスト，表2と表3は「食」の話題に関する飲食構文で，いずれも親密度や必要性に応じてABCの三段階に分けられた語が一覧表示されています。表2の飲食構文は「○○＋を＋動詞」の構文，表3の構文は「修飾語＋○○」の構文を示し，○○の部分には表1に掲げられた名詞が入れられます。

【表1】 話題「食」の食名詞：具体物

意味分類	A	B	C
【食べ物】	食べ物、料理	飯	
【食事】	朝ごはん、昼ごはん、晩ごはん、ランチ	お昼、夕飯、昼食、おかず	主食、定食
【料理名：個体】	カレー、パン、ごはん、サラダ、うどん	サンドイッチ、ステーキ、ハンバーグ、刺身、実、麺、そば	ライス、粥、漬物、～漬け
【料理名：液体】		スープ	汁
【菓子・デザート】	お菓子、デザート、おやつ、飴、ケーキ、アイスクリーム、ガム、クリーム	ゼリー	あられ
【飲み物】	飲み物、お茶、コーヒー、牛乳、水、お酒、ジュース、ビール	紅茶、湯、ウィスキー、ワイン、生、カクテル	蒸留酒
【調理器具】	フライパン、鍋、包丁、ガス、缶、瓶	道具、釜、ボール、蓋、やかん、ポット、タイマー、レンジ、ナプキン、刃、大匙、小匙、オーブン、ざる、～庫	フィルター、布巾
【飲食店】	レストラン	喫茶店、食堂	喫茶
【飲食業】	ウェートレス	コック、マスター、ボーイ、シェフ	給仕

（一部抜粋）

【表2】　話題「食」の飲食構文：叙述

意味分類	助詞	述語		
		A	B	C
【食べ物】【食事】【料理名：個体】【料理名：液体】【菓子・デザート】【飲み物】【食材】	を	食べる	召し上がる、いただく、味わう	食う
【食べ物】【食事】【料理名：液体】【菓子・デザート】【飲み物】【食材】	を	飲む		
【食べ物】【食事】【料理名：個体】【菓子・デザート】【飲み物】【食材】	を		噛む、かじる	噛みきる
【食べ物】【食事】【料理名：個体】【料理名：液体】【菓子・デザート】【飲み物】【食材】	を		なめる、吸う、飲み込む	しゃぶる
—	—		食事する	

【表3】　話題「食」の飲食構文：修飾

修飾語			名詞群
A	B	C	
おいしい、悪い、良い	旨い、まずい		【食べ物】
甘い、辛い、苦い、酸っぱい	甘口(の)、あっさり(した)、さっぱり(した)、渋い、塩辛い、薄い	～味(の)、生臭い、素朴(な)	【食べ物】【食事】【料理名：個体】【料理名：液体】【菓子・デザート】【飲み物】【食材】【調味料】
	和風(の)、洋風(の)、西洋(の)、～風(の)		
	家庭(の)、母(の)、主婦(の)	おふくろ(の)	
	伝統(の)、民族(の)		
好き(な)、嫌い(な)	苦手(な)		【食べ物】【食事】【料理名：個体】【料理名：液体】【菓子・デザート】【飲み物】【食材】【調味料】【味】

このような語彙表なら，話題別のシラバスを考えたり授業で行うタスク活動の準備をしたりするのに使いやすく，日本語教育の現場で様々に活用することが可能です。

14.1.3 日本語教育語彙表

「日本語教育語彙表」は日本語学習用のバイリンガル辞書の編集支援を目的として砂川有里子氏を代表とする科研費プロジェクトにより作成された17,920語の見出し語を持つ語彙表です。見出し語は，BCCWJ領域内公開データ(2009年度版)と国内や海外で使用されている約100冊の日本語教科書データから内容語だけを抽出し，さらに，N-gramを用いて選定した「図書館」や「一戸建て」などの複合語も加え，コーパスでの出現頻度に基づき選定されています。すべての見出し語には6段階の難易度(初級前半・初級後半，中級前半，中級後半，上級前半，上級後半)が付されていますが，この判定は10年以上の教育経験を持つベテラン日本語教師5名の主観判定に基づき決定されたものです。見出し語には，この難易度のほかに，旧日本語能力試験出題基準レベル，標準的な表記，異表記，読み，品詞，語種，アクセント，意味分類などの情報が付与されています。これらの情報はインターネットからダウンロードできるため(http://jhlee.sakura.ne.jp/JEV.html)，辞書編集や日本語教育教材作成だけでなく，後に述べるリーダビリティの研究など様々な目的の語彙調査に利用することが可能です。さらに，この語彙表は，NINJAL-LWP for BCCWJとNINJAL-LWP for TWCを利用して作成されたコロケーションリスト，および，分類語彙表を利用して作成された類義語リストとともに，ウェブ辞書としても無償で公開されています。以下ではウェブ版の「日本語教育語彙表」の使い方を簡単に紹介します。

図1は「出る」という語の検索結果です。

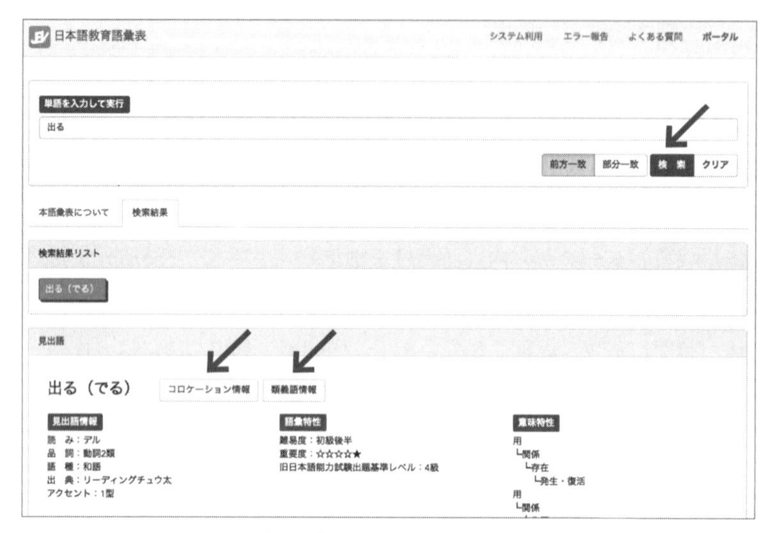

【図1】「出る」の検索結果

この図は前方一致で検索した結果で，画面中ほどの「検索結果リスト」には「出る(でる)」しかあがっていませんが，部分一致で検索し直すと，「出る(でる)」の他に，「突き出る」「飛び出る」「願い出る」「申し出る」など「出る」を含む語のリストが表示さ，その中のどれか1つをクリックすると，その見出し語の画面が表示されます。

図2は図1の画面の下に続く「出る」の語義と用例です。用例は基本的に，その見出し語のレベルを超えないレベルの語によって構成されています。

コロケーションリストと類義語リストの情報は，図1の見出し語「出る(でる)」

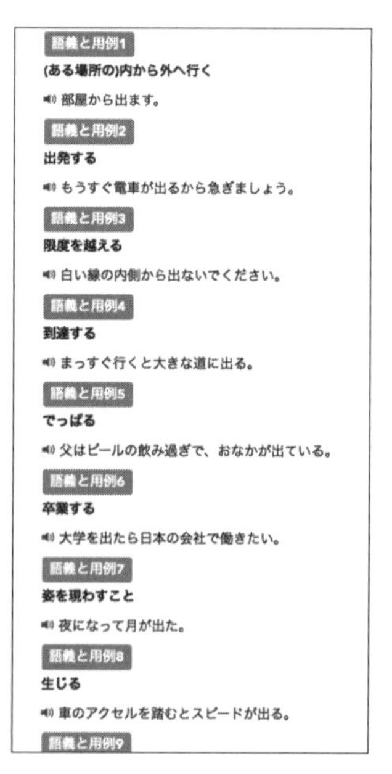

【図2】「出る」の語義と用例

の右にある「コロケーション情報」と「類義語情報」をクリックすることによって得られます。図3は「コロケーション情報」をクリックして表示されたコロケーションリストです。そのなかのどれかをクリックすることによってそのパターンのコロケーションが参照できます。図4は「共起語としてのパターン」の「名詞+助詞」，図5は「共起語としてのパターン」の「動詞」を選んで得られた画面です。

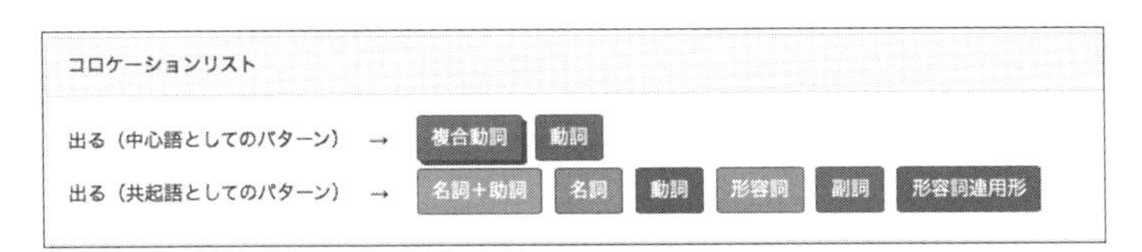

【図3】「出る」のコロケーションリスト

【図4】共起語としてのパターン：名詞+助詞

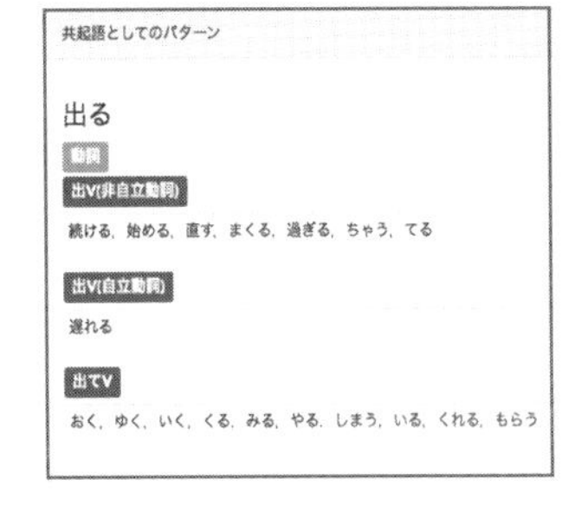

【図5】共起語としてのパターン：動詞

図6は図1の「類義語情報」をクリックして表示された画面です。

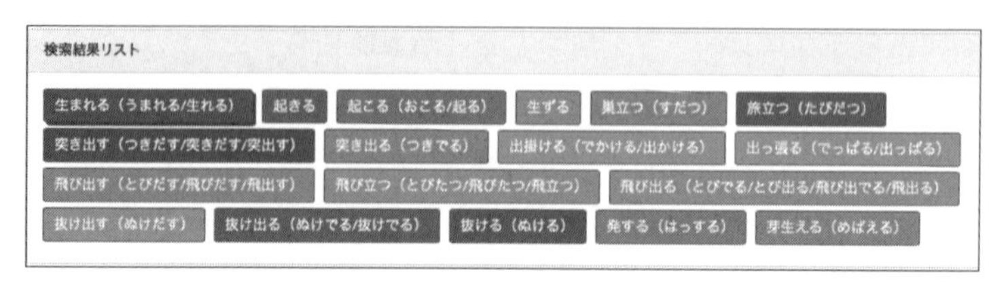

【図6】「出る」の類義語検索結果リスト

「出る」の類義語として「生まれる」「起きる」「起こる」「生ずる」などが表示され，これらのうちのどれか1つをクリックするとその見出し語の画面が表示されます。

ウェブ版「日本語教育語彙表」は，以上に見てきたように，教師や学習者が手軽に使える辞書としての役割を果たすだけでなく，コロケーションや類義語情報を活用することにより，日本語教育のための研究資料としても有用です。

14.2 レベル判定の試み

コーパスを使えば母語話者や学習者の日本語の使い方を，年齢別，レベル別，分野別などに分けてきめ細かく調査することができます。そのような特性を利用して，学習者の日本語能力や日本語教材の難易度のレベル判定を自動的に行える仕組みを作ろうとする試みがなされています。それに関する項目として，この節では，会話能力のレベル判定，言語テストにおけるコーパス利用，リーダビリティのレベル判定の研究を紹介することにします。

14.2.1 会話能力のレベル判定

学習者の会話能力を判定する試験としてはOPI（Oral Proficiency Interview）がよく知られています。この試験ではテスターが被験者にインタビューして得られたデータをもとに被験者の会話能力を判定します。訓練を積んだテスターとはいえ，テスターの力量や主観によって判定結果が異なる可能性がありますので，複数のテスターによる判定結果をつきあわせるという慎重な方法で結論を導きます。この試験の問題点は，テスターの養成に多くの手間がかかることと，最終的な判定結果を導くまでに大変な労力と時間が必要となることです。しかし，もし，特定のレベルの学習者だけが頻繁に使用し，他のレベルの学習者はあまり使用しないというような言語形式が見つかったとすれば，その形式をレベル判定の指標として用いることができるようになります。このような指標が見つかれば，会話能力の判定を自動化することも夢ではなくなるはずです。

山内(2007)は，このような発想のもとに学習者コーパスの分析を行いました。使用したのは10.2.2節などでも紹介した「KY コーパス」という学習者コーパスで，ここには初級から超級までの学習者90名分の OPI インタビューのデータが収められています。山内の試みは，この「KY コーパス」を使って，初級から超級までの各レベルに特有の言語形式を探し出そうというものです。

ここで用いられているのはNグラムという検索手法です。Nグラムというのは，テキスト内に出現する任意の長さの文字(または形態素)の連鎖のことで，その出現頻度は機械的に求めることができます。これにより，そのデータの中でかたまりとして頻繁に出現する文字列を探すことができます。山内は，中級レベルの「KY コーパス」を用いて 4 文字に指定したNグラム(4gram)分析を行い，「はいはい」「ですはい」「ますはい」など「はい」を含む文字列のかたまりが高頻度で出現するということを突き止めています。面白いことに，これらの形式は初級レベルにはほとんど現れませんし，上級レベルになると激減しています。このことから，「はい」を含む文字列は中級レベルだけに際立って多く見られる形式であるといえます。初級レベルでは人の話を理解したり自分の話を組み立てたりするのが精一杯で，聞き手との会話運びをなめらかに行うことはできません。しかし，中級レベルになると次第に聞き手との相互作用が行えるようになります。その段階での学習者は，まず，「はい」を用いて聞き手との会話を円滑に運ぼうとするようです。しかし，さらにレベルが上がると「そうですね」「ええと」「まあ」など，「はい」以外の表現も豊富に使えるようになるために「はい」の頻度が下がり，その結果，上級では「はい」があまり使われなくなるものと思われます。
もう1つ例をあげましょう。日本語教育で「のだ」という表現がよく話題になりますが，山内の調査によると，「のだ」のバリエーションである「んです」を用いた「んですね」「んですよ」「おもうん」などのかたまりが超級レベルのデータに高頻度で出現するということです。このことから超級学習者は，「んです」を「ね」「よ」「おもう」などとうまく結びつけて使用できるようになっていることがわかります。

これらの調査結果から，「はい」は中級レベルの，「のだ」は超級レベルの指標となり得ることがわかります。

以上のように，Nグラムを利用して統計的な手法を用いた量的な分析を行うことにより，調査者があらかじめ想定していない学習者の日本語使用の実態が解明でき，レベルごとの特徴や習得のプロセスの解明が可能となります。このような研究は始まったばかりでまだ十分な成果が蓄積されていませんが，今後さらにデータを増やして分析を継続すれば，会話能力レベルの自動判定ソフトを考案することも夢ではなくなると思います。

14.2.2 コーパスと言語テスト

外国語教育の目的は様々なものが考えられますが，近年の傾向としては，コミュニケーション能力を育てることに重点が置かれているように思います。このことは言語テストの分野でも重視されていて，真正性(authenticity)という概念によって議論されています。真正性とは，ある言語テスト課題の特性と目標言語使用課題の特性の一致の度合いを表す概念です。いわゆるテスト課題が実生活の言語使用にどの程度近いかを表す概念ということになります。

こうした概念が重要視されるようになった背景には，まず学習者は，自らが学習している目標言語を代表するテキストにふれながら学習していく必要があるという問題意識がありました。このことが言語テストにおいては，テストのためのテストにならないことが必要であるという問題意識を形成しました。特にBachman and Palmer(1996)では，真正性とはテスト課題を得点解釈の一般化の領域(domain of generalization; 目標言語使用領域の中の課題の集合体)と関連づけるものであると指摘していて，テスト開発における最重要課題であると述べています。具体的には，テスト受験者がテスト以外の場面で目標言語を使用する状況を想定し，そこで出会う可能性が高い一連の言語使用課題を記述し，テスト開発に反映させることが重要であると指摘しています。

彼らの指摘にあるように，コミュニカティブテストやプロフィシェンシー(習熟度)を測るテストにおいて，真正性の高いテストを開発することは，テストとしての信頼性そのものに関わる重要な問題です。そのため，教育の現場では様々な形で工夫がなされています。たとえば，スピーキングのテストであれば，実際に会話をさせて，それを評価したり，ライティングの試験であれば，実際に文章を書かせて，それを評価する，さらにはノートテイキングの試験であれば，実際の講義ノートをとらせてその結果を評価することなども考えられます。

しかし，実生活での言語使用の多様性の問題，テスト実施上の環境的問題，さらには採点などの実務的な問題などを勘案した場合，テスト条件として完全な真正性を確保するのは簡単なことではありません。現実的なところでは，種々のテスト資料が目標言語の使用状況をどの程度，リアルに反映しているのかということが大きなポイントになります。一般的には，テストのために作られた素材ではなく，テスト以外の目的のために作成された言語素材，たとえば新聞記事やドラマのシナリオなど，実際に話されたもの，実際に書かれたものを効率よく活用することで，真正性の高いコミュニカティブテストが作れるとされています。とはいっても，受験者の能力や学習環境の問題があるため，生の言語素材をそのままの形で使用することは難しいという現状もあります。

では，日本語のテストを作成する際，テスト資料や素材の真正性をいかに確保すべきでしょうか。この問題を実務レベルで捉えた場合，素材の真正性に対する客観的な指標が強く求められます。この要請に対して，コーパスは，１つの解答を示してくれます。具体的な例として，「格フレーム検索」(京都大学)のデータを検索することで，特定の述語がどのような助詞や名詞類と共起しているかを大量のデータから確認することができます。そこで得られる出現頻度や共起頻度は表現の適格性や自然さを判断する上で，有効な指標になります。また，「BTSによる多言語話し言葉コーパス」などでは(話者間の)複数の関係がバランスよく設定されているため，言語表現と発話場面の整合性を検討することができます。さらに進んだ利用方法として，BCCWJのテキストデータに対して，多少の編集を行って，読解問題のテキストとして活用することも十分可能です。

しかし，これら，いずれの活用方法においても１つ大きな障壁になることとして，コーパスデータが持つ生の言語素材としての粗さを，言語テストという統制された文脈においてどう位置づけるべきかという問題があります。というのは，コーパスデータは生の言語使用をリアルに反映しているというメリットがある反面，日本語学習者や受験者の能力ということから考えてみた場合，無条件に容認できるものではありません。なぜなら，いわゆる日本語教育的レベル感ということについて，コーパスは全くのブラックボックスだからです。たとえば，「Yahoo! 知恵袋」のテキストは，初級相当のテキストなのか，中級相当のテキストなのか，「国会会議録」のテキストは上級相当のテキストといえるのかなどの問題を考えてみてください。コーパス内のテキストの何をもって，初級，中級，上級というレベル分けをするかという問題は，簡単ではありません。

上記の課題に対して，李(2011)では，過去に出題された過去に出題された日本語能力試験の読解テキストとBCCWJのテキストデータを統計的な方法でつきあわせ，BCCWJに対するレベル判定を試みています。それによると「書籍」データは，1級から3級に渡って幅広く分布しているのに対して，「国会会議録」はすべてのデータが1級相当のテキストとして分類されると述べています。そして，「Yahoo! 知恵袋」の場合，7対3の割合で，2級と3級に分類されており，4級相当のテキストは存在しないことを明らかにしています。こうした研究の知見を利用すれば，学習者のどのような学習段階において，どういう種類のコーパスデータを用いるべきかという問題が検討できます。

英語教育の分野では多くの先行研究において言語テストにおけるコーパスの利用可能性に関して議論を展開しています(Alderson, 1996)。いわゆるテスト問題の作成における自然さの検討，テスト課題に関する真正性の検討，さらには問題分析時の信頼性・妥当性の検証などで，有効な支援ツールになるものとして注目しているのです。日本語においても，BCCWJをはじめとする様々なリソースが公開されてきていますので，日本語教育でも，英語教育と同様に，コーパスを活用した言語テストの試みは活発になっていくのではないでしょうか。

14.2.3 リーダビリティの判定

文章に含まれている潜在的な難易度を工学的な方法で測る研究として，リーダビリティ研究があります。リーダビリティ研究は，今から100年前にアメリカで誕生したとされています(野本, 2016)。その研究背景としては1920年代にヨーロッパや南アメリカなどから多数の移民がアメリカに入ったことによってアメリカの学校に教科書が読めない児童が増えたことがあげられます。こうしたことから，1920年当時は児童の読解力にあった教科書選定が喫緊の課題として認識されていました。

こうした社会的課題を解決するものとして，リーダビリティ研究が登場し，文章の適正学年を推定する技術として注目されました。この研究において，当該文章がリーダブル(readable)であるというのには，あるコホート(特定年齢の児童集団)が適度な早さで読むことができ，またその内容を十分に理解できる状態であるということが前提とされています。こうした背景から，リーダビリティの和訳としては，「読みやすさ」という用語が使用されています。また，読みやすいということは，適度な難しさであるというのが前提になるため，文章難易度と実質的には同義として理解されています。

さて，このリーダビリティ研究では，大規模なデータ(基準コーパス)からコンピュータが難易度の判別ルールを学習し，その学習の結果を計算式にする方法が採用されています。この計算式をウェブサイトに埋め込み，入力した文章の難易度を判別するシステムが存在します。

【表4】 難易度判定システムの比較

	jReadability	帯	日本語 リーダビリティ測定
基準コーパス	外国人のための日本語 教科書と均衡コーパス	全教科の教科書	国語科の教科書
判別ルール	単語処理による 文章特徴量	文字の連続	単語処理による 文章特徴量
スケール	6段階	13段階	12段階
付加機能	語彙リスト作成など		学年別配当漢字の ハイライト

表4では，ウェブサイトとして文章のリーダビリティを計算してくれるものをあげておきました。「帯」と「日本語リーダビリティ測定」はいわゆる日本の小中高の教科書をもとに，文章の難易度を測るという考え方でありますが，「jReadability」は日本語教育のためのシステムを実現することが目的になっています。そのため，外国人のための日本語教科

書をもとに，初級前半，初級後半，中級前半，中級後半，上級前半，上級後半の6つのレベルで難易度が設定されています。

表4の「jReadability」に「茶々の日常」という文章を入力してみます。

> 茶々はわたしの日本語の先輩でした。毎日、日本語を一生懸命勉強して3か月ぐらいたったころには、日本人の友達といろいろな話もできるようになりました。そして茶々よりも日本語がわかるようになりました。けれどわたしの日本語の発音はまだ上手ではありません。家の人はわかってくれますが、 茶々はわかりません。「おいで」 と言っても茶々は来ません。「ちょっと見てごらん」と言っても見ません。「散歩に行こう」と言ってもふりむいてくれません。だから、いっしょに散歩することもできません。わたしの発音が家の人とちがうからです。それが大変ざんねんでした。それで、わたしはテープをたくさん聞いて練習しました。そして、はじめて茶々がわたしの「おいで」を聞いて、わたしのところへ来てくれた時は、本当にうれしくなりました。

図7は，「茶々の日常」の分析結果です。jReadabilityでは，文章が入力されると，システムの内部処理として，まず，形態素解析を実行します。その次に，1文の長さや漢語の数といった文章の難しさを決める要素をもとに，リーダビリティ・スコアを出します。このリーダビリティ・スコアに基づいて文章難易度が判定されます。「茶々の日常」のリーダビリティ・スコアは4.01です。jReadabilityではリーダビリティ・スコアが3.5～4.4の間の文章は中級前半の文章なので，「茶々の日常」は中級前半の文章と判定されました。なお，判定基準の詳細は李(編)(2017)を参照してください。

本システムについて　テキスト情報　テキスト詳細　語彙リスト

テキスト情報

テキストの概要

総形態素数（異なり）を表示するには「語彙リストを出力」をオンに

文章難易度 *注	中級前半 ふつう
リーダビリティ・スコア	4.01
総文数	13
総形態素数（延べ）	215
総形態素数（異なり）	80
総文字数（記号・空白を含む）	343
一文の平均語数	16.54

*注 判定は日本語学習者にとってのむずかしさです。母語話者を想定したものではありません。

【図7】 jReadabilityによる分析結果

リーダビリティの考えを応用し，日本語学習者の作文から，日本語力を測るという試みもなされています。たとえば，李在鎬と長谷部陽一郎の両氏が開発した日本語学習者作文評価システム「jWriter」というシステムがあります。こちらのシステムは，本書でも取り上げた「I-JAS」に含まれている作文データを使って，作文力を評価する計算式を作成し，その計算式を使って，新しい作文に対して，その達成度を測るという仕組みです。

コーパスから生まれた応用的研究の成果によって，これまで日本語教師が主観的に行った判断の一部が，機械によって体系的になされるようになりました。現時点では，まだまだ試験的なものではありますが，今後，判定精度があがることで，より利便性の高いシステムになることが期待されています。

リーダビリティ研究は面白い

リーダビリティの研究では，文章の難易度を数値化して，難しい文章と易しい文章を区別したり，文章の難しさをランクづけすることを目指しています。そのために，(1)難しさを決定する要因は何かという問題，(2)個々の要因をどのように重み付けするかという問題について盛んに議論されてきました。というのは，文章の難しさは，いくつもの要因が複雑に絡み合って決まるものだからです。その要因には，話題であったり，語彙であったり，修飾構造であったり，全体としてのまとまり具合であったり，長さであったり，いろいろなものが考えられます。そこで，(1)に関して，最も定説化されたものとしては，文ないしは単語の長さが重要な要因であると考えられています。その理由として，認知心理学の分野では，長ければ長いほど認知処理に負荷がかかるということが言われていて，処理の負荷が大きくなるにつれ，難しさの度合いも上がっていくことがあげられています。(2)に関して，回帰分析などの統計的な手法を使い，各要因の重みを計算し，計算式を作ります。その計算式に個々の文章の特徴を当てはめていくことで，リーダビリティ値を計算し，難しさを指標化します。リーダビリティの計算式は，世界に100以上存在します。どの言語の，誰(母語話者か子どもか成人か外国語学習者か)に対するリーダビリティなのかで様々な計算式が存在するわけです。詳しくは，李(編)(2017)をご参考ください。

14.3 コーパスを利用した日本語教育研究

近年，日本語教育分野では，コーパスを使った研究が日進月歩で進められています。以下では，学習者コーパスや母語話者の書き言葉コーパスを利用した研究事例を見ておきましょう。

14.3.1 母語話者コーパスを利用した研究

■書き言葉コーパスの研究

ここでは，母語話者の書き言葉コーパスであるBCCWJを利用した研究事例を概観します。BCCWJの場合，研究論文としては数え切れないほどの本数の研究があります。ここでは，書籍として公開されているもののごく一部を取り上げてみたいと思います。

BCCWJを利用した日本語教育研究の中で，いわゆる文法領域における代表的研究として，中俣(2014)，庵・山内(編)(2015)があげられます。中俣(2014)は文法項目と動詞の共起に注目し，ハンドブックの形で文法項目を整理しています。たとえば，「あいだ」(間)という項目の前に来る動詞をBCCWJで集計しており，最も多い動詞は「する」で329件，そして「いる」が321件，「知る」が229件，さらに「寝る」「行く」「生きる」といった動詞が共起していることを記述しています。同様の情報が93の初級の文法項目に対して記述されています。中俣(2014)はコーパスが持つ網羅的性質を利用した研究と言えますが，一方の庵・山内(編)(2015)はこれまで人文学の分野で培ってきた知見とコーパスの大規模性を活用し，文法シラバスを提案するというものになっています。全12章にわたって，日本語学から対照言語学までの様々な知見に基づいて初級や中上級の文法シラバスを提案しています。本書の最大の特徴は，タイトルにもあるとおり，データ準拠であることです。BCCWJに限らず，話し言葉コーパスや新聞コーパス，新書コーパスなどを利用し，どの文法項目をどの段階の学習者に提示するかを綿密に検証しながらシラバスを提案しているのです。このような試みは，今後の日本語教育において，もっと大切にするべき考え方ではないかと思います。同様の趣旨で書かれたものとして，中俣(編)(2017)があります。これは，日本語教師の多くが苦労する例文作りをコーパス検索の方法でサポートするというもので，表現別に10章で構成されています。「少納言」や「中納言」を使った授業準備のためのアイデアが豊富に紹介されています。

これまで紹介したものは，日本語教育の現場を意識した記述的な研究ですが，コーパス研究の観点から日本語教育研究への可能性を示した研究として砂川(編)(2016)があります。砂川(編)(2016)は，6章で構成され，コーパス検索の方法やツールの紹介から応用研究としての語彙表作成，類義語の分析，さらには教科書分析や作文支援など，様々な視点に基づく研究が展開されています。コーパスを使った日本語教育の学術研究のためのアイデアが豊富に紹介されています。

最後に，検索システムに注目したものとして，赤瀬川(他)(2016)があげられます。これは，BCCWJ の検索システムの1つとして広く利用されている NINJAL-LWP について紹介することに主眼がおかれています。基礎編，応用編，研究編の3部構成になっています。BCCWJ はもちろんのことですが，NINJAL-LWP を使った研究をする人にとっては，目を通しておくべき一冊と言えます。

BCCWJ の公開によって，日本語教育における研究も大きくかわってきました。これまでの日本語教育の研究では，学習者にとって必要な日本語の文法や語彙は，教師の「勘」によって決めざるを得ませんでした。たとえば，どの文型をどの語彙と一緒に導入するか，どの文型をどの時期に導入するか，文型と文型の導入の順番をどうするかなど，様々な選択が教師の「勘」で決められてきました。その最大の理由は，基準となるデータが十分になかったからではないでしょうか。こうした状況において，コーパスは大きな変化をもたらしました。

■話し言葉コーパスの研究

次に，母語話者の話し言葉コーパスである CSJ を利用した研究事例を概観します。前川(2004)は話し言葉研究におけるデータベースの必要性を指摘したのち，CSJ設計の基本方針，CSJの構造，格納される音声の特質，研究用付加情報(アノテーション)の概要など，CSJの仕様を紹介しています。

田川・中川(2014)，白勢・張(2014)，全(2017)はアクセントの揺れについての研究です。田川・中川(2014)は東京方言における平板式の形容詞(例：赤い，遅い)と起伏式の形容詞(例：白い，早い)の活用形に関して平板式と起伏式の統合が見られるのかどうかを調査し，活用形によってその現れが様々であることや語によってばらつきがあることなどを指摘しています。白勢・張(2014)は3～4モーラの名詞と2モーラの名詞から成る複合名詞のアクセントの揺れについて分析し，CSJの調査では約30%の後部要素に複数のアクセント生起が認められたことや，平板型(例：アタリバチ)と後から三つ目のモーラにアクセント格がある型(例：アタリバチ)の間での揺れが高頻度に生じていることなどが指摘されています。一方，全(2017)は「アネノエリマキ」が「アネノ エリマキ」となるように，複数の文節が1つのアクセント句にまとまるdephrasingという現象について分析し，連用修飾より連体修飾のほうがdephrasing率が高いことや2文節の合計モーラ数が増加するにつれてdephrasing率が低下することなどを報告しています。イントネーションを分析したものとしては，田(2015)が，終了型と継続型の「けど」について，終了型は下降調，継続型は上昇下降調を伴うことが多いことなどを指摘し，会話参加者が発話の継続や終了を予測するためのリソースとして音声を利用している可能性を示しています。

一方，話し手と聞き手の相互行為を分析したものに丸山(2014)，丸山岳彦(2015)，山本(2016)があげられます。丸山(2014)は進行中の発話に差し挟まれる「挿入構造」を分析し，学会講演より模擬講演に，女性より男性に挿入構造が多いことや，挿入構造の機能に基づく分類を示し，挿入構造の定式化を試みています。丸山岳彦(2015)は話し手が自ら発話中のトラブルを修復する自己修復について，アノテーションの方法とその分析の事例を初学者向けに示しています。山本(2016)は従来「丁寧さ」の違いで説明される「うん」と「はい」の使い分けについて分析し，説明を行うインタビュイーが自己開始修復を用いて聞き手であるインタビュアーに説明を差し挟むとき，その操作が完了するとわかる位置においてインタビュアーが「うん」から「はい」へと返答のしかたを変えることを指摘し，形式間の差異が話の続行を促すのに利用されていることを示しています。

また，レジスターについて分析したものに丸山直子(2015)があります。丸山はCSJとBCCWJにおける格助詞の使用実態を調査し，それぞれのコーパス内でレジスターの違いが格助詞の使用の違いとして現れることや，かたい話し言葉(学会講演)とかたい書き言葉(白書・新聞)で類似点が見られることを指摘しています。

14.3.2 学習者コーパスを利用した研究

■書き言葉コーパスの研究

ここでは，書き言葉の学習者コーパスに基づく研究を概観します。「作文対訳DB」を使った研究として，椙本(2005)は，ドイツ語母語話者の作文とそのドイツ語訳を分析し，引用・と(等位接続)・つもり等の誤用を検討した結果，母語であるドイツ語が影響していることを示唆しています。塩入(2012)は中国語母語話者による作文中の従属節の誤用を分析し，て形，基本形，「の／こと」節等を誤って用いる例が多いことを指摘し，母語の影響を検証しています。

「東京外国語大学日本語学習者言語コーパス」を使った研究として，鈴木(2014)は台湾の日本語学習者作文に見られる，動詞「する」を含む多様なコロケーションを分析しています。その結果，語彙的コロケーションとしては「勉強／〜たり／参加／お願い」＋「する」が多いこと，文法的コロケーションとしては名詞接続が8割近くを占め，そのほか動詞接続が8％，副詞接続が5％程度であること，意味的コロケーションとしては動作・変化が6割近くを占め，日常の動作が2割近くとなること，等を明らかにしています。

「LARP at SCUコーパス」を用いた研究として，盧(2007)は台湾の学習者1名の作文(改訂前の草稿)中の日本語副詞使用に注目し，当該学習者が「とても」「一番」「もっと」「すぐ」などの副詞を多用していること，使用する副詞の数は3年間で17項目から35項目に増加すること，擬声語・擬態語は「自信がなく」使用できないこと，授業で習った副詞が直接的に影響していること，また，「*景色はほとんど美しかった」「*のんびりに旅したい」といった誤用が見られることを指摘しています。胡(2016)も台湾の学習者の作文959篇から抽出された130例の使役文を用法別に分析し，それぞれの用法における誤用の要因を考察するとともに，使用率，誤用率ともに「他動的」用法が最も高く，ついで「心理的」「基本的」用法の順になること，「他動的」と「心理的」用法は学習年数が経過しても誤用率が高いことを指摘しています。また，砂川(2015)は，逆接の接続詞が前後の文脈をどの範囲で結びつけているかを調査し，接続範囲と文章全体の構成との関連について考察しています。その結果，学年が進むにつれて接続範囲が拡大し，マクロな観点から大局的な関係を構想した談話展開が行えるようになること，その結果として複雑な談話構成が可能となり，より高度なレトリックが駆使できるようになることを論じています。さらに，砂川・清水(2017)は，学年の進行に伴う名詞述語文の習得状況を調査し，学習者が用いた教科書との関連で分析しています。その結果，「～が～だ」や定義文は教科書での導入後にインプットが十分でないために習得が進まないこと，「～は～だ」の過剰使用と「～が～だ」の過少使用は学年が進んでも観察されること，ねじれ文の誤用は教科書の指導項目になく，学年が進んでも出現することなどを指摘しています。

「YNU書き言葉コーパス」を用いた研究として，金(2014)は学習者による接続詞使用に注目し，1万字あたりの接続詞使用頻度が母語話者が45.3回であるのに対し，学習者は55.2回であること，習熟度レベルがあがるにつれて接続詞使用頻度は若干減少すること，母語話者と比べて学習者は「それで」「では」「それでは」を過剰使用し，「そこで」「まずは」「すると」を過小使用することなどを報告しています。橋本(2014)は，12種の作文タスクについて，語彙多様性を示すGuiraud値(異なり語数を延べ語数の平方根で割った指標値)と，個人差によるばらつきの度合いを示す実質語重複レンジ数(30名中何名が使用しているかを示す指標値)を調査しました。その結果，語彙多様性は「悩み相談の手紙」や「観光地案内のメール」で高く，「折れ線グラフの説明」や「図書貸与希望のメール」で低いこと，個人差は「観光地案内のメール」や「広報誌での料理紹介」で大きく，「図書貸与希望のメール」や「小学校新聞での昔話紹介」で小さいことなどを明らかにしています。

■話し言葉コーパスの研究

次に，話し言葉コーパスに基づく研究を概観します。「KYコーパス」を用いた研究として，戸田(1999)は，コーパス内の外来語使用に関して，使用頻度は英語母語話者が最も多く，韓国語母語話者がそれに次ぎ，中国語話者が最も少ないこと，総じて初級では使用数が少ないが中級で増加し，上級・超級では非用に向かうこと，学習者は母語話者とは異なる特有のアクセント傾向(−2型過剰使用，0型の遅延習得等)を見せ，英語母語話者はアクセントの誤用が，中国・韓国語母語話者はモーラの誤用が多いことなどを明らかにしています。木下(2007)は修飾部および述部に出現した形容詞を調査した結果，出現頻度は述部内のイ形容詞が最も多いこと，誤用率は修飾部内のナ形容詞・イ形容詞が高いことなどを明らかにしています。また，堀(2012)は自作のインタビューコーパスと「KYコーパス」における条件表現の出現状況を比較した結果，コーパス間で条件表現の出現傾向に違いがあることを示し，口頭能力試験に基づく「KYコーパス」では学習者の不安感や話題の偏りにより，学習者の産出に影響が出ている可能性があると指摘しています。

「日本語学習者会話データベース」を用いた研究として，森(2014)は，当該コーパスと日本語母語話者の産出を集めた「名大会話コーパス」を併用して「見える」と可能形の「見られる」(肯定文のみ)の出現を調査し，学習者による前者の使用率は83%，後者の使用率は17%で，この比率は母語話者の場合と大きく変わらないこと，学習者は「見える」の能力可能用法を過小使用し，「見られる」の状況可能用法を過剰使用することなどを明らかにした上で，こうした偏りが日本語教科書の記述に起因する可能性を指摘しています。

「C-JAS」を用いた研究として，趙(2015)は当該コーパスと「KYコーパス」を併用して「テイナイ」というアスペクト表現を分析しました。「テイナイ」には，「テイル」に起因する属性否定・状態否定・進行否定・反復否定に加え，否定形の独自語義である未完了(まだ〜ていない)・全面否定(呼んだ？／呼んでいないよ)の用法を持ちます。これら6用法の出現を調査した結果，コーパスや母語の差を越えて，学習者には，「未完了／状態」＜「属性」＜「全面否定／反復」という一貫した習得順序があると指摘しています。また，吉田(2014)は，韓国語母語話者の終助詞習得に関して，頻度は「ね」＞「よ」＞「な」＞「よね」の順になること，総じて未使用→汎用・過剰使用→正用と移行すること，「よね」は未使用状態から一気に過剰使用されるようになり誤用も多いこと，間投詞「ね」の過剰使用は上級者になると減少することなどを明らかにしています。

最後に，「I-JAS」を用いた研究を見ておきましょう。「I-JAS」は，2020年3月に公開されましたが，幅広い学習者から相互比較可能な形で体系的にデータを収集したコーパスとして，また，音声と書き起こしの両方のデータを含むコーパスとして，研究上の価値が高く，完成版以前の逐次的な公開データの段階から多くの研究が公刊されています。まず，語彙や表現に関する研究として，奥野・リスダ(2015)は，ストーリーテリングとストーリーライティングを比較し，学習者はライティングのほうがより複雑な表現を使用できているものの，逆に，正確さが阻害されている場合もあると指摘しています。小口(2017)は，I-JASのストーリーテリング課題に注目し，学習者の使用する接続表現，「が」標識，副詞が母語話者と大きく異なることを指摘しています。小西(2017)は，中級学習者と母語話者によるストーリーテリングおよびロールプレイ発話を分析し，学習者は「ている」「てしまう」「てくる」「ていただく」などを過小使用し，「てくれる」「時」「後」などを過剰使用していること，また，学習者は，「は」と「が」の使い分けが不十分で「は」を過剰使用することなどを報告しています。砂川(2018)はストーリーテリングで使用された順接の接続表現を分析し，学習者データには母語話者データに多い「すると」「そこで」「…と」「…ところ」が出現しないこと，および，これらの表現が単に時間関係や因果関係を表しているだけでなく談話の重要な展開場面をマークし，次に起こることの意外性や期待感を表現する機能を持っているため，これらの表現が使えない学習者の発話はダイナミックな談話展開が困難であることを述べています。

また，石川(2017)は当該コーパスと英語学習者コーパスを比較した結果，中国語母語話者が，L2としての日本語産出時・英語産出時ともに，複雑なアスペクトや文構造を回避し，相互参照を強調するという共通傾向を示すと指摘し，こうした多言語でのL2語彙使用分析が母語干渉の議論を精緻化する上で不可欠であると述べています。

次に，発音に関する研究として，砂川・黒沢(2017)は，中国語母語話者による漢語の発音を調査し，日中非同形漢語(誤用率5.6%)よりも同形漢語(誤用率8.6%)において誤りが多いこと，発音の誤りの一部は母語に起因する(例：時間→「じけん」)ことなどを報告しています。

また，語用論的側面に関する研究として，迫田(2015)および迫田(2016)は，依頼のロールプレイにおいて，学習者は母語話者に比べて談話のニュアンスを和らげる言いさし(例：お話したいことがあるんですが…）の使用率が低く，依頼の前提や謝罪を述べない傾向があること，また，習熟度の上昇に伴って言いさしの使用度が上がることを指摘しています。迫田・蘇・張（2017）は，中国語を母語とする初級学習者がロールプレイ中で「今，週三日働いていますが，二日にしたいです。いいですか？」のような念押しを多用することを指摘した上で，中国語で同様のロールプレイを行わせた結果，12名中８名（66%）が「可以吗」という念押しを使用していたことから，「念押し」の過剰使用は母語からの語用論的転移の可能性があるとしています。

14.4 まとめ

本章では日本語教育にコーパスを活用した事例として，語彙表とレベル判定に関する研究例およびシステムについて紹介しました。出現頻度や分野に基づく語彙選定の考え方を説明した上で，語彙表の具体例として話題別語彙表と「日本語教育語彙表」を紹介しました。そして，レベル判定に関連する項目として，会話能力のレベル判定，言語テストにおけるコーパス利用，リーダビリティのレベル判定に関する研究事例を紹介しました。

これらのデータやシステムに加え，コーパスを利用した日本語教育研究例を紹介しました。コーパスを利用した日本語教育研究は，日々増え続けており，今後も増えていくと予想しています。

14.5 さらに学びたい人のために

コーパスを使った語彙リストの作成と分析については，森（編）（2016）において様々な研究事例が紹介されています。また，リーダビリティについては，李（編）（2017）において jReadability で採用されている計算式作成の具体的な流れなどが紹介されています。

第15章 調査結果の報告

15.0 本章の概要

研究調査のゴールは，調査結果を文章としてまとめるところにあります。コーパス調査によって，明らかになったことを論文やレポートで他人に伝えるためにはどのような点に工夫したらよいでしょうか。

本章の前半では文章構成の観点から実証的研究に共通するフォーマットに基づいて，コーパス調査の結果を報告する手順について解説します。後半では，表やグラフに注目し，頻度データを示す上でどのような点に留意したらよいか解説します。

15.1 よい調査報告のために

コーパス調査に限りませんが，科学的研究や調査分析を報告する際，よく用いられる文章の雛形があります。それは，Introduction, Methods, Results And Discussion の略として，IMRAD（イムラッド）と呼ばれるものです。Introduction（導入）で目的や研究背景を述べ，Methods（方法論）で，自分の研究がどのような方法論を用いたかについて述べます。そして，Results And Discussion（結果と考察）で，調査によって明らかになったことを述べるという形式です。これは，一見，理系の論文の形式と思われるかもしれませんが，データに準拠した研究では，人文系の研究論文でも，よく用いられるもので，科学論文の普遍的な形式であると言えます。コーパス調査の結果報告も基本的には，この形式に則って書き進めていくとよいでしょう。

ところで，よい調査報告とは何でしょうか。どんな条件を満たすべきでしょうか。一般的に，科学論文では，その文章を読んだ研究者が同じ手続きを使って，追試できるようにすることが重要と考えられています。この追試可能な報告を行うことで，第三者によって，調査結果の再現ができ，調査分析としての信頼性も増してくると言えます。コーパス調査の文脈で言うと，他の研究者が同じコーパスと同じ解析方法を用いて調査を行えば，概ね同じ結果が再現できることが期待されるのです。

15.1.1 追試可能な報告をするための文章構成

では，追試可能な報告をするためには，どんなところを工夫したらよいでしょうか。コーパスを使った研究調査の結果を報告する際の大原則は，調査の手順や各ステップにおける結果を可能な限り，クリアに報告することです。どのようなコーパスに，どのような下処理を行ったのか，また，どのようなデータ抽出方法を用いたのかを事実に基づき，示すことが求められます。コーパスを用いた研究の最も典型的な章立て案を示します。

1. 導入：なぜその研究が行われなければならないのか。
2. 先行研究と問題提起：研究対象をめぐる先行研究の紹介と自分の研究が答えようとしている問いは何なのか。

3. データと調査方法：追試可能な形で調査の手順などを明記する。
4. 結果：得られた結果を客観的事実として報告する。
5. 考察：「結果」から「問題提起」に対してどのような答えが得られたかを述べる。
6. まとめと今後の課題：調査全体の結論を簡潔にまとめると同時に，次の調査研究に向けての課題を述べる。

以下では，この6つの項目において，どんな情報を盛り込むべきか，述べていきます。

■「導入」から「先行研究と問題提起」

まず，「導入」は，調査全体の土台になるものです。したがって，調査研究の目的と背景と意義，そして，調査によって明らかになったことの概要を述べます。

次に「先行研究と問題提起」では，扱う言語現象に関連する過去の研究や主張を確認し，問題提起を行います。問題提起では，先行研究の問題点を踏まえた上で，自身の調査研究が答えようとする問いをResearch Questionとして明確に述べることが望ましいとされています。また，先行研究と自身の研究の関係性も書いておくべきです。なお，短い論文の場合，導入の中に先行研究と問題提起を含めて議論することも少なくありません。

■「データと調査方法」

「データと調査方法」では，調査に使用したデータ，すなわちコーパスについて述べます。これに関連しては，使ったデータのタイプによって，求められる報告内容は変わってきます。たとえば，オンラインコーパスであれば，どんな検索キーワードを，どのようなオプションで入力したのかを述べます。一方，自作コーパスの場合，キーワードを入れる前段階として，どういう手順でデータを構築したのかについても述べる必要があります。具体的には，以下の項目を含めるとよいでしょう。

A）検討したコーパスやデータベースの名前
B）（特定のコーパスを選択的に使用した場合は）そのコーパスを選んだ理由
C）（形態素解析などの処理を行った場合は）どのような下処理をどういう手順で行ったのか
D）コーパスの規模（延べ語数および異なり語の総数）
E）抽出したサンプルの数

コーパスを利用した研究では，通常，複数のコーパスを検討し，自分の研究目的に最も合致するコーパスを選択します。したがって，報告の順番は多少前後してもよいですが，上記のA）およびB）は調査の透明性を高める意味においても必要なものと言えます。なお，BCCWJのようなオンラインコーパスは，バグを修正したりしていますので，システムのバージョンによって検索結果が異なる場合があります。検索したシステムのバージョンがわかっている場合は，バージョン情報も入れたほうがよいと言えます。次にデータを文字列による一致で抽出したのではなく，形態素解析システムなどで加工を行った上で，データを抽出したのであればC）やD）についても明記しましょう。最後に，E）で抽出したサンプルの数を明記します。

一般にコーパス分析では，複数の段階を経て最終的なデータを抽出します。できるだけ各段階におけるデータ数を明記したほうがより信頼性・透明性の高い報告であると評価されます。なお，分析サンプルを選択的に採用しているのであれば，その選択の基準や根拠も述べておく必要があります。

次に「調査方法」では，サンプルに対してどのような数値処理を行ったのかを明記します。たとえば，サンプルに対して何らかのコーディングを行ったのであれば，どのような変数を用いて，どのような手順でコーディングを行ったのかについても述べる必要があります。また，頻度データに対して何らかの統計的な手法を用いて分析した場合は，どのような手法を，どういう理由で用いたのかも明記しておく必要があります。

■「結果」と「考察」

まず，「結果」と「考察」は，別々に章立てすることもありますが，２つをまとめて「結果と考察」にすることも少なくありません。「結果」の節と「考察」の節の最も重要な違いは，調査者の判断や解釈を入れるか入れないかです。「結果」の節では，できるだけ(主観を排除した)事実に基づく報告を行うのが望ましいとされます。次節で述べるグラフや表を利用することで，視覚的にもわかりやすい形で報告することが期待されます。

一方，「考察」の節というのは，コーパス調査の結果を分析的視点で解釈しながら，さらに吟味していくプロセスであると言えます。具体的には，「結果」の節を踏まえた上で，調査結果が先行研究や問題提起に対して(自分の調査結果が)どのような意義を持つのか，どのようにして先行研究の問題を解決できたのかを述べます。

コーパス調査における「考察」では，調査結果に照らし合わせてあまり行き過ぎた推論や主張を行うのは好ましくありません。また，調査結果は，そのコーパスを使った場合のものであるため，限定的なものであることを意識する必要があります。いずれにしろ，コーパス調査によって得た結果を合理的に理解するための「考察」であることを，常に念頭におくべきです。

■「まとめと今後の課題」

「まとめと今後の課題」は，報告の締めくくりに相当する部分ですので，できるだけ簡潔に書くことが求められます。まとめの部分では，研究背景やResearch Questionに対して，どこまでを明らかにしたかを述べます。そして，本来，明らかになることが期待されているが，明らかにできなかった部分を今後の課題として述べます。そして，明らかにできなかった理由は何であるかを述べることで，次の研究に向けての改善点を示すことができます。

15.2 図表の活用

コーパス調査の結果として，様々な種類の頻度データが得られます。こうした頻度データを示すため，多くの研究で表やグラフを使います。図表は，視覚に訴えながら説明できる点で，文章による説明に比べ，効果的に報告できるメリットがあります。しかし，デメリットもあります。図表は，それ自体が何らかの主張を持ってしまうことがありますので，使い方を間違った場合，誤った解釈を誘発してしまう危険性もあります。したがって，図表が持つ主張を理解する必要があります。

15.2.1 図表を使う前に考えておくべきこと

図表の話の前に，論文やレポートにおいて，コーパスでの使用頻度のようなデータを提示する理由はなんでしょうか。科学論文の共通フォーマットとして広く利用されているAPA(The American Psychological Association; 米国心理学会)による論文作成マニュアルでは，「表と図の一般的な手引き」の中で，データ表示の目的として以下の点を指摘しています(pp. 135-136)。

・ 探索：データはメッセージを含んでいるので，そのメッセージ

の内容を知るという目的
- 伝達：データに含まれる意味を発見して，他人に伝える目的
- 計算：表示によって，データに関する統計値や関数を推定することができるようにする目的

科学論文の場合は，上記の「伝達」を目的とし，図表を使った結果の報告を行うことが多いと考えられます。こう考えた場合，図表というのは，「簡潔に」「必要不可欠なもの」のみを伝えるのがよいと推論されます。余計な情報を入れることで，読み手の理解を妨げたり，誤解させたり，混乱させたりする図表は，避けなければなりません。

15.2.2 表を使う

表を使う上で，大切なポイントとして，3点，述べたいと思います。1点目は，表における情報の配置，2点目は，表と本文の関係，3点目は，表と表の関係についてです。

■表における情報の配置

表の配置は，基本的に横の列に変量，縦の列に事例を配置するようにしましょう。たとえば，「中納言」を使って「BCCWJ」の複数のレジスターで副詞「とても」「すごい」「もっと」の使用頻度を調べたと仮定します。

【表1】 副詞のレジスター別の使用頻度

語彙項目	出版・書籍	特定目的・ブログ	特定目的・国会会議録	総計
もっと	4,305	2,238	1,123	7,666
すごい	2,399	4,670	66	7,135
とても	4,070	3,865	266	8,201
総計	17,091	11,963	2,730	31,784

表1の調査であれば，コーパス内のレジスターが変量に相当し，副詞項目が変量における事例になります。したがって，横の列にコーパスのレジスターが，縦の列に副詞が配置される形式がよいと考えられます。なお，数字の場合は，伝統的に右揃えにするのがよいとされています。そして，表のフォーマットについて，余分なものはできるだけ削ぎ落とすという考え方から垂直罫線を書かないことも多く，APAの論文作成マニュアルなどでもそれが推奨されています。

表1のフォーマットにする別のメリットとして，エクセルやSPSSのような計算用のソフトウェアでも同じフォーマットを使うので，ほかのアプリケーションを使った分析の時も，楽だということがあげられます。

■表と本文の関係

APAの論文作成マニュアルでは，表と本文の関係について，次のように指摘しています。「有益な表というものは，本文の繰り返しではなく，本文を補うものである」。本文を補うものとして，表という形式を使うということを理解しましょう。特に，論文などで，表を使う際には，必ずすべての表に言及をし，表の中のどこに注目すべきかを述べることが大切です。というのは，表というのは，たくさんの情報を持っていますので，読み手が注目すべき情報を本文で指示するのがよいからです。

■表と表の関係

表と表の関係については，情報の重複に気をつけましょう。同じデータが繰り返される表については，一つにまとめて表示するのがよいでしょう。たとえば，「もっと」「すごい」「とても」を話し言葉と書き言葉で調べた場合，両方を別々に表として提示するのではなく，表2のように上位見出しをたてて，表示します。

【表2】 話し言葉と書き言葉における副詞のレジスター別の使用頻度

語彙項目	書き言葉(BCCWJ)			話し言葉(CSJ)		
	出版・書籍	特定目的・ブログ	特定目的・国会会議録	対話・自由	独話・学会	独話・模擬
もっと	4,305	2,238	1,123	22	370	934
すごい	2,399	4,670	66	98	160	6,321
とても	4,070	3,865	266	6	126	2,972
総計	17,091	11,963	2,730	126	656	10,227

表2では，表1の書き言葉コーパス「BCCWJ」に加えて，話し言葉コーパスとして，「日本語話し言葉コーパス(Corpus of Spontaneous Japanese : CSJ)」での使用頻度も調査した結果を報告しています。表の見出しを2段にしているところに注目してください。

2段の表にすることで情報が増えてしまうというデメリットがありますが，メリットもあります。それは，情報の重複を避けられるということと，コーパス同士を比較しながら，それぞれの副詞の使用状況を捉えられるということです。

15.2.3 グラフを使う

グラフとは，数字を絵に変えて表現した形式です。絵に変えることにより，言いたいことを視覚的に伝えることができるというメリットがあります。ここで，大切なポイントがあります。「データ」をグラフにするのではなく，「主張したい内容」をグラフにしなければならないということです。グラフというのは，それ自体が主張を持ってしまうことがあるということを理解しましょう。数値データをグラフという絵に変えるだけなら，どのグラフを使ったとしても効果の差はないということになりますが，実際はそうではありません。

グラフにすることで，論点がぼやけたり，わかりにくくなったり，誤解を与えたりするのであれば，グラフを用いるべきではないのです。それぞれのグラフ表現の得意不得意をよく理解した上で，「主張したい内容」を伝えるために，どのグラフが最適かを考える必要があります。

■棒グラフ：量の違いを表す

棒の高さを比べることで，量を示すグラフです。コーパス調査であれば，頻度の違いを示すグラフということになります。具体例に基づいて棒グラフを見ていきましょう。李(2013)では，日本語の形状詞には，後続名詞と「な」で接続するタイプ(高額なプレゼント)と，「の」で接続するタイプ(大量の雨)があることを踏まえ，「BCCWJ」をもとに調査を行いました。そのデータの一部を利用し，3つの棒グラフを作りました。図1のa～cはいずれも同じデータです。

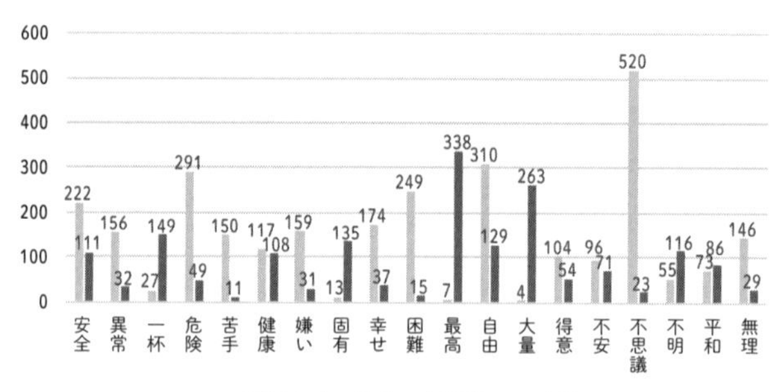

【図1a】　棒グラフ1

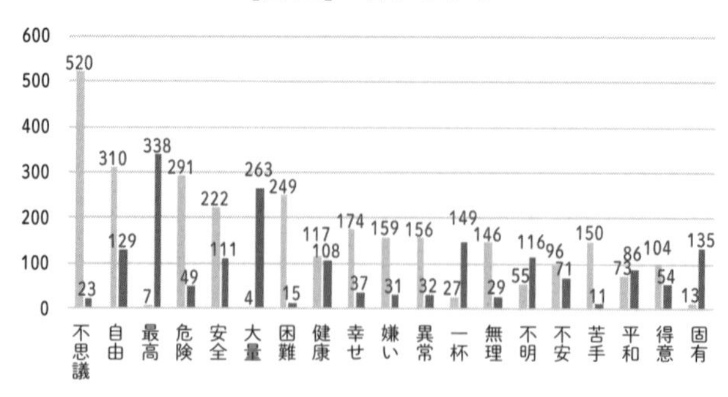

【図1b】　棒グラフ2

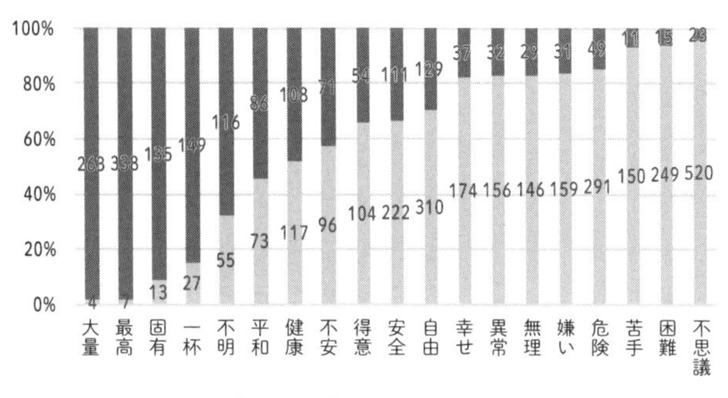

【図1c】 棒グラフ3

図1aは形状詞の読み方順でデータを配置しています。図1bは形状詞の合計頻度順でデータを配置しています。図1aとbはデータの並べ替えを変えただけですが，グラフが主張する点は違います。図1aが直接的に主張していることは，1）形状詞によって頻度にかなりの差があるということ，2）「不思議」という語が飛び抜けて多いこと，3）「な」と「の」のパターンで多様なものがあることです。しかし，多様性の中身については，明らかではありません。そこで，図1bのように頻度で並べ替えしてみると，「な」と「の」の合計頻度として高頻度なものと低頻度なもののグループが見えてきます。最後に，図1cは，「な」と「の」の共起する比率順に並べ替えています。図1cでは，右から左に進むにつれ，「な」と共起する可能性が高い形状詞が配置されています。こうすることで，日本語の形状詞には，「な」とよく共起するものと，「の」とよく共起するもの，そして，「な」と「の」の両方と共起するものがあるということが見えてきます。

■折れ線グラフ：データの推移を表す

折れ線グラフは，データの推移を直感的に把握するために，広く用いられています。典型的には，時系列によって推移するデータで使われるのが普通です。折れ線の角度を見ることで，時系列による変化を視覚的に把握することができるからです。

具体例として，「こども」の表記について調べてみました。「こども」の表記をめぐっては，国立国語研究所の「よくある「ことば」の質問」でも話題にされていますが，社会から尊重され，守られるべき「こども」に対して，従属や隷属を意味する「お供(とも)」「供奉」のように，「供」という漢字を使うのはふさわしくないという考え方があります。では，「子ども」と「子供」のどちらの表記が多いでしょうか。

時系列によって，どういう変化があるかを調べるため，「中納言」で「BCCWJ」を対象に調査しました。まず，「書籍」のデータで調べてみました。

【表3】BCCWJ「書籍」における「子ども」と「子供」の表記

表記	1986-1990	1991-1995	1996-2000	2001-2005	総計
子ども	982	1,963	2,796	12,782	18,523
子供	1,347	2,089	2,519	8,358	14,313
総計	2,329	4,052	5,315	21,140	32,836

本書の4章で紹介した「私たち」と「私達」と同様に，平仮名選好率を計算し，折れ線グラフを作成したところ，図2の結果になりました。

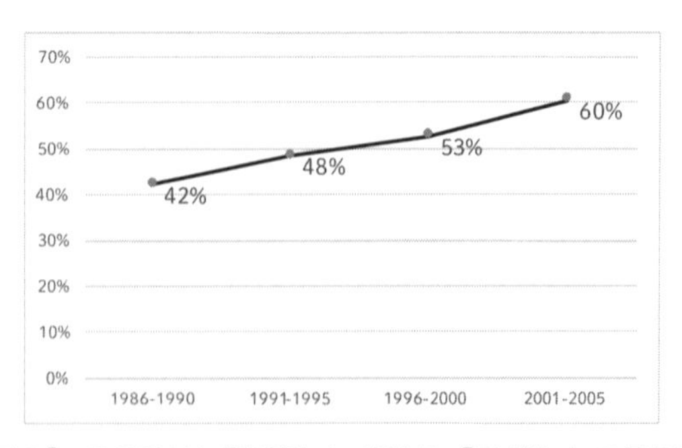

【図2】 BCCWJ「書籍」における「子ども」の使用率

図2の折れ線グラフによって，緩やかではありますが，平仮名の使用率が高くなっていることが確認できます。こうした傾向は，書籍のみの現象でしょうか。このことを検証するため，公的な文章とされる「国会会議録」と「白書」で調べてみました。

【表4】BCCWJ「国会会議録」「白書」における「子ども」と「子供」の表記

レジスター	表記	1981-1985	1986-1990	1991-1995	1996-2000	2001-2005	総計
国会会議録	子ども	2	0	0	28	3	33
	子供	213	76	157	417	95	958
	小計	215	76	157	445	98	991
白書	子ども	8	88	30	35	543	704
	子供	134	44	125	57	81	441
	小計	142	132	155	92	624	1,145

図2と同様に，平仮名選好率を計算し，書籍のグラフに重ねてみたところ，図3の結果になりました。

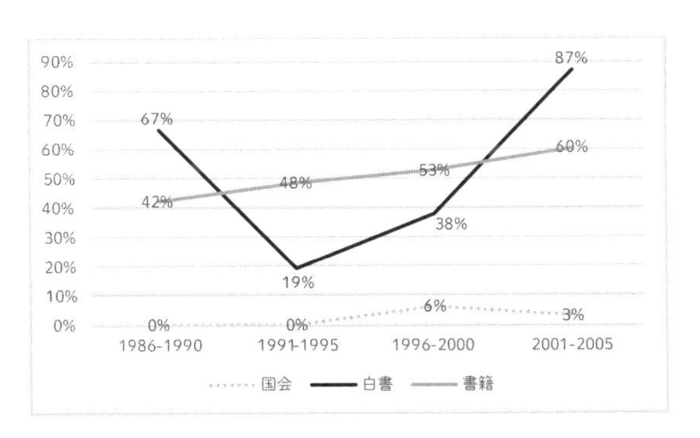

【図3】「国会会議録」「白書」「書籍」における「子ども」の使用率

図3の線グラフで，「国会会議録」では，「子ども」と表記されることはほとんどないことがわかります。一方，同じ政府系の文章である「白

書」の場合，使用率の起伏が多いこと，90年代以降は「子ども」という表記が多く使用されていることが確認できます。なお，白書の1981-1985と1986-1990の分布が大きく違うのは，「福祉／青少年白書」内で，表記が違っていたためです。具体的には，1981-1985の「福祉／青少年白書」では「子供」，1986-1990の「福祉／青少年白書」では「子ども」と表記されていました。このように白書においては，テキストのジャンルによっても，差が大きいことがわかります。

■散布図：２つのデータ間の関係を表す

コーパス調査では，２つのデータの関連性を示すグラフとして，散布図もよく用いられます。グラフの例として，本書の14.2.3節で紹介した「日本語文章難易度判別システム」を使った事例を紹介します。李・長谷部・久保(2016)では，「BCCWJ」に含まれている1,949個のテキストデータを「日本語文章難易度判別システム」を利用し，文章の難易度や語種や品詞の出現頻度を調査しました。そこで得られたデータを使い，変数同士の関係を調べてみました。図４では漢字(縦軸)と和語(横軸)，図５では内容語(縦軸)と漢語(横軸)，図６ではリーダビリティ(縦軸)と一文の平均的長さ(横軸)の散布図を書きました。

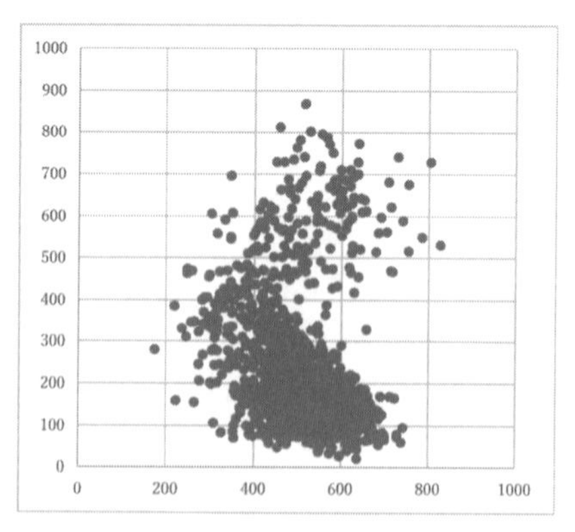

【図４】　漢字(縦軸)と和語(横軸)の散布図

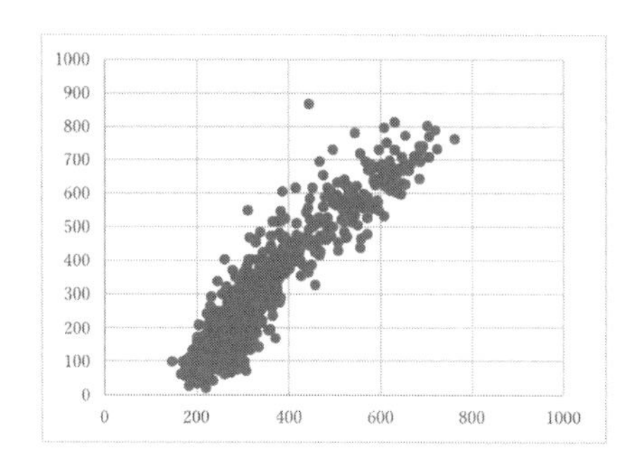

【図5】内容語（縦軸）と漢語（横軸）

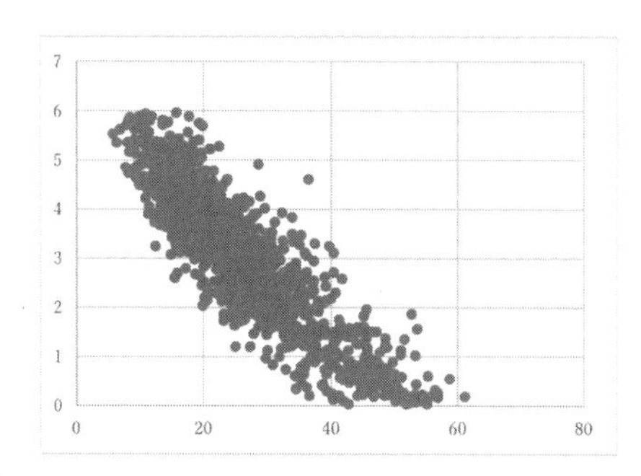

【図6】　リーダビリティ（縦軸）と一文の平均的長さ（横軸）

図4から図6における点は，「BCCWJ」のテキストに相当します。さて，図4で確認できることとして，漢字と和語の使用率には特別な関係性を見いだすことができないということです。一方，図5を見ると，漢語の使用率と内容語の使用率には，正の相関関係が認められますし，図6を見ると，文章の読みやすさを表すリーダビリティと一文の平均的な長さには，負の相関関係が認められるということがわかります。図5の関係の背景として，内容語の多くが名詞であることと日本語の書き言葉の名詞の中に漢語が多いことが予測されます。また図6の背景としては，文章が長くなるにつれ，読みやすさは下がっていき，難しくなっていくことが予想されます。

こうした散布図を利用することで，データの全体的な傾向，特に変数間の関係を視覚的に把握することができます。

15.2.4 その他のグラフ

情報過多になることを避けるため，本章では紹介していませんが，コーパス調査の項目の度数分布を確認するための「ヒストグラム」や項目の最大値と最小値と中央値を表現するための「箱ひげ図」なども，コーパス調査の報告ではよく使われますので，15.4節で紹介する関連図書を参考に，さらに調べてみることをおすすめします。

15.3 まとめ

本章では，コーパスを利用した結果を報告する時のポイントを示しました。コーパスを利用した調査研究の典型的な雛形を示した上で，それぞれのセクションで述べておくべき事項についても解説しました。そして，データを表示する際によく用いられる図表についての留意点を示しました。

15.4 さらに学びたい人のために

科学論文の書き方についてのマニュアルとして「アメリカ心理学会」が公開している『APA 論文作成マニュアル』(2004，医学書院)を参考するとよいでしょう。グラフ作成に特化した一般書としては，松本(2017)が役に立ちます。松本(2017)では様々なグラフを取り上げながら，それぞれのグラフが持った特性を一般向けに解説しています。

15.5 練習問題

(1) 手近な論文集や学会誌で，コーパスを利用した研究を見つけ，どのような文章構成になっているのか調べてみましょう。

(2) BCCWJ で検索したデータをエクセルを使って，棒グラフと折れ線グラフを書いてみて，比較してみましょう。それぞれのグラフのメリット・デメリットについてまとめてみましょう。

【巻末付録：リンク】

リンク情報は，2017年10月時点を基準に作成しました。アドレスなどが変更され，アクセスできない場合は，Google などの検索エンジンを使用し，探してみてください。

■コーパス

国立国語研究所のコーパス

(1) BCCWJ［現代日本語書き言葉均衡コーパス］
http://pj.ninjal.ac.jp/corpus_center/bccwj/

(2) C-JAS［中国語・韓国語母語の日本語学習者縦断発話コーパス］
http://lsaj.ninjal.ac.jp/

(3) CSJ［日本語話し言葉コーパス］
http://pj.ninjal.ac.jp/corpus_center/csj/

(4) I-JAS［多言語母語の日本語学習者横断コーパス］
http://lsaj.ninjal.ac.jp/

(5) NWJC［国語研日本語ウェブコーパス］
http://pj.ninjal.ac.jp/corpus_center/nwjc/

その他のコーパス

(6) BTS による多言語話し言葉コーパス－日本語会話
http://www.tufs.ac.jp/ts/personal/usamiken/corpora.htm

(7) KY コーパス　http://opi.jp/shiryo/ky_corp.html

(8) 学習者作文コーパス「なたね」 https://hinoki-project.org/natane/

(9) タグ付き KY コーパス　http://jhlee.sakura.ne.jp/kyc/

(10) ドイツ語話者日本語学習者話し言葉コーパス
http://german-opi.jpn.org/

(11) 日本・韓国・台湾の大学生による日本語意見文データベース

http://www.tufs.ac.jp/ts/personal/ijuin/koukai_data1.html

⑾ 日本語学習者言語コーパス　http://cblle.tufs.ac.jp/llc/ja/index.php

⑿ 日本語学習者作文コーパス　http://sakubun.jpn.org/

⒀ 日本語学習者による日本語作文と，その母語訳との対訳データベース（作文対訳DB）　http://contr-db.ninjal.ac.jp/

■学習コンテンツ

⑴ Excel基本講座（©よねさん）
http://www.eurus.dti.ne.jp/yoneyama/

⑵ 秀丸エディタを使いこなす（©Takahito Yamada）
http://www.shuiren.org/chuden/teach/hidemaru/seiki/index-j.html

■ソフトウェア・ツール

⑴ ChaSen　http://chasen.naist.jp/hiki/ChaSen/

⑵ Hinokiプロジェクト（あすなろ・なつめ・なたね・ナツメグ）
https://hinoki-project.org/ja/index.html

⑶ jReadability　https://jreadability.net/

⑷ jWriter　https://jreadability.net/jwriter/

⑸ MeCab　http://taku910.github.io/mecab/

⑹ NINJAL-LWP for BCCWJ　http://nlb.ninjal.ac.jp/

⑺ NINJAL-LWP for TWC　http://nlt.tsukuba.lagoinst.info/

⑻ jpWaC-L　https://www.clarin.si/noske/jpl2.cgi/

⑼ UniDic・茶まめ　http://unidic.ninjal.ac.jp/

⑽ Vector　http://www.vector.co.jp/

⑾ Web茶まめ　http://chamame.ninjal.ac.jp/

⑿ 帯　http://kotoba.nuee.nagoya-u.ac.jp/sc/obi3/

⒀ 格フレーム検索　http://reed.kuee.kyoto-u.ac.jp/cf-search/

⒁ コーパス日本語学のための情報館　http://jhlee.sakura.ne.jp/

⒂ 少納言 http://www.kotonoha.gr.jp/shonagon/

⒃ 中納言 https://chunagon.ninjal.ac.jp/

⒄ 日本語教育語彙表 https://jreadability.net/jev/

⒅ 日本語リーダビリティ測定
http://readability.nagaokaut.ac.jp/readability

⒆ 分類語彙表 http://pj.ninjal.ac.jp/corpus_center/goihyo.html

■その他

(1) 著作権に関するホームページ
http://www.bunka.go.jp/seisaku/chosakuken/

(2) よくある「ことば」の質問 http://pj.ninjal.ac.jp/QandA/

(3) 第2部 教科書『リビングジャパニーズ』(LJ)のデータ
http://www.9640.jp/cps/
[コーベニ澤子・ケネスGボストン・髙屋敷真人・中松知子(2006)『リビングジャパニーズ BOOK1』東京：くろしお出版]

【参考文献】

赤瀬川史朗・パルデシ, プラシャント・今井新悟(2016)『日本語コーパス活用入門：NINJAL-LWP実践ガイド』東京：大修館書店.

秋本瞳(2016)「コーパスにみる話しことばと書きことばの連続性：BCCWJとCSJにおけるチョット／スコシ、ヨ／ネの出現頻度の比較を通じて」『言語と文明』14, 21-41.

アメリカ心理学会（著）・前田樹海・江藤裕之・田中建彦(訳)(2011)『APA論文作成マニュアル 第2版』東京：医学書院.

庵功雄・山内博之(編)(2015)『データに基づく文法シラバス(現場に役立つ日本語教育研究1)』東京：くろしお出版.

石川慎一郎(2008)『英語コーパスと言語教育：データとしてのテクスト』東京：大修館書店.

石川慎一郎(2012)『ベーシックコーパス言語学』東京：ひつじ書房.

石川慎一郎（2017）「多様な外国語学習者の言語使用特性：中国人英語／日本語学習者のL2過剰・過小使用語彙」『第2回学習者コーパスワークショップ予稿集』(国立国語研究所) 57-68.

和泉絵美・内元清貴・井佐原均(編)(2004)『日本人1200人の英語スピーキングコーパス』東京：アルク.

伊藤雅光(2002)『計量言語学入門』東京：大修館書店.

大名力(2012)『言語研究のための正規表現によるコーパス検索』東京：ひつじ書房.

荻野綱男・田野村忠温(編)(2011a)『アプリケーションソフトの基礎(講座ITと日本語研究2)』東京：明治書院.

荻野綱男・田野村忠温(編)(2011b)『コーパスの作成と活用(講座ITと日本語研究5)』東京：明治書院.

荻野綱男・田野村忠温(編)(2011c)『コーパスとしてのウェブ(講座ITと日本語研究6)』東京：明治書院.

荻野綱男・田野村忠温(編)(2011d)『アプリケーションソフトの応用(講座ITと日本語研究3)』東京：明治書院.

荻野綱男・田野村忠温(編)(2012)『Rubyによるテキストデータ処理(講座ITと日本語研究4)』東京：明治書院.

小口悠紀子(2017)「談話における出来事の生起と意外性をいかに表すか：中級学習者と日本語母語話者の語りの比較」『日本語／日本語教育研究』8, 215-230.

奥野由紀子・リスダ, ディアンニ(2015)「「話す」課題と「書く」課題に見られる中間言語変異性：ストーリー描写課題における「食べられてしまっていた」部を対象に」『国立国語研究所論集』9, 121-134.

金澤裕之(編)(2014)『日本語教育のためのタスク別書き言葉コーパス』東京：ひつじ書房.

鎌田修(2001)「会話能力の測定」『日本語教育通信』41, 6-7.

木下謙朗(2007)「KY コーパスにみられる形容詞の使用状況：表出率・誤用率・難易度に着目して」『明海日本語』12, 61-69.

金蘭美(2014)「『YNU 書き言葉コーパス』における日本語非母語話者の接続詞の使用：『そして』の多用に注目して」金澤裕之(編)『日本語教育のためのタスク別書き言葉コーパス』(pp. 267-286) 東京：ひつじ書房.

胡君平(2016)「台湾人学習者による日本語使役文の用法別の使用実態：LARP at SCU の分析結果から」『日本語教育』163, 95-103.

国立国語研究所(1953)『現代語の語彙調査：婦人雑誌の用語(国立国語研究所報告4)』(http://db3.ninjal.ac.jp/publication_db/item.php?id=100170004).

国立国語研究所(1970)『電子計算機による新聞の語彙調査(国立国語研究所報告37)』(http://db3.ninjal.ac.jp/publication_db/item.php?id=100170037).

国立国語研究所(2004)『外来語に関する意識調査(全国調査)』(http://www.ninjal.ac.jp/products-k/katsudo/seika/genzai/ishiki/).

小西円(2017)「日本語学習者と母語話者の産出語彙の相違：I-JAS の異なるタスクを用いた比較」『国立国語研究所論集』13, 79-106.

小林ミナ・小西円・砂川有里子・清水由貴子・奥川育子(2016)「第3章 類義表現分析の可能性」『講座日本語コーパス5 コーパスと日本語教育』(pp. 65-106) 東京：朝倉書店.

齋藤俊雄・赤野一郎・中村純作(編)(2005)『英語コーパス言語学：基礎と実践』(改訂版) 東京：研究社出版.

迫田久美子(2015)「学習者のロールプレイに見られる話し手の依頼表現」『論集ヨーロッパ日本語教育』(ヨーロッパ日本語教師会) 20, 102-107.

迫田久美子(2016)「学習者のロールプレイに見られる話し手の依頼表現(2)」2016年日本語教育国際研究大会(ICJLE2016)予稿集.

迫田久美子・小西円・佐々木藍子・須賀和香子・細井陽子(2016)「多言語母語の日本語学習者横断コーパス International Corpus of Japanese as a Second Language」『国語研プロジェクトレビュー』6(3), 93-110.

迫田久美子・蘇鷹・張佩霞(2017)「中国人日本語学習者の『念押し』表現に見る母語の影響：I-JASのロールプレイにおける依頼表現に基づいて」『言語資源活用ワークショップ2017発表論文集』(国立国語研究所) 211–215.

迫田久美子・石川慎一郎・李在鎬(編)(2020)『日本語学習者コーパス I-JAS 入門』東京：くろしお出版.

佐野大樹(2009)「話し言葉らしさ・書き言葉らしさの計測：語彙密度の日本語への適用性の検証」『機能言語学研究』5, 89–102.

塩入すみ(2012)「中国語母語話者による日本語従属節選択の誤用傾向『日本語学習者による日本語作文とその母語訳との対訳データベース』を用いて」『海外事情研究』39(2), 21–36.

柴崎秀子・玉岡賀津雄(2010)「国語教科書を基にした小・中学校の文章難易学年判定式の構築」『日本教育工学会論文誌』33(4), 449–458.

白勢彩子・張永林(2014)「アクセント辞書および自発発話音声における複合名詞のアクセント」『音声研究』18(2), 23–29.

新屋映子(2010)「類義語「状況」「状態」の統語的分析：コーパスによる数量的比較」『計量国語学』27(5), 173–193.

椙本総子(2005)「『作文対訳 DB』を用いた誤用と母語干渉に関する研究の可能性：ドイツ語母語話者の日本語作文とそのドイツ語訳をメインデータとして」『日本語教育連絡会議論文集』17, 25–31.

鈴木綾乃(2014)「日本語学習者のコロケーション習得に関する研究：動詞「する」を中心に」東京外国語大学博士学位論文.

砂川有里子(2014)「コーパスを活用した日本語教師のための類似表現調査法」『日本語／日本語教育研究』5, 7–27.

砂川有里子(2015)「逆接の接続詞と談話構成力の習得：日本語学習者の縦断的な作文コーパスを活用して」阿部二郎・庵功雄・佐藤琢三(編)『文法・談話研究と日本語教育の接点』(pp. 286–317) 東京：くろしお出版.

砂川有里子(2018)「ストーリーテリングにおける順接表現の談話展開機能」庵功雄・石黒圭・丸山岳彦(編)『時間の流れと文章の組み立て』(pp. 75–106) 東京：ひつじ書房.

砂川有里子(編)(2016)『コーパスと日本語教育(講座日本語コーパス５)』東京：朝倉書店.

砂川有里子・黒沢晶子(2017)「中国語を母語とする中級日本語学習者の発話に見られる日本語漢語名詞の使用状況：中国語の字音の影響を中心に」『日中言語研究と日本語教育』10, 64–77.

砂川有里子・清水由貴子(2017)「台湾の大学生による名詞述語文の習得状況：日

本語学習者作文コーパスLARP at SCUと教科書の調査に基づいて」江田すみれ・堀恵子(編)『習ったはずなのに使えない文法』(pp. 1–24) 東京：くろしお出版.

全美炷(2017)「『日本語話し言葉コーパス』を用いたdephrasing生起要因の分析：修飾関係及びモーラ数の効果」『音声研究』18(3), 1–13.

田川恭識・中川千恵子(2014)「東京方言における形容詞連用形・終止形・連体形のアクセントについて：日本語話し言葉コーパスの分析を通して」『音声研究』18(3), 14–26.

田中牧郎(2009)「言語政策に役立つ，コーパスを用いた語彙表・漢字表などの作成と活用」『人工知能学会誌』24(5), 665–672.

田中牧郎・相澤正夫・斎藤達哉・棚橋尚子・近藤明日子・河内昭浩・鈴木一史・平山允子(2011)「特定領域研究『日本語コーパス』言語政策班報告書：『言語政策に役立つ，コーパスを用いた語彙表・漢字表等の作成と活用』」東京：国立国語研究所.

趙麗雯(2015)「学習者コーパスに見られる『テイナイ』の使用順序：縦断的・横断的観点から」『日本語／日本語教育研究』6, 79–96.

田昊(2015)「話し言葉に現れる2種類の「けど」類の判別：日本語話し言葉コーパスの分析を通して」『一橋日本語教育研究』4, 107–116.

戸田貴子(1999)「日本語学習者による外来語使用の実態とアクセント習得に関する考察」『文藝言語研究：言語篇』(筑波大学)36, 89–111.

中俣尚己(2014)『日本語教育のための文法コロケーションハンドブック』東京：くろしお出版.

中俣尚己(編)(2017)『コーパスから始まる例文作り（現場に役立つ日本語教育研究)』東京：くろしお出版.

生天目智美・高原真理・砂川有里子(2017)「多義動詞としての「知る」と「分かる」の使い分け：コーパスを活用した類義語分析」『国立国語研究所論集』12, 63–79.

仁科喜久子・八木豊・阿辺川武・ホドシチェク ボル(2017)「誤用分析からみた作文指導への示唆」江田すみれ・堀恵子(編)『習ったはずなのに使えない文法』(pp. 211–232) 東京：くろしお出版.

野本忠司(2016)「リーダビリティ研究の100年」『情報処理学会SIG Technical Reports 2016-DC-101』1–7, 情報処理学会.

橋本直幸(2014)「語彙調査に基づくタスクの分類：『語彙多様性』と『個人差』の観点から」金澤裕之(編)『日本語教育のためのタスク別書き言葉コーパス』

(pp. 287–304) 東京：ひつじ書房.

羽山博・吉川明広(2014)『できるポケット Excel 関数全事典』東京：インプレス.

文化庁(編)(2005)『言葉に関する問答集：総集編(新装版)』東京：大蔵省印刷局.

堀恵子(2012)「第二言語としての日本語習得過程研究における学習者コーパスの制約：KY コーパスとインタビューコーパスとの比較から」『東洋大学人間科学総合研究所紀要』14, 95–118.

前川喜久雄(2004)「『日本語話し言葉コーパス』の概要」『日本語科学』15, 111–133.

前川喜久雄(2011)「特定領域研究『日本語コーパス』と『現代日本語書き言葉均衡コーパス』」『「現代日本語書き言葉均衡コーパス」完成記念講演会予稿集』(pp. 1–10) 東京：国立国語研究所.

前坊香菜子(2014)「『必ず』『絶対』『きっと』の文体的特徴：『現代日本語書き言葉均衡コーパス』の調査から」『一橋大学国際教育センター紀要』5, 93–104.

松本健太郎(2017)『グラフをつくる前に読む本』東京：技術評論社.

丸山岳彦(2014)「『日本語話し言葉コーパス』に基づく挿入構造の機能的分析」『日本語文法』14(1), 88–104.

丸山岳彦(2015)「コーパス活用の勘所(第14回)【現代語】文法(2)『日本語話し言葉コーパス』に基づく自己修復の分析」『日本語学』34(6), 78–83.

丸山岳彦・柏野和佳子(2011)「『現代日本語書き言葉均衡コーパス』におけるサンプリングの設計と実施」『「現代日本語書き言葉均衡コーパス」完成記念講演会予稿集』(pp. 21–26) 東京：国立国語研究所.

丸山直子(2015)「コーパスにおける格助詞の使用実態：BCCWJ/CSJ にみる分布」『計量国語学』30(3), 127–145.

森敦子(2014)「可能を表す『見える』『見られる』の用法別使用傾向：コーパスに見る母語話者と非母語話者の使用の異なり」『日本語／日本語教育研究』5, 75–90.

森篤嗣(編)(2016)『ニーズを踏まえた語彙シラバス(現場に役立つ日本語教育研究 2)』くろしお出版.

山内博之(2007)「語彙習得研究の方法：茶筌と N グラム統計」『第二言語としての日本語の習得研究』7, 141–161.

山内博之(編)(2013)『実践日本語教育スタンダード』東京：ひつじ書房.

山崎誠(2011)「『現代日本語書き言葉均衡コーパス』の構築と活用」『「現代日本語書き言葉均衡コーパス」完成記念講演会予稿集』(pp. 11–20) 東京：国立国語研究所.

山本雅子・大西五郎(2003)「話し言葉と書き言葉の相互関係：日本語教育のために」『愛知大学語学教育研究室紀要：言語と文化』8, 73–90.

山本真理(2016)「相互行為における聞き手反応としての「うん／はい」の使い分け：「丁寧さ」とは異なる観点から」『国立国語研究所論集』10, 297–313.

吉田たか(2014)「韓国人学習者の終助詞習得に関する縦断研究」『日本學報』(韓国日本学会)98, 51–64.

李在鎬(2009)「タグ付き日本語学習者コーパスの開発」『計量国語学』27(2), 60–72.

李在鎬(2011)「大規模テストの読解問題作成過程へのコーパス利用の可能性」『日本語教育』148, 84–98.

李在鎬(2013)形状詞の「ナ」共起と「ノ」共起のコーパス基盤調査」『計量国語学』29(3), 77–95.

李在鎬(編)(2017)『文章を科学する』東京：ひつじ書房.

李在鎬・長谷部陽一郎・久保圭(2016)「日本語corpusの文章難易度に関する大規模調査の報告」『2016年度日本語教育学会春季大会予稿集』152–157.

李在鎬・宮岡弥生・林炫情(2013)「学習者コーパスと言語テスト：言語テストの得点と作文のテキスト情報量の関連性」『言語教育評価研究』3, 22–31.

盧月珠(2007)「LARP at SCUにおける情態副詞の習得についての考察：初級から中級までの作文データを調査対象に」『台灣日本語文學報』22, 431–456.

Alderson, J. C. (1996). Do corpora have a role in language assessment? In J. Thomas and M. Short (Eds.). *Using corpora for language research* (pp. 248–259). London: Longman.

Bachman, L. F., & Palmer, A. S. (1996). *Language testing in practice.* Oxford: Oxford University Press. [バックマン, L. F., パーマー, A. S. (2000)『〈実践〉言語テスト作成法』(大友賢二・スラッシャー, ランドルフ 監訳) 東京：大修館書店.]

Biber, D., Johansson, S., Leech, G., Conrad, S., & Finegan, E. (1999). *Longman grammar of spoken and written English.* Harlow, England: Pearson.

Ellis, R. (1996). *The study of second language acquisition.* Oxford: Oxford University Press.

索 引

A

た

な

■著者紹介

李　在鎬(り じぇほ)

韓国生まれ。京都大学大学院人間環境学研究科(博士課程)修了，博士(人間環境学)。現在，早稲田大学大学院日本語教育研究科教授。専門はコーパス言語学，日本語教育。著書に『コーパス分析に基づく認知言語学的構文研究』(ひつじ書房，2011)，『日本語教育のための言語テストガイドブック』(編著，くろしお出版，2015)，『文章を科学する』(編著，ひつじ書房，2017)，『日本語学習者コーパスI-JAS入門』(共編著，くろしお出版，2020)など。

石川慎一郎(いしかわ しんいちろう)

神戸市生まれ。神戸大学文学部卒業，神戸大学大学院文学研究科(修士課程)修了，岡山大学大学院文化科学研究科(博士後期課程)修了，博士(文学)。現在，神戸大学全学基盤系教授(大学教育推進機構／国際文化学研究科／データ・数理サイエンスセンター)。専門は応用言語学。著書に『英語コーパスと言語教育：データとしてのテクスト』(大修館書店，2008)，『言語研究のための統計入門』(共編著，くろしお出版，2010)，『ベーシックコーパス言語学』(ひつじ書房，2012)，『ベーシック応用言語学』(ひつじ書房，2017)，『日本語学習者コーパスI-JAS入門』(共編著，くろしお出版，2020)など。

砂川有里子(すなかわ ゆりこ)

東京生まれ。国際基督教大学卒業，大阪外国語大学外国語学科(修士課程)修了。博士(言語学)。筑波大学名誉教授。現在，国立国語研究所客員教授。専門は日本語学，日本語教育。著書に『日本語文型辞典』(共編著，くろしお出版，1998)，『文法と談話の接点：日本語の談話における主題展開機能の研究』(くろしお出版，2005)，『日本語教育研究への招待』(共編著，くろしお出版，2010)，『コーパスと日本語教育』(編著，朝倉書店，2016)など。

本書は，2012年８月29日に小社が発行した『日本語教育のためのコーパス調査入門』を大幅に加筆・修正したものです。

新・日本語教育のためのコーパス調査入門

2018年７月15日　第１刷発行
2020年８月15日　第２刷発行

著　者　李　在鎬・石川慎一郎・砂川有里子

発行者　岡野秀夫
発行所　株式会社　くろしお出版
〒102-0084　東京都千代田区二番町4-3
電話：03-6261-2867　FAX：03-6261-2879　WEB：www.9640.jp

装　丁　庄子結香（カレラ）
印刷所　シナノ書籍印刷

ISBN978-4-87424-771-6 C1080